노인
체육론

노인 체육론

저자 / 강승애, 김효정, 박현태, 이경옥, 이재구, 이창수, 임상원, 전지현, 홍승연

초판 1쇄 발행 / 2015년 3월 2일
초판 2쇄 발행 / 2016년 9월 9일

기　획 / 양원석
발행인 / 이광호
발행처 / 도서출판 대한미디어
등록번호 / 제2-4035호
전화　/ (02)2267-9731　팩스 / (02)2271-1469
홈페이지 / www.daehanmedia.com

ISBN 978-89-5654-351-2 93690
정가 17,000원

※ 이 책은 저작권법에 의하여 보호받는 저작물이므로 무단으로 전재하거나 복제하여 사용할 수 없습니다.
※ 교재 구성상 문헌이 인용되는 부분마다 각주를 달지 못하고, 책 말미에 참고문헌으로 일괄 게재하였습니다.
　참고문헌 편저자 여러분의 양해를 구합니다.
※ 잘못 만들어진 책은 구입처 및 대한미디어 본사에서 교환해 드립니다.

노인스포츠지도사 필수

노인체육론

머리말

노인 체육학(gerokinesiology)은 노인학(gerontology)과 체육학(kinesiology)의 합성어로 2004년도에 미국과 캐나다의 체육학 교수들을 중심으로 태동하였다. 그것은 고령화 사회를 맞이하여 노인에게 신체활동의 중요성이 대두되고, 그 효과가 과학적으로 입증됨에 따라 학문적인 가치가 인정되었기 때문이다. 노인 체육학의 태동과 함께 노인체육지도자 양성을 위해 다음과 같은 교육과정 지침이 권고되었다.

1. 노화와 신체활동에 대한 전반적인 이해
2. 신체활동의 심리, 사회, 생물학적 측면과 노인
3. 사전검사, 평가 그리고 목표 설정
4. 운동 프로그램 설계와 관리
5. 질병이 있는 노인을 위한 운동 프로그램 설계
6. 지도기술
7. 지도력, 의사소통, 마케팅 기술
8. 고객 안전과 응급치료
9. 전문인으로서의 윤리와 행동

이 책은 노인스포츠지도사를 지망하는 분들의 검정시험을 위한 교재로 집필되었다. 노인스포츠지도사가 알아야 할 필수항목으로 노화, 노인 운동의 효과, 노인 운동 프로그램의 설계, 노인 질환별 운동 프로그램 설계, 지도자의 효과적인 지도의 5부로 나뉘어 구성되어 있다.

우리 모두는 노인이 된다. 노인을 위해 시간과 노력을 아끼지 않는 노인스포츠지도사들께 감사와 존경의 말씀을 드리며, 부디 이 책이 노인스포츠지도사로 활동하는 데 큰 도움이 되길 바란다. 또한 노인스포츠지도사로서 과학적이고 체계적인 스포츠와 체육활동을 지도하여 대한민국 노인들의 삶의 질 향상에 기여하고, 더불어 사는 세상을 만드는 데 주역으로 우뚝 서기를 바란다.

2015년 3월
저자 일동

차 례

│ 머리말

Ⅰ부. 노화와 노인
1장_ 노인 체육학 10
2장_ 노화와 관련된 이론 28
3장_ 노화에 따른 신체적 및 심리·사회적 변화 33

Ⅱ부. 노인 운동의 효과
1장_ 운동의 개념과 역할 46
2장_ 운동의 효과 67

Ⅲ부. 노인 운동 프로그램의 설계
1장_ 운동 프로그램의 요소(FITT) 84
2장_ 지속적 운동 참여를 위한 동기 유발 방법 96
3장_ 노인 운동 프로그램의 설계와 요소 119

IV부. 노인 질환별 운동 프로그램 설계

1장_ 비만 질환과 운동 프로그램　139
2장_ 고지혈증과 운동 프로그램　153
3장_ 고혈압 질환과 운동 프로그램　159
4장_ 심장 질환과 운동 프로그램　167
5장_ 당뇨병과 운동 프로그램　174
6장_ 호흡계 질환과 운동 프로그램　180
7장_ 골·관절 질환과 운동 프로그램　187
8장_ 치매 질환과 운동 프로그램　194

V부. 지도자의 효과적인 지도

1장_ 의사소통기술　202
2장_ 노인 운동 시 위험관리　221

▎참고문헌　237
▎찾아보기　255
▎저자소개　257

I부
노화와 노인

노인 체육학의 정의, 태동 배경과 내용 그리고 노인체육지도자 양성을 위한 국제교육 과정 지침을 이해하여 노인체육지도자가 갖추어야 할 지식체계를 갖춘다.

1장 노인 체육학

학습목표

- 노인의 분류를 이해한다.
- 역연령과 기능적 연령을 이해한다.
- 노인 체육학(gerokinesiology)의 태동 배경과 내용을 이해한다.
- 노인 체육학 교육과정의 구성 원리와 내용을 이해한다.
- 노인체육지도자 양성을 위한 국제교육과정 지침을 이해하여 노인체육지도자가 갖추어야 할 지식체계를 갖춘다.

1. 노인의 분류

통상적으로 노인은 생물학적 연령을 기준으로 65세 이상인 사람이다. 현대에 들어 노인인구가 증가함에 따라 65세 이상 노인의 수가 전체 인구의 7%에 달하는 사회를 고령화 사회, 14%를 상회하는 사회를 고령사회 그리고 20%가 넘어가는 사회를 초고령사회라고 한다. 한국은 세계에서 고령화가 가장 빠르게 전개되는 나라 중 하나이다. 〈표 1-1〉에서 나타난 것처럼 2000년도에 이미 한국은 고령화 사회에 진입했으며, 2018년도에는 고령사회로의 진입이 예상되고 있다.

선진국의 평균수명은 약 80세이며, 여성의 평균수명은 남성보다 평균 6~8세 더 높다. 고령화는 사회복지비용의 증가와 노동력 상실이라는 사회적 문제를 야기하고, 특히 수명이 증가함에 따라 퇴행성질환에 대한 국가 의료비용의 증가는 전체 보건비의 많은 비용을 차지하고 있다. 따라서 노년층이 건강상태를 잘 유지하는 것이 국가적으로도 매우 중요한 일이 되었다. '무엇으로도, 어떤 것으로도 막을 수 없는 노화라는 자연 현상을 막을 방법은 없는 것인가? 막을 수 없다면 지연할 수는 없는 것인가?'라는 질문은 인류의 오래된 숙원이자 화두였다. 이러한 질문에 대한 해답을 얻고자 많은 분야에서 다각적인 연구가 진행되었고, 그 결과 신체활동이 노화의 방지와 지연에 긍정적인 영향을 미치는 중요한 인자라는 것이 밝혀졌다. 이에 건강과 신체활동의 관계를 다루고 있는 체육학 분야뿐만 아니라 건강과 의학 분야에서도 노년층의 신체활동 능력이 중요하다는 것을 인식하고 있다.

 고령화 사회: 노인인구의 증가에 따라 65세 이상 노인의 수가 전체 인구수의 7%에 달하는 사회
고령사회: 65세 이상 노인의 수가 전체 인구수의 14%에 달하는 사회
초고령사회: 65세 이상 노인의 수가 전체 인구수의 20%인 사회

표 1-1. 국가별 장래인구 특별 추계

구분	도달 시기(연도)			소요 기간(년)	
	고령화 사회 (7%)	고령사회 (14%)	초고령사회 (20%)	고령사회 도달	초고령사회 도달
한국	2000	2018	2026	18	8
일본	1970	1994	2006	24	12
독일	1932	1972	2010	40	38
미국	1942	2014	2030	72	16
프랑스	1864	1979	2019	115	40

출처: UN, 2008; 통계청, 「장래인구특별 추계」, 2008

이렇듯 인간의 수명이 길어짐에 따라 노인에 대한 분류도 더욱 세분화되었다. 연령적 노화라고 일컬어지는 출생 이후의 햇수인 역연령(chronological age)을 기준으로, 과거 65세 이상을 노인으로 칭한 것과는 달리 65~74세는 연소 노인(young-old), 75~84세는 중고령 노인(middle-old), 85~99세는 고령 노인(old-old), 100세 이상은 초고령 노인(oldest-old)으로 분류하고 있다.

역연령과 대비되는 개념으로 기능적 연령 혹은 신체적 연령이 있다. 이것은 같은 나이와 성을 기준으로 한 기능적 체력과 관계가 있는 연령이다. 예를 들어 75세의 남성이 40대의 체력을 가지고 있다면 노인 체력 검사항목과 평가 기준표를 근거로 하여 그의 신체 나이는 40대라고 할 수 있다. 반대로 역연령은 40대이나 체력이 60대인 사람도 가능하다. 이럴 때 그의 신체 나이는 60대라고 할 수 있다.

Spirduso(1995)는 신체기능에 따라 노인을 ① '신체적으로 잘 단련된', ② '신체적으로 단련된', ③ '신체적으로 독립적인', ④ '신체적으로 연약한', ⑤ '신체적으로 의존적인'의 5단계로 나누어 구분하였다. '신체적으로 잘 단련된 노인'은 경쟁스포츠를 즐겨 시니어올림픽에 출전하거나 행글라이더, 웨이트 리프팅 같은 고위험군 스포츠나 파워스포츠를 즐기는 군이 이에 속한다. 이 군에 속하는 사람들의 신체 나이는 역연령보다 낮을 것이다. 두 번째인 '신체적으로 단련된' 군에 속하는 노인들은 중강도의 신체활동이나 지구력 스포츠와 게임을 즐기는 부류로, 대부분 운동이나 스포츠를 취미활동으로 하고 있다. 세 번째 부류는 '신체적으로 독립적인 생활을 하고 있는' 노인들이다. 이들은 아주 가벼운 신체활동을 하고 있으며, 걷기나 정원 일을 취미로 하고 있고, 비교적 신체적 부담이 적은 골프, 사교댄스, 수공예, 여행, 운전 등을 할 수 있는 노인들이다. 네 번째 집단은 '신

역연령: 출생 이후의 햇수
기능적 연령: 나이와 성을 기준으로 한 기능적 체력과 관계가 있는 연령. '신체 연령'이라고도 함

체적으로 연약한' 부류이다. 이들은 조리나 식료품 구매 등 기본적인 일상생활과 도구를 이용하는 활동을 할 수는 있으나 집 밖으로의 이동은 자유롭지 못한 노인들이다. 마지막으로 다섯 번째 집단은 '신체적으로 의존적인' 부류이다. 이들은 걷기, 목욕, 의복 착용, 식사, 이동 등과 같은 기본적인 일상생활이 일부 혹은 모두 불가능한 노인들로 가정이나 시설에서 돌봄이 필요한 노인들이다.

이렇듯 노화의 과정은 보편 일률적이지 않고 개인적 편차가 커서 노인의 분류도 다양하기 때문에 이러한 노인들에게 안전하고, 적합한 그리고 효과적인 운동을 계획하여 제공하는 것이 필요하다. 왜냐하면 신체적 기능 퇴행이 노화의 가장 불편한 첫 번째 문제이기 때문이다. 따라서 노년층의 신체기능을 유지하는 능력을 최대화시키는 것이 성공적 노화의 첫 단계일 것이다. 신체기능을 유지하는 데 신체활동이 가장 중요한 첫 번째 요인으로 작용하고 있다. 노인에게 신체활동은 노인성 질병과 신체적인 허약함을 감소시키는 데 부작용을 최소화하면서 가장 효과적인 방법이기 때문이다. 그러므로 노인운동지도사를 위한 교육과정 개발과 효과적인 지도 방법을 개발하여 전문적인 노인 전문 운동지도자를 양성하는 것은 이 시대가 요구하는 시급한 일이라는 데 의견을 같이하고 있다.

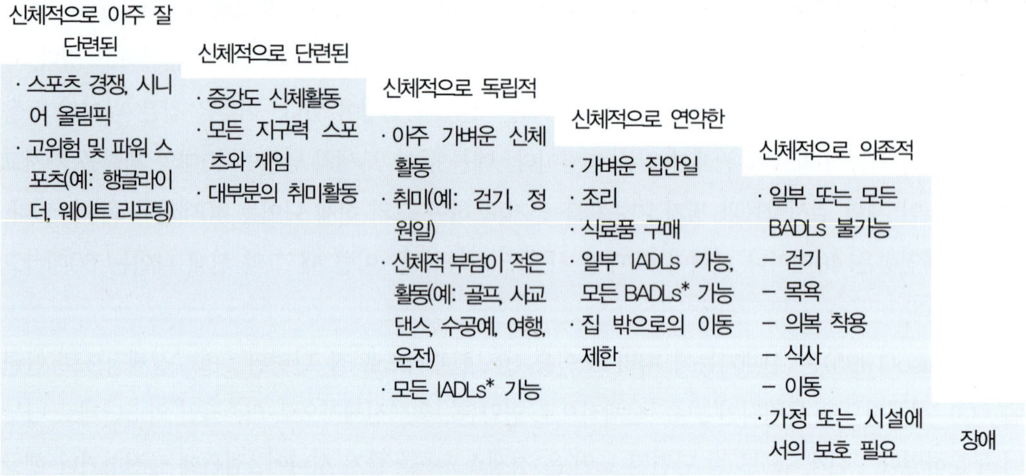

신체적으로 아주 잘 단련된	신체적으로 단련된	신체적으로 독립적	신체적으로 연약한	신체적으로 의존적	
· 스포츠 경쟁, 시니어 올림픽 · 고위험 및 파워 스포츠(예: 행글라이더, 웨이트 리프팅)	· 중강도 신체활동 · 모든 지구력 스포츠와 게임 · 대부분의 취미활동	· 아주 가벼운 신체활동 · 취미(예: 걷기, 정원일) · 신체적 부담이 적은 활동(예: 골프, 사교댄스, 수공예, 여행, 운전) · 모든 IADLs* 가능	· 가벼운 집안일 · 조리 · 식료품 구매 · 일부 IADLs 가능, 모든 BADLs* 가능 · 집 밖으로의 이동 제한	· 일부 또는 모든 BADLs 불가능 – 걷기 – 목욕 – 의복 착용 – 식사 – 이동 · 가정 또는 시설에서의 보호 필요	장애

그림 1-1. 신체기능의 분류

* BADL: 일상생활의 기본적 활동(basic activity of daily living), IADL: 일상생활의 도구적 활동(instrumental activity of daily living)
Reprinted by permission from W. Spirduso, 1995. Physical dimension of aging(Champaign, IL: Human Kinetics). 339.

2. 건강수명과 기대수명

인간의 삶에서 가장 중요한 건강을 지키기 위해 과학의 발달과 함께 의학도 비약적으로 발달하였다. 의학의 발전이 인간의 수명을 연장하는 데 기여했다는 것에는 아무도 이의를 제기하지 않을 것이다. 그러나 인간의 건강수명을 연장시켰는가에 대해서는 의문점이 남아 있다. 뇌심혈관계 질환, 관절염, 고혈압, 골다공증, 알츠하이머 등 퇴행성 질환의 발생률 증가는 현대의 노령화와 연관되어 있다. 늘어난 수명과는 달리 나이가 들면서 겪게 되는 신체의 근골격계 퇴행과 생리학적 변화는 노년기의 활동성과 생활의 독립성에 영향을 미치게 된다. 그러므로 이러한 노년기의 변화를 최대한 억제할 수 있는가에 대한 물음과 관심이 높아지고 있다. 이렇게 건강과 일상생활의 기능성을 유지하는 기간을 '건강수명'이라 할 수 있다. 행복한 노년기는 이러한 건강수명을 어떻게 최대한 늘릴 수 있을 것인가에 대한 해답이 될 것이다.

Fries와 Crapo(1981)는 건강수명을 "심각한 질병이나 신체장애 없이 생존한 삶의 기간"이라 정의하면서 신체적으로 제한이 없으며 질환으로부터 자유로운 상태를 강조하였다. 이후 신체기능은 건강에 가장 중요한 요소로 간주되었다. Katz(1983)는 그의 동료들과의 연구에서 건강수명은 "신체적·정서적·인지적 활력 또는 기능적 웰빙을 유지하는 것으로 예상되는 삶의 기간"으로 그 의미를 확장하면서 현대의 건강수명에 대한 개념을 정립하였다. 이는 노년 계층에게 신체능력뿐만 아니라 심리적·사회적 영역에서의 삶도 자아만족과 자존감에 큰 영향을 미치는 것으로 생각한 것이다. 그러므로 이러한 건강수명을 유지하는 것은 신체적 기능에만 의존하는 것이 아닌 다른 많은 요인들도 필요하다는 것을 의미한다. 기대수명은 성별·연령별로 앞으로 몇 년을 더 살아갈 것인지 통계적으로 추정한 기대치로 생존 연수를 뜻한다. 그러므로 보통 평균수명이라고 이야기하는 것은 기대수명을 말하는 것이다. 한국인의 평균수명은 남성 77.6세, 여성 84.4세(2010)이며, 건강수명은 남성 65.2세, 여성 66.7세로 남자는 12.4세, 여성은 17.7세의 차이를 나타낸다. 즉, 건강하지 않게 사는 기간이 10년 이상 된다는 것을 의미한다. 따라서 이러한 간극을 메우기 위한 노력이 필요하다는 것을 시사한다.

3. 노인 체육학(gerokinesiology)의 태동

체육학은 신체활동에 관한 학문으로, 과학적이고 체계적인 신체활동을 통해 사회적·심리적·정서적·육체적 건강을 유지하고 증진시켜 삶의 질 향상에 기여하는 것을 목적으로 하고 있다. 그러므로 체육학의 범위는 요람에서 무덤까지, 생명의 시작부터 끝날 때까지의 인간을 대상으로 하는 모든 신체활동이라고 할 수 있다. 그러므로 체육학의 대상은 영유아부터 노인에 이르기까지의 사람이다. 그러나 지금까지 체육학의 발전은 청소년기의 학교체육과 엘리트 체육에 초점이 맞춰져 있었다고 해도 과언이 아니다. 엘리트 체육이 체육에 재능 있는 소수의 선수들에게 국한되어 있는 데 비해, 사회체육의 태동과 함께 일반인들을 위한 과학적이고 체계적인 체육활동이 전개되었다. 이로써 체육학의 범위는 학교체육, 엘리트 체육 그리고 사회체육의 세 분야로 발전되어왔다. 사회체육의

> **노인 체육학(gerokinesiology)**: 노인학과 체육학의 합성어로 신체활동과 노화, 노인의 삶의 질 향상을 연구하는 학문

범위는 자연스럽게 학교체육과 엘리트 체육을 제외한 나머지 연령대의 유아, 청·장년, 여성, 노인층이 대상이 되었다. 한국은 YMCA 활동과 함께 유아체육이 태동되었고, 스포츠 중심의 사회체육이 발달하면서 청·장년층의 운동 실천율이 증가하였다. 그러나 노인은 특별한 관리가 필요한 대상으로 생각하여 노인층에 대한 운동이나 스포츠 종목은 매우 제한적으로 발전되어왔다.

의료기술의 발달, 의약품의 개발, 경제성장과 더불어 음식 및 배달 산업의 발달로 인한 영양섭취의 증가, 건강관리와 공중위생의 발전은 장수시대를 예고하였다. 사람들은 예전보다 더 오래 살게 되었고, 2014년 통계청 고령자 통계에 의하면, 65세 이상 인구가 총 인구의 12.7%로 인구 8명 중 1명이 노인이다. 이러한 추세이면 앞으로 10년 후인 2024년에는 19.0%로, 인구 5명 중 1명이 고령자인 시대가 될 전망이다(통계청, 2014).

노인은 노화와 함께 신체적으로는 근력/근지구력, 균형성, 유연성 등 체력 저하와 함께 기능도 감소할 뿐만 아니라 심리적으로는 고독감, 외로움, 소외감으로 인한 불안 및 우울 증세, 그것들로 인한 자살률도 증가하고 있다.

건강보험심사평가원 통계 자료에 의하면(표 1-2) 우리나라 65세 이상 노인의 입원 원인 질병의 순위는 노년성 백내장, 폐렴, 뇌경색증, 치매, 관절염 순이었다. 이러한 질병들은 눈과 폐, 뇌, 관절에 생기는 질병으로 모두 독립적인 보행과 관계가 있는 것으로 넘어짐과도 관계가 높다. 외래 질병의 순위는 고혈압, 치주질환, 기관지염 등과 무릎 통증이다. 이러한 외래 원인도 넘어짐과 관련이 높은 질환들이라고 할 수 있다.

일반적으로 노인에게 질병은 통증, 불편감으로 인한 삶의 질 저하, 심리적 변화, 우울 등을 동반한다. 또한 약물 복용으로 인한 어지러움, 메스꺼움, 졸음, 경련 등의 부작용을 동반한다. 노인성

표 1-2. 노인(65세 이상) 다빈도 질환

구분	순위	병명	진료인원	2012년도 대비 증감률(%)
입원	1	노년성 백내장	179,123	-8.1
	2	상세불명 병원체의 폐렴	71,624	8.0
	3	뇌경색증	68,767	10.0
	4	**알츠하이머병에서의 치매**	**59,128**	**31.3**
	5	무릎관절증	43,371	3.0
외래	1	본태성 고혈압	2,276,507	7.6
	2	치은염 및 치주질환	1,522,586	25.6
	3	급성 기관지염	1,511,428	6.1
	4	등통증	1,342,353	5.2
	5	무릎관절증	1,238,795	4.7

질병에서 더욱 심각한 것은 한 가지 이상의 질병들을 복합적으로 가지고 있다는 것이다(그림 1-2). 이러한 질병도 넘어짐의 원인이 되고 있다.

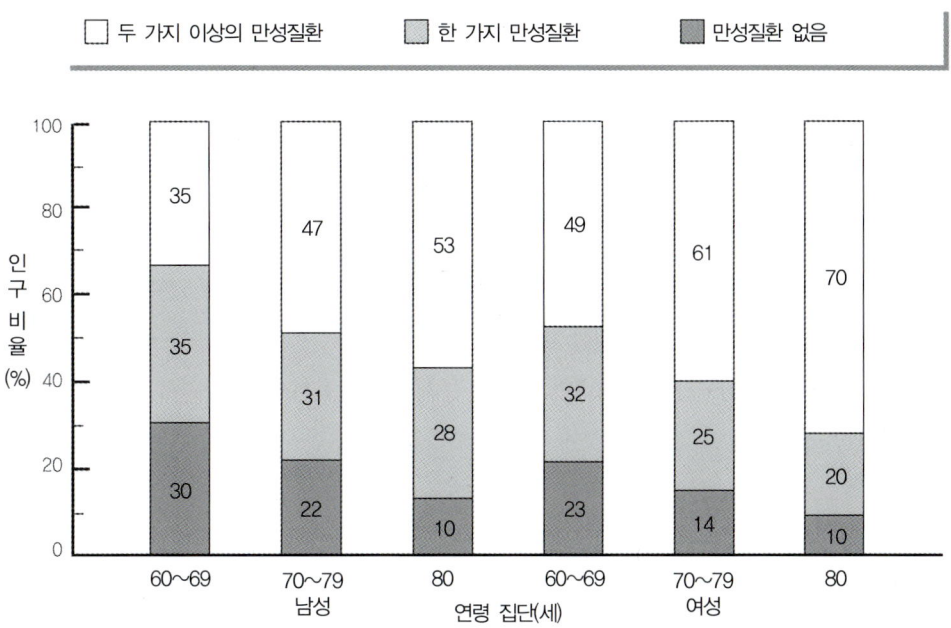

그림 1-2. 60세 이상 만성질환 보유율(미국 보건부, 1984)

출처: 건강보험심사평가원 통계 자료

그러므로 이러한 노인의 문제는 비단 개인의 문제에서 그치는 것이 아니라 의료비 지출로 인한 사회문화적 문제로까지 이어진다.

미국 질병관리예방센터에서 발표한 내용에 따르면 신체활동이 많은 여성이 그렇지 않은 여성에 비해 연간 의료비가 매우 적었다(그림 1-3). 또한 많은 연구에서도 신체활동을 꾸준히 했을 때 대사성 질환인 심뇌혈관계 질환, 당뇨병, 암 등의 발생률이 그렇지 않은 노년층에 비해 더 적다는 연구결과들이 나오고 있다. 또한 모든 종류의 신체활동과 관련된 레크리에이션을 즐기는 노인들이 그렇지 않은 경우보다 신체적·인지적·정신적 만족도가 높은 것으로 보고된다. 그럼에도 불구하고 한국 노인들의 신체활동은 높지 않았다. 김양례(2011)의 연구에 따르면 2006년도의 한국

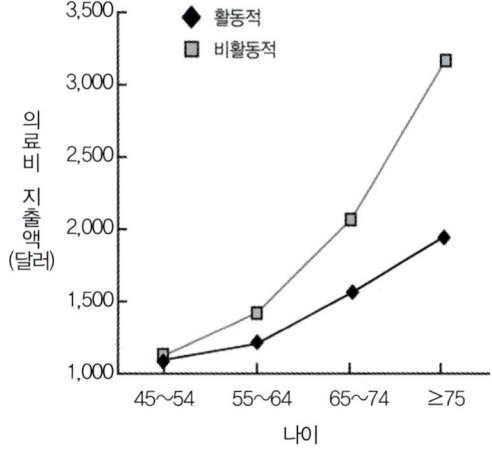

그림 1-3. 활동적인 여성과 비활동적인 여성의 연간 의료비 지출액

자료를 일본과 비교했을 때, 60대에서의 체육활동은 일본이 44.4%, 한국이 43.4%, 70대 이상에서는 일본이 53.6%, 한국이 37.4%로 한국 노인은 연령이 증가함에 따라 신체활동이 감소하는 것을 알 수 있었다. 미국 보건복지부(USDHHS, 2000)에서도 65~74세 노인들의 31%만이 중강도 운동을 주 3회 이상 꾸준히 하는 것으로 보고하였으며, 70대 이상에서는 23%만이 중강도 운동을 주 3회 30분 이상 유지하는 것으로 보고하였다. 이런 결과로부터 미국 보건복지부는 새로운 신체활동에 대한 접근이 확대되지 않는다면 미국 의료비의 1/3이 노인들의 진료비로 지출될 것으로 예상하였다. 현재 신체활동 감소로 인한 건강비용으로 미국 보건부가 지출하고 있는 비용은 연간 1조 원에 육박하고 있다(Booth, 2000). 그리고 이는 한국에서도 별반 다르지 않을 것으로 예상된다. 특히 한국사회는 좌식생활로 인해 고관절, 무릎 등에 퇴행성 질환 발생률이 일본과 같이 세계에서 가장 많이 발생하고 있으므로 이에 대한 대책 역시 필요하다.

규칙적이고 계획적인 신체활동이 이러한 노인성 문제들을 완화시키고, 심지어 노화의 진행도 늦출 수 있다는 연구들은 많이 있다. 이것에 대한 구체적인 내용들은 이 책의 다른 장에서 다루게 될 것이다.

노인에게 적합한 신체활동은 신체적·심리적·사회적 허약함을 나아지게 할 수 있으며, 넘어짐의 위험률을 낮추고, 나아가 질병의 완화 및 치료 효과도 볼 수 있을 것이다.

그러나 이때 중요한 것은 어떠한 신체활동이든 모두 노인의 건강에 도움이 된다는 것이 아니라는 사실이다. 오히려 자신에게 맞지 않는 운동은 사망에 이르게 할 수도 있다. 65세 이상 노인에게 운동과 스포츠를 지도할 때에는 노인성 질환의 기전과 특성, 운동 시 주의해야 할 사항 등에 대한 의학적 지식, 신체적 허약함을 극복할 수 있는 체력 요인에 대한 지식, 넘어짐을 방지하기 위한 다감각 훈련 등에 관한 지식과 경험이 필요하다. 이것이 노인 체육학이 태동하게 된 배경이다. 노인 체육학은 노인학(gerontology)과 체육학(kinesiology)의 합성어이다. 노인학은 노화와 관련된 생물학적, 심리학적, 사회학적, 경제학적 그리고 신체적인 건강과 관련된 종합적인 학문이다. 체육학은 건강과 체력 향상을 위해 행하는 모든 신체활동, 즉 일상생활 활동, 운동, 스포츠, 댄스, 일, 놀이 등을 포함하며, 이러한 신체활동이 인간에게 미치는 긍정적·부정적 효과를 체계적으로 연구하여 궁극적으로는 인류의 행복과 삶의 질 향상에 기여하고자 하는 학문이다. 그러므로 노인 체육학은 노인을 대상으로 하며, 신체활동이 노인의 건강과 행복에 미치는 영향, 노화에 미치는 영향을 이해하는 데 초점이 맞추어져 있다. 그러므로 노인 체육학의 내용은 노화의 특성, 노인의 질병, 노화와 신체활동과의 관계, 노인과 체력, 노인운동지도사의 역할 등이 포함되어야 할 것이다.

4. 노인체육지도자 양성 교육과정

2004년 미국의 Ecceleston과 Jones는 노화와 신체활동 학회지(Journal of Aging and Physical Activity)에서 노인체육지도자 양성을 위한 국제 교육과정 지침을 아래의 9가지로 나누어 권고하였다.

① 노화와 신체활동에 대한 전반적인 이해
② 신체활동의 심리적·사회적·생물학적 측면과 노인
③ 사전 검사, 평가 그리고 목표 설정
④ 프로그램 설계와 관리
⑤ 질병이 있는 노인을 위한 프로그램 설계
⑥ 지도 기술
⑦ 지도력, 의사소통, 마케팅 기술
⑧ 고객 안전과 응급치료
⑨ 전문인으로서의 윤리와 행동

이러한 노인체육지도자 양성을 위한 교육과정은 ① 노화, 허약함, 노인성 질병, 넘어짐으로 요약할 수 있는 노인의 특성 이해, ② 노인 체력검사, 체력검사 결과를 이용한 목표 설정, ③ 목표 설정에 맞는 운동 프로그램 설계와 관리, ④ 지도력, 의사소통, 안전과 응급치료, 윤리, ⑤ 질병이 있는 노인 운동 프로그램 설계와 지도, ⑥ 넘어짐 예방운동, ⑦ 노인스포츠학으로 대별할 수 있다.

한국 노인에게 적합한 노인체육지도자 양성을 위한 교육과정을 개발하면서 앞서 2004년에 제시된 국제 교육과정 지침 전문을 소개한다.

노인체육지도자 양성을 위한 국제 교육과정 지침

노인체육지도자 양성을 위한 국제 교육과정 지침(노인체육, 대한미디어 부록 A)

▍집행위원회 요약문(Nancy A. Ecceleston, 캐나다/A. Jessie Jones, 미국)

노년의 기능적 능력을 보존하고 신체의 연약함을 감소시키기 위한 운동에 대한 인식 증가, 의료계로부터의 지지는 전 세계에 걸쳐 다양한 시설(예: 노인회관, 병원, 여가전담부서, 건강과 체력클럽, 교회, YMCA, 지역문화회관, 노인 전용주택지, 장기 요양시설)에서 수많은 노인 체력검사 및 운동 강좌가 제공되도록 하였다. 노인체육지도자 양성을 위한 교육지침에 관해서는 허가나 승인이 제대로 이루어지지 않았기 때문에 시설의 책임자는 지도자의 교육적 배경과는 상관없이 자신이 원하는 사람을 채용할 수 있었다.

전문교육을 받지 않은 사람이라도 자신을 노인체육지도자로 선전할 수 있었다. 대부분의 노인들은 자신이 참가하고 있는 운동 프로그램이 안전하며 효과적인지를 판단할 수 있는 지식과 경험이 부족하다. 노인 체육학 분야의 전문가들은 65세 이상인 사람의 의료적 상태와 기능적 능력에 많은 차이가 있기 때문에 노인체육지도자는 젊은 성인을 지도하는 사람보다 더 많은 지식, 기술, 경험이 요구된다고 주장하였다. 안타깝게도 노인체육지도자 양성을 위한 승인된 교육과정 지침이 결여되었기 때문에 일부 교육 프로그램에서는 노인을 안전하고 효과적인 방법으로 지도하는 데 필수적인 지식과 기술을 습득하도록 지도자에게 요구하지 않았다.

역사적 배경

역사적으로 볼 때, '노인체육지도자 양성을 위한 국제 교육과정 지침'의 개발은 독일 Heidelberg에서 열린 1996년 World International Congress on Physical Activity, Aging and Sport에서 시작되었다. 여러 국가에서 온 대표단들을 만나 초안을 작성하였다. 그러나 지침은 발표되지 않았다. 그 후 캐나다에서 국가적 지침이 2003년에 만들어졌으며, 지침의 개발은 Health Canada의 지원을 받은 Canadian Centre for Activity and Aging에 의해 주도되었다. 미국에서는 1998년에 6개의 전국적 단체의 대표자들이 모여 국가수준을 개발하고 발표하였다.

2003년 미국과 캐나다의 지침이 합쳐지면서 하나의 지침으로 만들어졌으며, '노인체육지도자 양성을 위한 국제 교육과정 지침'으로 명명되었다. 그런 다음 13개 국가의 전문가들과 미국의 위원회에서 이 지침을 검토하고 권고안을 내기로 동의하였다. 이러한 과정을 거친 후 국제 지침은 캐나다 Ontario의 London에서 열린 6차 World Congress on Aging과 Physical Activity(2004년 8월 3~7일)에서 이 같은 발안(initiative)의 공동의장인 Nancy Eccleston(캐나다)과 A. Jessie Jones(미국)에 의해 제시되었다.

'노인체육지도자 양성을 위한 국제 교육과정 지침'은 노인을 상대하는 체육지도자 양성을 위한 목표인 초급 수준의 트레이닝 프로그램에 포함되어야 한다고 전문가들이 권고하는 각 주요 분야들을 열거한 합의된 문서이다. 세계보건기구(WHO)의 Active Aging Policy Framework의 방침과 시각이 이 문서에 반영되어 있다.

이러한 지침은 지역사회에 살고 있는 건강하고 독립적인 노인에서부터 장기 요양시설에 거주하고 있는 기능적으로 의존적인 노인에 이르기까지 모든 노인에게 적용될 수 있다. 재활시설에서 심각한 장애 또는 인지기능 저하가 있는 노인들을 돌보거나 이러한 시설(특히 보험 변상을 제공하고 더욱 허약한 노인들을 보살피는)의 관리 감독에 관심이 있는 지도자에게는 상급 훈련 과정이 필요할 것이다.

체력 관련 산업의 복잡성, 그리고 전 세계에 걸쳐 지역 및 국가적 요구사항의 차이 때문에 각 교육과정 단위 내 주요 영역의 세부 내용을 진전시키고, 강조되어야 할 적절한 영역을 제시하며, 교육생들이 성취할 것으로 예상되는 수준을 가리키는 수행능력기준을 개발하는 것은 개별 협회와 단체의 책임이라고 믿는다. 노인들의 기능적 능력의 다양한 차이 때문에 목표 집단(지역사회에 거주하는 독립적인 노인 또는 집이나 양로원을 벗어나지 못하는 허약한 노인)에 대해 알고서 그러한 집단의 특정 요구를 충족시키는 교육 내용을 개발하는 것이 중요하다.

목표와 한계 설정

노인체육지도자 양성을 위한 국제 교육과정 지침의 목표는 ① 노인을 위한 안전하고, 효과적이고, 이용하기 쉬운 신체활동 및 체력 프로그램이 되도록 하며, ② 유능한 노인체육지도자를 양성하고, ③ 노인체육지도자를 양성하는 지도자 교육 프로그램들 사이에 일관성이 유지되도록 하며, ④ 노인체육지도자를 채용하는 관리자, 운동지도자 그리고 관련된 사람들에게 전문가들에 의해 권장되는 최소 교육과정 치침에 관한 정보를 제공하며, ⑤ 노인체육지도자에 대한 정의와 역할을 명확히 하며, ⑥ 법적 소송으로부터 지도자 및 시설의 직원을 보호하는 데 요구되는 전문 수준을 설정하기 위한 것이다. 이러한 교육과정 지침은 어떠한 자격증이나 면허를 장려하기 위한 것이 아니라 전 세계에 걸쳐 지도자교육 프로그램 사이의 일관성을 갖도록 하기 위한 것이다.

지침에는 ① 과정 지도자의 자격, ② 교육과정 전달 방법, ③ 교육생의 필요조건, ④ 과정 제공자의 필요조건에 대한 내용 등은 포함하고 있지 않다.

용어의 정의

다음의 용어는 교육과정 단위(module)를 논의할 때 보편적으로 사용된다.

- 지도자: 운동(신체활동)지도자는 "사람들에게 신체활동을 하도록 가르치고, 교육하며, 훈련시키는 전문인"으로 폭넓게 정의된다.
- 신체활동: 에너지가 사용되면서 골격근에 의한 신체 움직임을 의미하는 포괄적인 용어
- 운동: 신체활동의 한 부분. 계획된 반복적인 신체 움직임을 말하며, 한 가지 이상의 체력 구성 요소(예: 심혈관계 지구력, 근력, 평형성, 유연성)를 향상 또는 유지시킨다.

교육과정 단위 1: 노화와 신체활동의 개요

권장되는 학문 분야는 노화 과정과 활동적인 생활방식의 효과에 대한 전반적인 기초 정보를 포함한다.

- 제안되는 주제
① 인구통계학적 고려사항(예: 인종, 문화, 성별)은 신체활동 프로그램에 대한 개인의 참가와 관련이 있다.

② 노화에 대한 다양한 정의(병적·보편적·성공적 노화를 포함하여)
③ 역연령적·생물적·기능적 노화 사이의 차이
④ 신체활동의 효과: 신체활동은 웰니스의 여러 측면(예: 지적, 정서적, 신체적, 직업적, 사회적, 영적) 그리고 만성적 질병의 예방, 건강 증진, 일생 동안 삶의 질과 관련이 있다.
⑤ 건강 및 신체활동과 관련된 최근의 연구 및 역학조사

교육과정 단위 2: 신체활동의 심리적·사회문화적·생리적 측면과 노인

권장되는 학문 분야는 노인을 위한 안전하고 효과적인 신체활동 및 운동 프로그램의 개발을 위한 심리적·사회문화적·생리적 측면을 포함한다.

■ 제안되는 주제
① 운동과학: 기초해부학, 생리학, 신경병학(neurology), 운동학습과 조절, 운동심리학
② 노화 그리고 노년에서의 신체활동 참가와 관련된 생각, 고정관념, 장애물
③ 성공적 노화의 예측요인(예: 노화의 생물적·심리적·사회적 이론, 환경적 요인, 생활방식)
④ 신체활동과 심리적 웰빙 사이의 관계
⑤ 인체 시스템에서의 나이와 관련된 생리적 그리고 역학적 변화(예: 심혈관계와 호흡계, 근골격계, 중추신경계)와 이러한 변화가 어떻게 기능적 기동성과 독립성에 영향을 미치는가?

교육과정 단위 3: 사전검사, 평가, 목표 설정

권장되는 학문 분야는 노인에게 적합한 건강과 신체활동 사전검사 그리고 체력 및 기동성 평가에 대한 선택, 실행, 결과의 평가에 대한 정보를 포함한다. 이러한 정보는 운동 프로그램 작성에 대한 근거를 제공하며, 다른 전문인을 적절하게 추천해줄 수 있다.

■ 제안되는 주제
① 노인 참가자의 건강, 신체활동, 장애 정도를 결정하기 위한 사전 검사도구의 선택, 결과의 평가를 위한 지침과 절차
② 넘어짐과 심혈관계 문제의 위험 요인 파악을 포함한 건강, 신체활동, 생활방식의 평가
③ 어떻게 그리고 언제 의사 그리고 건강 전문가 또는 체력전문가를 추천하거나 그들로부터 조언을 얻는가?
④ 생리적 및 기능적 체력 평가(예: 심박수, 혈압, 체질량 지수 그리고 근력, 유연성, 최대하 지구력 현장 검사와 평형성, 민첩성, 걸음걸이, 협응성, 파워 같은 기능적 기동성 현장 검사)
⑤ 심리적(예: 자기효능감, 우울증) 및 사회적 평가(예: 사회적 지지)
⑥ 가정이나 요양소 밖을 벗어나지 못하는 허약한 노인의 경우 기능적 능력(예: 기동성, 몸치장, 의복 착용, 화장실 사용)의 평가는 보호자로부터의 정보 활용

교육 프로그램은 회원의 의견이 반영되면서 현실적이고 측정 가능한 단기·중기·장기 목표 설정에 대한 정보를 포함하도록 추가적으로 권장되고 있다.

- 제안되는 주제
① 신체활동의 규칙적인 참가, 행동반경에 대한 장애물과 촉진 요인을 포함하여 노인들의 신체활동 참여에 영향을 미치는 요인
② 사전검사와 평가 그리고 참가자와 보호자(필요한 경우)로부터의 정보에 근거해서 단기 및 장기 신체활동 목표를 수립하고, 점검하며, 변경하는 것
③ 체계화된 운동 프로그램에 추가해서 일생 동안 즐길 수 있는 신체활동(예: 댄스, 정원 가꾸기, 하이킹, 테니스, 수영) 장려의 중요성

교육과정 단위 4: 프로그램 설계와 관리

권장되는 학문 분야는 개인별 그리고 집단의 신체활동 및 운동 프로그램의 설계와 관리에 대한 적절한 결정을 내리기 위해 사전검사, 평가, 고객 목표로부터의 결과를 사용하는 것에 대한 정보를 포함한다.

- 제안되는 주제
① 효과적인 프로그램 개발을 위한 사전검사와 평가의 자료 해석 그리고 고객 목표의 고려
② 개인 및 집단의 프로그램 설계를 위한 운동 변인(예: 운동 형태, 빈도, 지속시간, 강도)과 원리(즉, 과부하, 기능적 관련성, 적응)
③ 개인 및 집단의 프로그램 설계를 위하여 준비운동과 정리운동, 유연성, 저항, 유산소 지구력, 평형성과 기동성, 심신 수련 운동, 그리고 수중운동을 포함하는 운동 트레이닝의 구성요소와 방법
④ 특정 운동의 적절한 선택과 실행을 위한 응용 동작 분석
⑤ 다양한 기능적 능력을 위한 트레이닝 형태와 실행 방법의 설계 그리고 운동 프로그램 작성을 위한 개인 및 집단의 운동 순서 설정
⑥ 경제적 고려사항 그리고 그에 따른 장비의 선택(예: 비용과 비교한 품질, 안전성, 노인들이 편안하게 사용할 수 있는가?)
⑦ 건강한 생활방식 선택의 중요성(예: 적절한 영양섭취, 스트레스 관리, 금연)
⑧ 참가자 모집, 프로그램 참가율 점검, 회원에 관한 자료의 유지를 위한 체계화된 시스템
⑨ 회원의 재평가와 프로그램 평가의 방법

교육과정 단위 5: 질병 상태가 안정적인 노인을 위한 프로그램 설계

권장되는 학문 분야는 노인들에게 보편적인 질병 운동 동안 약물과 관련된 부정적인 상호작용으로 인한 증상과 징후 그리고 체력 수준에 차이가 있으며, 질병 상태가 안정적인 고객의 부상 및 다

른 응급상황을 예방하기 위해서는 어떻게 운동을 변경시키는가에 대한 정보를 포함한다.

- ■ 제안되는 주제
① 노화와 관련된 의료적 문제(예: 심혈관계 질환, 뇌출혈, 고혈압, 호흡기 장애, 비만, 관절염, 골다공증, 요통, 당뇨병, 평형성과 운동제어 능력 부족, 시각과 청각장애, 치매, 요실금)
② 노화와 관련된 의료적 문제 그리고 넘어짐, 수술, 질병을 겪은 사람들을 수용할 수 있도록 어떻게 집단 및 개인 운동 프로그램을 변경시키는가?
③ 보철(prosthetic)을 한 사람들(예: 인공고관절, 인공무릎, 의족)을 수용할 수 있도록 어떻게 집단 및 개인 운동 프로그램을 변경시키는가?
④ 질병 예방적 프로그램은 어떻게 설계하는가?(예: 넘어짐의 위험을 줄이기 위해, 그리고 당뇨병·심장병 조절을 위한 프로그램은 어떻게 설계하는가?)
⑤ 신체활동을 하는 동안 약물과 관련된 부정적인 상호작용으로 인한 징후와 증상의 인식(예: 체위성 저혈압, 부정맥, 피로, 허약함, 어지러움 균형과 협응성 문제, 깊이 자각, 우울증, 혼돈, 탈수, 요실금) 및 건강 전문인 소개

교육과정 단위 6: 지도 기술

권장되는 학문 분야는 효과적인 개인 집단의 운동과 신체활동의 선정 및 지도 그리고 안전하고 효과적인 실습환경을 구축 해주는 운동학습 원리에 대한 정보를 포함한다.

- ■ 제안되는 주제
① 적절한 회원지도, 언어적 암시, 피드백, 강화를 위한 운동학습 원리의 적용
② 운동기술 학습의 최적화를 촉진시키기 위한 학습 환경의 조성
③ 안전하고 우호적이고 재미있는 신체활동 환경 개발(예: 유머의 적절한 사용, 특수한 장비, 창조적인 동작, 음악, 색다른 물건, 소품)
④ 노인들의 동기 부여에 영향을 미칠 수 있는 주제(예: 우울증, 사회적 고립, 학습된 무기력, 낮은 자기효능감)
⑤ 교안과 지도 구성요소 개발
⑥ 지도 효과에 대한 자기 평가 방법
⑦ 운동 변인(예: 빈도, 강도, 지속시간, 형태)의 점검과 조절

교육과정 단위 7: 리더십, 의사소통, 홍보기술

권장되는 학문 분야는 전문적 리더십 기술 외에도 개인 및 집단의 운동수업을 지도하는 것과 관련된 효과적인 동기 부여, 의사소통, 리더십 기술을 구체화시키는 것에 대한 그리고 프로그램과 자신을 위한 효과적인 홍보 도구를 어떻게 만드는가에 대한 정보를 포함한다.

- 제안되는 주제
① 체계화된 운동 환경에서의 개인 및 집단역학의 원리
② 기술적 용어를 회원들이 이해하기 쉬운 용어로 설명
③ 효과적인 학습과 회원 만족을 위해 리더십 기술을 개인 트레이닝과 집단 신체활동 수업에 적용한다.
④ 집단 및 개인 운동 환경에서의 다양한 노인 집단(예: 성별, 인종, 교육수준)을 상대하기 위한 긍정적 대인 상호관계 행동의 적용
⑤ 참가자의 반응(피드백)을 듣고 받아들이는 것
⑥ 사회적인 지지 전략의 개발(예: 친구 만들기, 전화 연락)
⑦ 프로그램과 자신에 대한 효과적이고 친절한 홍보전략 및 도구 그리고 '올바른' 메시지를 전달하는 방법의 개발

교육과정 단위 8: 회원 안전과 응급처치

권장되는 학문 분야는 안전한 운동 환경을 조성하고 응급 상황에 대처하기 위한 위기관리 계획의 개발에 대한 정보를 포함한다.

- 제안되는 주제
① 곧바로 운동을 중단시켜야 하거나 의료적 관리가 필요하다고 알려주는 징후
② 정규 응급처치 강좌나 심폐소생술 강좌에서 다루어지는 응급 상황(예: 심장마비·기도폐쇄·구조 호흡을 요구하는 상황, 더위나 추위와 관련된 부상, 좌상·염좌·골절을 포함한 근골격계 부상, 당뇨병 응급상황, 출혈, 넘어짐, 발작, 쇼크)에 대한 적절한 반응
③ 비상대책 수립
④ 안전하며 노인에게 편리한 운동 환경(예: 장비, 접근성, 환기, 조명, 화장실 위치) 조성 및 환경적 변화에 대한 예방 조치(예: 높거나 낮은 온도와 과도한 습도)

교육과정 단위 9: 윤리와 직무 규범

권장되는 학문 분야는 법률, 윤리, 직무 규범에 대한 정보를 포함한다.

- 제안되는 주제
① 법률적 개념과 용어를 포함해서 노인에게 신체활동 프로그램을 제공하는 것과 관련된 법률적 문제
② 업무영역, 업계기준, 과실과 적용 가능한 보험 범위를 포함해서 소송과 관련된 문제
③ 노인체육지도자의 윤리 기준과 개인적 규범 그리고 업무 영역
④ 전문 기술 향상을 위한 노력(예: 윤리규범, 관리 기준과 일치하는 전문 규범 지침)

⑤ 개인의 전문 기술 향상을 위한 평생 교육 방법

▌ 개인 체력 트레이너 IDEA 윤리규범

IDEA 건강과 체력 협회의 회원으로서 나는 고객의 권익을 존중하며 나의 교육과 지식의 범위 이내에서 업무를 수행할 것이다. 고객을 적절하게 단련시키는 데 필요한 교육과 경험을 유지하며, 긍정적이고 건설적인 태도로 행동하며, 전문적 판단을 내리고 상호관계를 형성하는 데 있어 진실, 공정, 정직에 기초할 것이다.

▌ 개인 체력 트레이너를 위한 윤리 실행 지침

① 항상 고객의 권익을 존중한다.
  a. 개인 트레이너의 가장 중요한 책임은 고객의 안전, 건강, 행복임을 명심할 것. 자신의 사리사욕, 개인적 이익 또는 금전적 이득을 위해 이러한 책임을 결코 망각해서는 안 된다.
  b. 제품이나 서비스는 자신에게 경제적 또는 직업적 도움이 되기 때문이 아니라 고객의 건강과 웰빙에 도움이 될 때에만 권장한다.
  c. 만일 제품이나 서비스의 권장이 자신이나 고용주에게 경제적 이득을 가져온다면, 고객에게 이러한 점을 알리는 것이 적절하다는 것을 인식할 것
  d. 자신의 경제적 요구에 따라서가 아니라 고객의 필요에 근거해서 트레이닝 횟수를 결정한다.

② 전문인의 자세를 유지한다.
  a. 상급자, 고용인, 동료 또는 회원과의 전문적 관계를—성적으로, 경제적으로 또는 다른 방식으로—결코 이용해서는 안 된다.
  b. 고객의 사생활에 대한 권리를 존중할 것. 회원의 대화, 행동, 결과 그리고—만약 적합하다면—신원은 비밀로 지켜져야 한다.
  c. 트레이닝 시간 동안 고객의 신체를 손으로 만지는 것은 자세를 교정하거나 고객의 주의를 목표 부위로 집중하기 위한 수단으로 적절하게 사용되어야 한다. 고객이 요구하거나 불편함을 보인다면 손으로 만지는 것을 즉시 중단한다.
  d. 적합한 경우를 제외하고는 고객의 개인적 생활이 아니라 업무 관계에 초점을 맞춘다.
  e. 자신의 마음가짐과 행동 또는 고객 때문에 적합한 전문적 자세를 유지하거나 트레이닝의 합법적인 업무 범위 이내에서 일하기가 어렵다면 관계를 종료하거나 고객에게 다른 트레이너, 의사, 정신건강 전문의 같은 적합한 전문가를 소개한다.
  f. 성적인 의미가 담긴 농담 그리고 부적절한 신체적 접촉을 피한다.

③ 고객을 적절하게 트레이닝 시키는 데 요구되는 교육과 경험을 유지한다.

a. 고객에게 최상의 질적 서비스를 제공하는 데 필수적인 새로운 진전, 개념, 기능에 뒤떨어지지 않도록 계속해서 노력한다.
   b. 서비스와 기술에 있어서 자신의 한계를 인정하고, 자신의 전문 자격과 능력 범위 이내에 있는 업무에만 관여한다. 개인 체력 트레이너의 전문 업무 또는 자신의 현재 능력 범위를 초과하는 문제에 대해서는 고객을 다른 전문인에게 소개한다.
   c. 건강 상태 확인, 체력 평가, 운동 프로그램의 진전, 운동기술을 위해서는 의학과 건강 및 체력 분야의 전문가들에 의해 제시된 기준을 따른다.

④ 전문적 판단을 내리고 고객과의 관계를 형성하는 데 있어 진실, 공정, 정직에 기초를 둔다.
   a. 모든 전문적 그리고 업무적 관계에 있어 진실, 정직, 신뢰를 명확히 보여주며 지지한다.
   b. 자신의 자격을 정확히 설명한다.
   c. 선전물은 정직하고 올바르게 작성되어야 한다. 개인 트레이닝 서비스를 설명할 때에는 고객이 올바른 판단, 의견규칙을 형성하도록 고객을 돕는다는 일차적인 의무를 염두에 둔다. 애매모호함, 선정성, 과장, 천박함을 피한다.
   d. 계약서는 명료하고 이해하기 쉬운 용어로 작성한다.
   e. 가격과 절차상의 방침은 일관성을 유지한다.
   f. 다른 트레이너의 고객을 유인해서는 결코 안 된다. 다른 트레이너의 고객과 대화할 때에는 이러한 접촉이 고객을 자신에게 유인하는 것이라고 생각하지 않도록 숨김없이 정직하게 상대한다.
   g. 고객을 찾아낸 다음 트레이너에게 배정하는 업체에서 근무할 때에는 고객이 그러한 업체와 계약관계에 있음을 인식한다.

⑤ 고객과 동료 전문인들을 존중한다.
   a. 동료, 시설 소유주 그리고 다른 건강 전문가와의 관계에서 정직하게 행동함으로써 각 회원이 모든 전문가들로부터 최적의 도움을 받을 수 있도록 한다.
   b. 인종, 신념, 성, 나이, 신체장애 또는 국적에 근거해서 차별을 해서는 안 된다.
   c. 의견 차이나 충돌이 일어나면 비판적인 발언, 소문, 책임을 전가하는 것 또는 다른 부정적인 반응에 초점을 맞추는 것이 아니라 행동, 실제적인 증거, 경멸적이지 않은 형태의 대화에 초점을 맞춘다.
   d. 고객이 올바른 결정을 내릴 수 있도록 체력에 대한 정보를 완전하고 정확하게 제공한다.

⑥ 태도와 외관으로 전문적 이미지를 지킨다.
   a. 흡연, 중독성 물질 남용, 건강하지 못한 음식섭취 습관을 피한다.

b. 고객이 편안함을 느낄 수 있는 방식으로 말하며, 복장을 착용한다.

집단 체력 트레이닝 IDEA 윤리 규범

IDEA 건강과 체력 협회의 회원으로서 나는 고객의 권익을 존중하며, 나의 교육과 지식의 범위 이내에서 업무를 수행할 것이다. 고객을 적절하게 단련시키는 데 필요한 교육과 경험을 유지하며, 긍정적이고 건설적인 태도로 행동하며, 전문적 판단을 내리고, 상호관계를 형성하는 데 있어 진실, 공정, 정직에 기초할 것이다.

① 회원 개인을 인정하면서도 집단의 이익이 우선되어야 한다.
  a. 집단 체력 트레이너의 주된 책임은 수업의 수준과 종류를 고려하면서 집단 전체에 있다는 것을 명심한다.
  b. 개인적 차이를 고려하면서 실현 가능한 목표와 선택의 자유를 제공하도록 노력한다.
  c. 모든 수준의 체력과 경험에 맞도록 변경시킨다(즉, 쉬운 그리고 좀 더 어려운 방법을 보여 준다).
  d. 제품이나 서비스는 자신에게 또는 직업적으로 도움이 되기 때문이 아니라 고객의 건강과 웰빙에 도움이 될 때에만 권장한다.

② 안정한 운동 환경을 제공한다.
  a. 모든 동작의 선택은 (1) 안전, (2) 효과 그리고 (3) 창의성으로 우선순위를 매긴다. 창의성이 안정을 훼손하도록 해서는 안 된다
  b. 운동의 선택에 있어 현명한 판단을 내린다. 수업의 모든 동작에 대해 위험과 효과를 평가해야 하며, 항상 거둘 수 있는 효과와 보상이 위험보다 커야 한다.
  c. 모든 수업에 있어 음악 속도의 안전 지침을 준수한다.
  d. 최대 음량에 관한 지침을 따른다. IDEA는 "집단 운동수업 동안의 음악 크기는 90 데시벨(dB)을 초과하지 않도록 권장한다. 지도자의 목소리가 들리게 하기 위해서는 음악보다 약 10 dB 높아야 하므로 지도자의 목소리는 100dB를 초과해서는 안 된다.
  e. 일대일 상황에서 적절하게 관찰될 수 있는 운동이 집단적 환경에서 적절한지를 고려한다.

③ 집단운동을 이끌어가는 데 필요한 교육과 훈련을 습득한다.
  a. 효과적이고 안전한 수업을 제공하는 데 필수적인 최신의 연구결과 및 운동 기법에 뒤떨어지지 않도록 계속해서 노력한다.
  b. 자격증과 평생교육을 유지한다.
  c. 특수한 수업의 교육 또는 특정 집단의 지도를 위한 특정한 훈련을 거친다. 기술을 완전히 습

득하고 수업의 중요한 측면을 이해한 다음에 킥복싱이나 요가 같은 수업을 지도한다. 집단의 특정 요구를 공부한 다음에 노인이나 출산 전후의 여성 같은 특수 집단을 지도한다.

d. 자신의 지식과 기술 범위 이내에서 일한다. 필요하다면 고객에게 자신의 지식 영역을 초과하는 전문성과 적절한 트레이닝을 갖춘 전문가를 소개한다.

④ 전문적 판단을 내리고 고객과의 관계를 형성하는 데 있어 진실, 공정, 신뢰에 기초를 둔다.

a. 모든 전문적 그리고 업무적 관계에 있어 진실, 정직, 신뢰를 명확히 보여주며 또한 지지한다.

b. 동료 지도자, 다른 직원, 참가자, 경쟁 시설과 단체에 대해 긍정적인 태도로 이야기하거나 또는 전혀 말하지 않는다.

c. 의견 차이나 충돌이 일어나면 비판적인 발언, 소문, 책임을 전가하는 것 또는 다른 부정적인 반응에 초점을 맞추는 것이 아니라 행동, 실제적인 증거, 경멸적이지 않은 형태의 대화에 초점을 맞춘다.

d. 자신의 자격증, 트레이닝, 교육에 대해 정확하게 이야기한다.

e. 인종, 신념, 성, 나이, 신체장애 또는 국적에 근거해서 차별을 해서는 안 된다.

⑤ 전문인의 자세를 유지한다.

a. 상급자, 고용인, 동료 또는 회원과의 전문적 관계를—성적으로, 경제적으로 또는 다른 방식으로—결코 이용해서는 안 된다

b. 트레이닝 시간 동안 고객의 신체를 손으로 만지는 것은 자세를 교정하거나 고객의 주의를 목표 부위로 집중하기 위한 수단으로 적절하게 사용되어야 한다. 고객이 요구하거나 또는 불편함을 보인다면 손으로 만지는 것을 즉시 중단한다.

c. 성적인 의미가 담긴 농담 그리고 부적절한 신체적 접촉을 피한다.

⑥ 태도와 외관으로 전문적 이미지를 지킨다.

a. 용모보다는 신체적 능력, 기능 그리고 건강을 중시하는 행동을 따른다.

b. 신체에 대해(자신의 신체를 포함해서) 건강한 행동과 태도를 보여준다. 흡연, 중독성 물질 남용 그리고 건강하지 않은 음식섭취 습관을 피한다.

c. 자기 자신 그리고 다른 사람에게 건강한 음식섭취를 장려한다.

d. 수업 참가자들의 편안함을 증가시키는 동시에 자신의 일을 수행하도록 해주는 형태로 복장을 갖춘다. 기준이 불명확할 때에는 복장, 예의범절, 언어가 더욱 보수적이 되도록 한다.

e. 수업에서 개인적 노력과 모든 능력 수준을 격려하고 지지하는 분위기를 조성한다.

2장 노화와 관련된 이론

 학습목표

- 노화와 관련된 이론들을 공부해야 하는 이유에 대해 생각한다.
- 노화와 관련된 생물학적 이론에 대해 알아본다.
- 노화와 관련된 심리학적 이론에 대해 알아본다.
- 노화와 관련된 사회학적 이론에 대해 알아본다.

이 장에서는 노화의 생물학적·심리학적·사회학적 이론들에 대해 알아볼 것이다. 여기에서 설명되는 노화 이론에 대해 공부하면 알게 되듯이 뚜렷하게 정립된 노화 이론은 아직 존재하지 않는다. 다만, 이러한 이론들을 통해 개인에 따라 다르게 나타나는 노화현상을 이해하는 데 도움을 받을 수 있을 것이다. 현장에서 이러한 지식은 노인운동지도사로서 고객 개개인별로 성공적인 노화의 방향을 제시하고 지도하는 데 도움을 줄 수 있을 것이다.

1. 노화와 관련된 생물학적 이론

무엇이 노화를 일으키는가? 이에 대한 의문은 역사 이래 계속 존재해왔지만 노화의 원인을 체계적으로 연구하기 시작한 것은 비교적 최근의 일이다. 베이비부머들의 은퇴 시점 이후, 사회경제 전반에 노화의 영향력이 크게 미칠 것으로 예상되면서 매년 노화에 대한 연구가 증가되고 있다. 그러한 연구들 가운데 생물학적 노화 이론들이 많이 제의되었지만, 여기에서는 크게 유전학적 이론, 손상 이론, 그리고 점진적 불균형 이론으로 나누어 설명하고자 한다. 이러한 생물학적 노화 이론에 대한 이해는 노화의 상당 부분이 각 개인에 의해 조절될 수 있음을 이해하는 데 도움을 줄 것이다.

가. 유전학적 이론

유전학적 이론들은 생체의 노화 속도를 결정하는 데 유전적인 역할에 초점을 맞춘다. 생애 중 일어나는 사건들(사춘기, 폐경기 등)은 각 세포의 계획에 의해 조절된 결과라고 생각한다. 가장 오래되고 잘 알려진 유전학적 이론은 Hayflick 한계(Hayflick limit)로서 인간 세포는 제한된 횟수만

큼 약 50번 정도 분열할 수 있으며, 이 숫자는 유전학적으로 이미 계획된 것이라는 주장이다. 하지만 이 이론에 대해서는 논란이 있을 수밖에 없는데, 모든 세포가 같은 속도로 늙거나 분열하지 않는다는 것이 밝혀졌기 때문이다. 심지어 Hayflick까지도 대부분의 사람들이 가능한 세포분열 한계에 도달하기 전에 질병으로 죽는다고 인정하였다.

나. 손상 이론

손상 이론은 세포 손상의 누적이 세포의 기능장애에 결정요소로 작용하여 노화를 발전시킨다는 개념에 근거를 두고 있다. 세포 손상을 누적시키는 요인으로는 자유기(free radical), 글루코오스, 교차결합(cross-linkage) 또는 DNA 손상 등이다. 가장 강력하게 인정되고 있는 세포 손상 이론으로 자유기 이론을 들 수 있다. '활성산소'라고도 불리는 자유기는 산소 대사 작용의 산물로서 생명체에 에너지를 제공하고 박테리아를 죽이지만, 과도할 경우 세포막 및 유전물질과 세포 대사와 분열의 조절에 요구되는 효소를 손상시키는 유해한 산화작용을 초래하여 여러 질환의 발병 위험을 증가시킨다. 세포들은 인체의 대사 작용 외에도 태양 자외선 및 환경적 유해물질(담배연기, 방사선 등)에 의한 자유기에도 노출되어 세포 손상이 누적될 수 있다. 따라서 노인운동을 지도할 때 이러한 환경적인 유해요인들에 대해서도 고려해야 할 것이다.

널리 인정되는 또 다른 손상 이론으로 교차결합 이론을 들 수 있다. 세포 구성 요인들은 화학적으로 세포 내의 DNA 나선과 연결되는 활동부위를 갖게 되는데, 교차 연결된 세포 분자가 DNA 나선에 연결되면 인체 방어체는 손상된 DNA 부분을 잘라낸다. 만약 그 복구 과정이 너무 느리거나 DNA 연결로부터 단절되면 손상은 회복될 수 없게 된다. 이러한 분자들 간의 비정상적인 교차결합은 세포 내부의 영양소와 화학적 전달물질의 수송을 방해하며, 결합조직에서의 교차결합은 폐, 신장, 혈관, 소화계, 근육, 인대, 건의 탄력성을 감소시킨다. 단백질의 유해한 교차결합은 글루코오스가 과다하게 있을 때 발생하며 노화에 의한 혈중 글루코오스 증가가 강력한 내적 스트레스 요인으로 작용하며, 앞서 언급한 자유기에 의한 산화작용의 증가 또한 이러한 교차결합을 초래한다고 여겨진다.

다. 점진적 불균형 이론

중추신경계와 내분비계는 합쳐서 '신경내분비계'라 불리며, 스트레스에 대해 인체가 반응하고 적응하도록 호르몬 분비를 조절하는 복잡한 생화학적 연결체계이다. 노화가 진행됨에 따라 신경내분비계의 세포들이 약간씩 줄어든다는 것은 잘 알려진 사실이다. 뇌 시상하부(hypothalamus)의 신

> **자유기(free radical)**: '활성산소'라고도 불리는데, 세포 구성성분을 산화 및 공격하여 세포의 손상을 가져오게 하여 세포를 죽게 함

경세포의 손실은 뇌하수체(pituitary gland)로부터 이들 목표조직에까지 광범위하게 영향을 미치게 되어 점차적으로 불균형 상태가 되면서 인체 기능에 부정적인 영향을 미치게 된다는 것이 점진적 불균형 이론의 핵심이다.

유전학적 이론, 손상 이론, 점진적 불균형 이론 등의 노화 이론들이 각각 소개되었지만, 이들 이론들은 상호 보완적으로 설명될 수 있다는 것을 알게 되었을 것이다. 즉, 면역체계에 관계된 하나의 유전자는 아마도 손상될 수 있고, 이는 자유기에 더욱 약해지며, 차례로 신경내분비계의 면역 균형을 방해한다. 그렇기 때문에 노화는 유전학, 손상 그리고 점진적 불균형 이론의 상호작용에 의해 일어난다고 보는 것이 옳다.

2. 노화와 관련된 심리학적 이론

가. Erikson(1986)의 자아통합 단계 이론

Erikson은 출생부터 노년에 이르기까지 자아 발달의 8단계를 설명하고, 각 단계는 발달의 갈등이나 위기를 극복해가면서 진행해가므로 성공적인 노화를 가져오기 위해서는 이러한 위기가 잘 해결되어야 한다고 주장하였다. Erikson은 노년기 발달과제인 자아통합과 절망감 해결을 강조하였으며, 노년기 발달과제의 해결은 앞서 7단계 발달과제의 성공경험에 달려 있고, 중년기 발달과제인 생산성과 정체성 과제에 크게 좌우된다고 하였다(표 1-3 참조). 성숙한 노후를 위한 마지막 단계인 노년기의 발달 갈등은 자신의 삶의 역사 속에서의 실패로부터 삶의 만족을 구체화시키는 유연성을 가져야 하므로 이는 무척 어려운 과제로 여겨진다. 이를 극복한 긍정적인 결과로는 자부심과 만족을 느끼면서 자신의 삶을 되돌아볼 수 있으며 죽음을 위엄 있게 받아들일 수 있게 되는 반면, 부정적 결과로는 삶에서 달성해야 하는 것들을 달성하지 못했다고 느끼며 삶의 종말이 다가오는 것에 대해 좌절감을 느끼게 된다고 주장하였다.

표 1-3. Erikson의 자아통합 단계

단계	연령	긍정적 결과	부정적 결과
신뢰 대 불신	0~1세	영아는 사람들에게 신뢰를 갖게 되며, 자신의 요구를 해결해줄 것으로 믿는다.	영아는 다른 사람들을 믿을 수 없으며, 자신의 요구는 충족되지 않을 것으로 믿는다.
자율 대 수치와 회의	1~3세	영아는 기본적인 일들을 독자적으로 수행하는 자신의 능력에 자신감을 갖는다.	영아의 자신감이 결여된다.
주도 대 죄책감	3~5세	유아는 새로운 것을 시도해도 좋다고 느낀다.	유아는 새로운 것을 시도하는 것이 두려우며, 새로운 것을 시도할 때에는 실패 또는 비난을 두려워한다.

단계	연령	긍정적 결과	부정적 결과
역량 대 열등감	6~12세	어린이는 보편적으로 기대되는 작업을 수행할 수 있다는 것에 대해 자부심을 갖는다.	다른 어린이들이 쉽게 하는 것을 자신이 할 수 없기 때문에 열등감을 느낀다.
독자성 대 역할 혼동	13~18세	자신이 누구인지 그리고 어떻게 삶을 살기를 원하는지에 대한 느낌을 발달시킨다.	어린이는 독자성을 확립할 수 없거나(역할 혼동) 또는 부정적인 독자성을 수용한다.
친분 대 고독	젊은 성인	친구 및 연인과 밀접한 관계를 형성할 수 있다.	친밀한 관계를 형성하거나 유지하는 데 어려움이 있다.
생산적 대 정체	중년 성인	가족의 부양 또는 어떤 형태의 일을 통해 생산적이 된다.	생산적이 되지 못한다.
자아 주체성 대 절망	노년기	자부심과 만족을 느끼면서 자신의 삶을 되돌아볼 수 있으며 죽음을 위엄 있게 받아들일 수 있다.	삶에서 달성해야 하는 것들을 달성하지 못했다고 느끼며 삶의 종말이 다가오는 것에 대해 좌절감을 느낀다.

From Erik H. Erikson, 1963. Childhood and society, 2nd ed.(New York, NY: W.W Norton and Company), 272-273.

나. Baltes(1990)의 보상이 수반된 선택적 적정화 이론

이 이론은 성공적 노화는 선택(selection), 적정화(optimization), 보상(compensation)이라는 3가지 전략과 관련된 과정으로 보았다. '선택'은 주어진 환경 속에서 활동의 종류 및 양과 질을 선택하는 것을 말하며, '최적화'는 다양한 수단과 방법으로 개인이 선택한 목표를 최대한 달성하는 일이다. 이러한 긍정적인 역할을 통해 그리고 주위의 자원을 활용하여 지속적인 성장을 이뤄나가면서 삶의 만족이라는 '보상'을 얻게 된다는 주장이다. 예를 들면, 움직임에 제약을 받는 사람의 경우에는 지팡이나 보조기구를 사용하여 여러 가지 직업적, 사회적 그리고 여가 활동에 참여할 수 있도록 하며, 이러한 기능적 능력의 향상을 통해 수행능력뿐만 아니라 삶의 질에도 긍정적인 영향을 미치게 한다는 이론이다.

다. Rowe와 Kahn(1998)의 성공적 노화 이론

Rowe와 Kahn은 70대 미국 노인들을 대상으로 건강 상태, 사회관계, 심리적 특성, 신체적 기능 및 인지적 기능 그리고 생산활동의 5가지 영역을 측정하여 이들 간의 관련성을 분석한 결과를 토대로 성공적인 노화의 개념을 설명하였다. 이들은 질병이 없는 상태인 정상적 노화의 범주를 보통의 노화와 성공적인 노화로 구별할 것을 제안하고, 성공적인 노화란 높은 수준의 인지적·신체적 기능을 유지하며 활기찬 인간관계 및 생산적 활동에 적극적으로 참여하는 것이라고 설명하고 있다. 이들은 실증연구들을 통해 나이가 들수록 생활습관이나 삶의 태도 등이 신체와 정신건강에 더 중요한 결정 요인임을 밝혔다.

3. 노화와 관련된 사회학적 이론

가. 분리 이론

분리 이론은 노인들이 왜 삶의 현장에서 벗어나는가를 설명하기 위한 노화와 관련된 초기 이론 중의 하나이다(Cumming and Henry, 1961). 노화는 사회적 역할 및 상호작용의 감소를 가져오고 이러한 사회로부터의 분리는 정상적이며 불가피한 것으로, 노인은 적극적인 사회활동으로부터 자발적으로 물러나서 자신 내부의 생활에 집착하게 되는 것을 피할 수 없는 현실로 받아들이므로 노인들 스스로 이런 소극적인 노후생활에 만족한다고 설명하였다. 따라서 노년기에는 모든 적극적인 활동으로부터 심리적 에너지를 거두어들이게 되며, 이러한 과정이 정상적인 노화과정이라고 주장하였다.

나. 활동 이론

현재 가장 널리 인정된 노화의 사회적 이론은 활동 이론으로, 성공적인 노화는 높은 활동수준을 유지하는 데 달려 있으며, 활동의 참여는 삶의 만족과 밀접한 관련이 있다고 주장된 이래 많은 검증과정을 통해 정리되었다. 활동 이론은 "노인은 중년기와 동일한 정신사회적 요구를 지니므로 노인에게도 집단과 사회에 참여하려는 경향이 있다는 것"을 전제로 한다. 사회활동으로부터의 퇴직 및 생리적 기능 저하로 노인들의 욕구가 좌절되어 부정적인 자아개념을 형성하기 쉬워지므로 노년기의 역할상실에 대한 보상으로 새로운 역할의 대체 및 활동수준의 유지를 주장하였다. 이때의 활동유형은 선택적이고 자발적인 형태의 활동으로, 선택 가능한 활동의 수가 많으면 많을수록 사회적 역할을 박탈당하는 데서 오는 부정적 영향을 줄일 수 있다고 주장하였다.

다. 지속성 이론

개인의 인격과 적응 능력을 고려한 지속성 이론은 개인이 성인이 되면서 평생 동안 갖게 된 인격 성향들이 각기 다른 노화 패턴을 만들어낸다고 주장한다. 일반적으로 나이가 들어서도 노인은 과거에 자신이 했던 역할과 비슷한 형태의 역할을 대체하여 일반적인 활동과 태도 등을 유사한 수준으로 유지하고자 하는 경향이 강하다는 것이다. 그러므로 노인이 그들 자신의 기준대로 적응해나가도록 하는 것이 성공적인 노화를 돕는 길일 수 있다고 주장한다.

3장 노화에 따른 신체적 및 심리·사회적 변화

> **학습목표**
> - 노화에 따른 신체적 및 심리·사회적 특성의 변화를 공부해야 하는 이유에 대해 생각한다.
> - 노화에 따른 신체적 특성의 변화에 대해 알아본다.
> - 노화에 따른 심리·사회적 특성의 변화에 대해 알아본다.

1. 노화에 따른 신체적 특성의 변화

노년기의 신체적인 변화는 다양한 형태로 나타나며 개인차가 크다. 노화의 대표적 특징으로 꼽히는 환경 변화에 신속히 대처할 수 있는 적응력의 감소로, 외부로부터 스트레스를 받았을 경우 항상성을 유지하는 수준으로 돌아오기까지 시간이 오래 걸린다. 예를 들어 운동 후 증가한 심박수가 정상으로 돌아오는 데 걸리는 시간이 훨씬 길어지는 것이다. 그러나 이러한 현상은 연령이 증가함에 따라 개인차가 점차 증가하게 된다.

신체적 노화현상을 바르게 이해하는 것은 노인운동지도사로서 운동 지도 시 노인의 체력적인 한계를 예측할 수 있을 뿐만 아니라, 노인의 심리적·사회적 상태를 이해하는 데 도움을 받을 수 있게 된다. 여기에서 소개되는 노화에 따른 신체적 특성의 변화는 앞장에서 설명된 노화의 생물학적 이론과 연결시켜 이해하면 좋을 듯하다.

가. 심혈관계와 호흡계의 기능

1) 유산소 능력
① "활동적인 근육으로 혈액(산소와 에너지원)을 공급하는 심폐계의 능력"으로 정의된다.
② 폐호흡(폐), 중추순환(심장 그리고 심장과 혈관으로의 신경 자극 전도), 말초순환(동맥, 정맥, 모세혈관), 세포호흡(미토콘드리아)의 4가지 생리적 기능의 상호작용을 포함한다.
③ 최대산소섭취량(VO_2max)—인체가 신체활동에서 1분당 사용할 수 있는 최대 산소량—을 가스분석을 통해 정확하게 측정된다.

 유산소 능력: 활동적인 근육으로 혈액(산소와 에너지원)을 공급하는 심폐계의 능력

④ 노화 과정을 통해 VO_2max의 점진적인 저하를 가져오며, 이것은 폐에서부터 미토콘드리아까지 거의 모든 심폐계 구성요소의 기능적 퇴화로부터 초래된다.

⑤ 25~65세 사이에 10년당 약 10%의 VO_2max의 감소가 나타난다.

⑥ 심장과 폐로부터 근육으로 산소 전달을 결정하는 요인들 및 적혈구와 미토콘드리아 사이의 산소 확산에 영향을 미치는 요인들이 유산소 능력의 감소에 영향을 미친다. 이러한 노화와 관련된 변화들은 장기간의 비활동에서 나타나는 변화들과 비슷하다. 즉, 노화와 비활동에 따른 중추순환과 말초순환의 변화는 비슷하다(표 1-3 참조).

⑦ 최대운동 중에 심장에서 1분간 박출하는 최대 혈액량인 최대 심박출량(maximal cardiac output)은 노화와 함께 감소되며, 노화와 연관된 VO_2max 감소의 거의 대부분을 설명할 수 있다.

⑧ 최대 심박수(HRmax, 기진맥진할 때까지 진행된 점진적 운동부하검사의 마지막 1분 동안에 측정된 심박수)는 20세 때 정점에서부터 10년마다 평균 5~10회 감소한다. 보편적으로 최대 심박수는 운동 강도를 설정하기 위해 나이로 예측되는 공식을 사용하는데, 노인에게는 실제로 측정하는 값보다 낮게 나타나므로 운동 강도를 결정할 때는 운동자각도(Ratings of Perceived Exertion, RPE)가 보다 적절한 방법으로 제안되고 있다.

⑨ 동정맥 산소차(arteriovenous oxygen difference)는 동맥혈에 운반된 산소량과 정맥혈에 혼합된 산소량의 차이를 말하며 신체조직에 의해 추출되는 산소의 양을 반영하는데, 안정 시 동정맥 산소차는 노화에 따라 감소하여 25세 남성에 비해 65세 남성의 측정치는 20~30% 낮게 나타났으며, 운동 시에는 약 10~12% 정도 낮게 나타났다.

⑩ 근육세포에서 에너지를 생산하는 미토콘드리아의 크기와 숫자, 호흡능력, 산화효소 활성능력이 노화에 의해 감소되는 듯하며, 이러한 변화는 피로하기 전에 노인의 유산소운동의 양을 제한하는 요인으로 작용할 수 있다.

⑪ 노화와 관련된 심혈관계의 변화는 다음과 같다(표 1-4 참조).

표 1-4. 노화와 관련된 심혈관계의 변화

중추적 변화	말초적 변화
· 최대 심박출량 감소 · 최대 1회 박출량 감소 · 최대 심박수 감소 · 심장근육의 수축 시간 연장 · 수축기혈압의 점진적 증가 · 운동하는 동안 분비된 카테콜아민(catecholamine)에 대한 심장근육 반응의 감소	· 운동하는 근육으로의 혈액 흐름 감소 · 동정맥 산소차 감소 · 근육의 산화능력 감소 · 근육 미토콘드리아의 숫자와 밀도 감소

2) 감소된 유산소 능력으로 인한 기능적 영향

① 노화와 관련된 VO_2max의 감소는 신체장애와 사망의 위험을 높일 수 있으며, 삶의 질을 감소시킬 수 있다.

② 대사당량(METs: metabolic equivalents)은 신체활동의 강도를 나타내며, 1 MET는 휴식 상태의 산소섭취량으로 약 $3.5ml \cdot kg^{-1} \cdot 분^{-1}$이다. 즉, 체중 1kg당 1분에 1kcal(산소 3.5ml)를 소모하는 활동이다.

③ 85세의 노인이 독립적인 삶을 살아가는 데 요구되는 최소한의 유산소 능력은 남자의 경우 약 5 METs, 여자의 경우 약 4.3 METs 정도이다.

④ 그러나 75세 이상의 건강하고 비활동적인 사람은 일반적으로 2~4 METs, 75세 미만인 사람은 5~7 METs의 유산소 능력을 갖는 것으로 보고되고 있다.

3) 심장의 변화

① 노화에 의해 수축기혈압이 증가함에 따라 심장에 더 큰 부하가 가해지면서 대동맥과 동맥 가지가 점점 경직되며 잘 순응하지 못하게 된다. 이러한 변화에 대한 보상으로 25~80세 사이에 좌심실벽 두께는 30% 정도 증가되며, 크기도 커진다.

② 안정 시 심박수는 거의 변화가 없지만, 심혈관계는 노화로 인해 호르몬의 자극에 덜 민감해져 노인의 심장은 젊은 시절의 최대 심박수 수치에 다다를 수 없게 된다.

4) 혈압

① 동맥혈압은 분당 동맥의 혈류(심박출량)와 그 흐름에 대한 말초혈관 저항이라는 복합적인 영향에 의해 결정된다.

② 안정 시 심실이 수축할 때 생성되는 최고 압력을 '수축기혈압(systolic blood pressure)'이라 하며, 심장에서의 혈액 분출이 동맥벽에 가하는 압력의 수치이다. '이완기혈압(diastolic blood pressure)'은 혈액이 모세혈관으로 흘러가 기관이나 근육으로 순환하는 동안의 말초 저항을 나타낸다.

③ 나이가 들면서 수축기혈압과 이완기혈압은 증가한다. 이는 동맥벽에 지방 등의 축적으로 경화되거나 결합조직이 두꺼워지기 때문이며, 또한 신경과민반응이나 신장의 기능 부전으로 동맥

최대 심박출량(maximal cardiac output): 최대운동 중 심장에서 1분간 박출하는 최대 혈액량

대사당량(MET: metabolic Equivalent Task)
신체활동에 대한 에너지 소모량을 나타내는 단위. 체중 1kg당 1분에 1kcal(산소 3.5ml)를 소모하는 활동이 1 MET로 표현됨(1 MET=3.5ml/kg/min). 휴식 (1 MET), 수면(0.9 MET), 느리게 걷기(2 MET, 3km/h 속도일 때) 등 각각의 활동에 소모되는 에너지가 상대적으로 비교되므로 운동 강도를 나타내는 지표로 사용될 수 있음

이 말초 혈액 흐름에 과도한 저항을 주기 때문이다.

④ 총 말초저항(total peripheral resistance)은 혈액이 세동맥에서 모세혈관으로 흘러 들어갈 때의 저항을 의미한다.

⑤ 노화에 의해 세동맥의 반지름이 줄어들어 총 말초저항은 매년 1%가량 증가하는데, 이는 동맥 혈관의 경직성이 늘어나기 때문이기도 하지만, 혈관 확장에 대한 생화학적 작용능력이 떨어지기 때문이기도 하다. 즉, 노화가 진행됨에 따라 동맥 가지 벽의 민무늬 근육의 ß수용체 수의 감소에 의해 카테콜아민의 확장 작용에 대한 반응이 떨어지는 것이 주원인으로 여겨진다.

⑥ 고혈압 환자들에게서 65~75%의 심혈관 질환의 발병 위험을 보이기 때문에 경각심을 일으키게 된다.

⑦ 높은 수축기혈압은 노인들의 실신을 유발하는 기립성 저혈압과도 관련이 있다.

5) 폐의 변화

① 20~70세 사이에 폐포 표면적의 15% 정도의 감소는 폐활량의 단위당 폐포 수의 감소를 반영하며, 이것은 가스교환을 위해 필요한 면적의 축소를 의미하는 생리학적 사강(physiological dead space)의 증가를 의미한다.

② 폐를 통해 순환되는 공기의 양은 1회 호흡량(TV), 흡기 예비용적(IRV), 호기 예비용적(ERV)

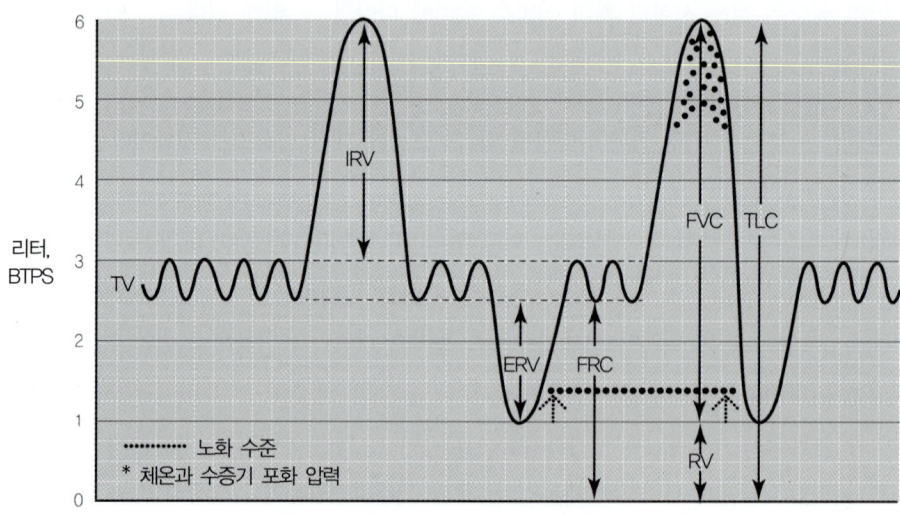

그림 1-4. 노화에 따른 폐 용적의 변화

> **1회 호흡량(TV)**: 안정 상태에서 호흡 시 들이마시거나 내쉴 수 있는 공기량
> **호기 예비용적(ERV)**: 정상적인 호기에 도달한 후 최대로 노력하여 내쉴 수 있는 여분의 공기량
> **흡기 예비용적(IRV)**: 정상적인 흡기에 도달한 후 최대로 노력하여 흡입할 수 있는 여분의 공기량
> **잔기량(RV)**: 최대로 내쉬었을 때 폐에 남아 있는 공기의 양

과 잔기량(RV)의 4가지 용량으로 구분된다. 잔기량은 노화의 진행으로 25% 증가되는 반면, 1회 호흡량은 40~80세에 이르기까지 25% 감소한다(그림 1-4 참조).
③ 노화는 폐의 탄력성 감소, 흉곽의 경직성 증가, 호흡기의 근력 감소 및 호흡기 중추신경 활동에 대한 민감성 감소를 포함한다.

나. 근육 기능

근감소증(sarcopenia)은 노화와 관련된 뚜렷한 손실로 유산소 능력, 골밀도, 인슐린 민감성 및 신진대사율 등의 감소와 체지방, 혈압, 심혈관계 질환 및 당뇨병 발병 등을 증가시키는 결과를 가져올 수 있다. 특히 하체근력의 감소는 기능장애 및 독립성 상실을 초래할 수 있다. 그런데 노화에 따른 근력의 감소는 단순히 근감소증에 의해서만은 아니라는 견해들이 지배적이다. 최근 대두된 근기능감소증(dynapenia)이라는 개념은 근력의 약화, 특히 근파워와 관련된 근 기능의 감소를 설명해 주고 있다.

1) 근육량

① 골격근의 type Ⅰ 섬유(지근)는 느리게 수축하며 쉽게 피로해지지 않는 반면, type Ⅱ 섬유(속근)는 빠르게 수축하며 쉽게 피로해진다.
② type Ⅰ 섬유의 경우 항중력근을 제외하고는 나이가 많아지더라도 거의 변화가 없는 반면, type Ⅱ 섬유는 근섬유의 숫자와 크기에서 25~50%의 감소를 보인다.
③ 특히 몸통과 하체에서 type Ⅱ 섬유의 위축은 이러한 근섬유 형태를 동원시키는 데 요구되는 고강도 신체활동의 부족에 의해 초래된다.
④ 근육량의 감소와 운동단위 숫자의 감소에 의해 근력이 상실된다.
⑤ 근력은 50~70세 사이에 평균적으로 약 30% 감소하며, 80세 이후에는 더욱 급격한 상실을 보이는데, 하체에서 더욱 큰 근력 상실이 나타나며, 이것은 운동성(mobility)의 문제와 밀접하게 관련되어 있다.

2) 근파워(순발력)

① 파워(power)는 "일이 수행되는 속도"로 정의되며, 골격근이 파워를 발휘하는 능력은 많은 일상적인 활동—목욕, 의복 착용, 조리 및 레크리에이션 활동에 이르기까지—의 수행에서 중요

근감소증(sarcopenia): 나이와 관련된 근 질량의 감소
근기능감소증(dynapenia): 나이와 관련된 근 파워의 감소
운동단위: 하나의 운동신경세포와 그 신경세포가 자극하는 근섬유

하다. 노화가 진행되면서 근파워는 근력보다 더 큰 폭으로 감소한다.
② 노화된 근육의 파워 발휘 능력 감소는 신체활동의 감소, type Ⅱ 근섬유의 선택적 위축, 운동단위 숫자의 감소―특히 높은 역치의 속근섬유를 자극하는 운동단위―를 포함한 여러 요인들의 복합적인 결과에 의해 초래된다.

다. 관절 가동성(유연성)

관절 움직임의 제한과 근골격계의 퇴화적인 변화는 노화와 장기간의 신체적 비활동에 따른 자연스러운 결과이다. 노인에게 보편적인 문제인 관절 유연성 감소의 주된 원인의 하나는 관절 주위의 인대, 건, 관절낭, 근육, 근막 및 피부가 굳어지거나 짧아지면서 일어나는 관절구축(joint contracture)이다.

관절 가동성(joint mobility)은 30~70세 사이에 20~50%가 감소되는데, 이러한 유연성의 상실은 관절 및 관절 위를 지나가는 근육의 손상 가능성을 증가시켜 평형성과 안정성 상실을 가져옴으로써 넘어짐 위험성을 증가시킨다.

라. 연골

연골은 직접적으로 혈액 공급을 받지 않는 유일한 결합조직으로, 인접한 골격에서 활액의 형태로 연골모세포에 영양을 제공한다. 영양소들은 압축력이 없을 때에는 단지 삼투압에 의해 활액과 함께 연골 기질로 들어간다. 부하나 압력이 없는 상태, 즉 비활동 상태에서 이러한 영양물질들은 빠져나오고, 대사산물들은 연골기질에 정체되며 유리질 연골은 섬유연골로 전환되어 그 기능을 잃게 된다.

마. 골밀도

일반적으로 최대 골밀도(BMD)는 약 25세에 도달하며, 약 50세가 될 때까지 안정적으로 유지되다가 점진적으로 칼슘의 상실과 골기질의 퇴화가 일어난다. 여성의 경우에는 폐경 후 5년 동안 빠르게 진행된다. 노화에 따른 골밀도의 상실은 제지방량의 상실과 함께 나타난다. 개인의 골밀도 측정치가 동성의 성인 평균치보다 2.5 표준편차 아래일 경우 골다공증으로 판정되는데, 골다공증으로 인한 주된 문제는 그리 크지 않은 충격에도 척추, 골반, 손목에서 골절이 일어나기 쉬워진다는 데 있다. 골반골절로 고통 받는 사람은 흔히 독립성이 상실된다. 척추골절은 키가 작아지고 자세를 변화시켜 흉추 후만이 증가된다. 복합골절이 일어난 경우에는 지속적인 통증을 가져온다.

바. 신경 기능

65세 이상 노인에게 신경계의 장애는 신체장애의 가장 보편적인 원인이 된다. 신경계의 정상적인 노화는 인지, 운동기능, 특수감각(시각, 청각, 미각, 후각)에서의 진행성 퇴화로 나타난다. 이러한 변화들은 피할 수 없는 것으로 받아들이지만, 이 같은 변화는 영양 상태, 지속적인 지적 자극 및 감각적 자극, 그리고 운동 자극 같은 요인들에 의해 긍정적인 영향을 받을 수 있다. 정상적인 노화과정에서 나타나는 신경기능의 진행성 퇴화로 인해 영향 받는 가장 중요한 영역은 인지기능과 기억, 동작 속도, 자세, 평형능력 및 걸음걸이 등이다.

1) 인지기능의 변화

① 노화는 기억, 주의력, 지능, 정보처리 속도를 포함해서 인지기능에서의 저하와 관련이 있으며, 이러한 기능 저하는 노인들로 하여금 독립적인 생활을 하기 어렵게 만들 것이다.
② 일반적 지능은 유동성 지능(자기 스스로의 능력으로 추상 및 연관, 추리, 문제해결 능력 등)과 결정성 지능(다른 사람들도 알고 있는 것으로 언어, 수학, 공간, 기계적 능력 등)으로 구성된다. 노화는 유동성 지능검사의 수행능력에 부정적 영향을 끼치지만 결정성 지능검사에는 아무런 영향이 없거나 심지어 긍정적인 영향을 미치는 것 같다.
③ 노인들의 큰 불편감은 대부분 다른 기억과 관련이 없는 사건에 대한 단기적 기억으로 사람의 이름, 물건을 둔 위치, 하루 동안 무엇을 했는지를 제대로 기억하지 못하는 것이다.
④ 노인은 두뇌로의 불충분한 산소 공급, 신경전달물질 합성의 감소, 그리고 두뇌 대사의 전반적인 감소를 경험하게 되는데, 이것이 노인의 유동성 지능 저하를 설명할 수 있을 것이다.
⑤ 노화가 진행되면서 인지적 처리속도의 상실은 정상적인 것으로, 20대부터 지속적인 저하가 명백하게 나타난다.
⑥ 노화에 따른 두뇌에서의 처리 시간 증가는 새로운 정보를 받아들이고 처리하는데, 특히 정보가 추상적인 것이라면 더 많은 시간이 요구된다.

2) 감각과 운동 기능의 변화

① 중추 및 말초신경계에서 노화와 관련된 변화는 느려진 단순 반응시간과 선택 반응시간 및 신경전도속도의 감소(10~15%)뿐만 아니라 전달되는 감각 정보를 통합하는 능력의 변화도 가져온다.
② 현저한 신경적 변화는 발과 발목의 고유수용감각(사지의 위치와 움직임의 감각)의 감소이며, 발의 진동 감각의 감소 및 전정계 기능의 감소와 함께 노인의 넘어짐 위험을 높이게 된다.
③ 중추신경계의 정보처리능력은 노화에 따라 점차 느려진다. 느려진 반응시간은 반응이 이루어

단순 반응시간(simple reaction time): 단순한 자극의 개시로부터 단순한 반응을 만드는 시간까지의 간격
선택 반응시간(choice reaction time): 특정한 자극과 함께 특정한 반응이 쌍으로 일어날 때 자극과 반응 간의 시간 간격이며, 반응하는 사람은 자극을 관찰하여 그것에 대해 올바른 반응을 선택함

지는 속도에 대한 정확한 통제력을 상실하게 하고, 빠르고 느린 반응 사이의 미세한 차이를 조절하는 능력을 감소시킨다.

④ 정확하게 움직일 수 있는 자신의 능력보다 더 빨리 움직이도록 요구될 때에는 더 많은 실수를 범할 것을 두려워하여 실행하는 속도를 늦추어 안전을 증가시키려는 경향을 갖게 된다.

⑤ 체성감각 이상은 넘어짐의 위험 그리고 자세 불안정성을 증가시킨다.

⑥ 이러한 노인의 불안정한 자세는 넘어짐에 대한 불안감을 증폭시켜 움직이려는 노력을 줄여 실수를 경험할 수 있는 기회가 줄어들게 하며, 이는 노인에게 있어 자세조절능력을 상실하게 만들어 자세를 더욱 불안정하게 취할 수밖에 없게 만드는 악순환의 고리를 경험하게 한다(그림 1-5 참조).

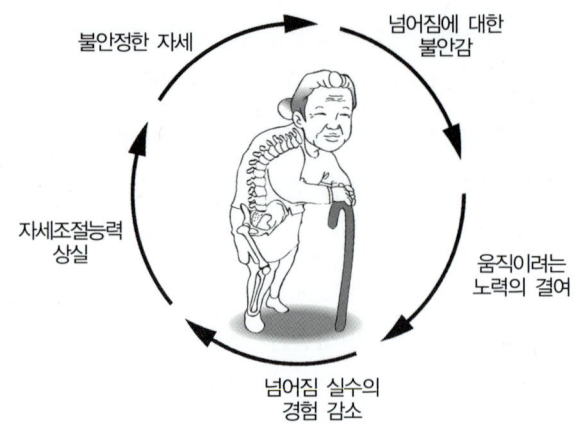

그림 1-5. 노인의 넘어짐 위험성을 높이는 악순환의 고리

3) 시각과 청각의 변화

① 시각의 구조적 및 신경적 요소 모두 노화와 관련된 변화를 겪게 되며, 특히 50세 이후에는 가까이 있는 작은 글씨를 읽는 데 어려움을 겪는다.

② 노화로 인한 주변 시야의 감소에 의해 놓친 정보를 보기 위해 머리와 몸통을 더 크게 회전하게 만들기 때문에 특히 동적 평형성에 영향을 미칠 수 있다.

③ 깊이를 인지하는 능력의 감소는 노인이 장애물을 안전하게 피하고, 계단을 오르내리는 데 어려움을 겪게 할 수 있다.

④ 노화로 인해 저하된 대비 민감도♥ 때문에 물체를 보기 위해 더 많은 빛이 필요하며, 저하된 어두운 것에 대한 순응력과 함께 저녁 시간대의 운전, 균형 및 장애물을 피하는 것을 더욱 어렵게 할 수 있다.

> 대비 민감도(contrast sensitivity): 두 인접한 지역에서의 명도 차이에 대한 민감도

⑤ 청각기능 또한 노화로 인해 저하되므로 배경 잡음을 차단하여 선택적으로 소리를 듣는 능력 등이 저하되어 넘어짐 위험을 높이게 된다.

4) 전정계의 변화

전정계는 노화과정에 의해 변화하는데, 평형모래(otoliths, 이석)와 반고리관의 감각수용체에서 구조적·기능적 퇴화가 발생한다. 전정계의 기능은 머리 위치 및 머리 운동을 감지하는 것으로, 시각, 체성감각과 함께 균형 조절을 위한 감각을 제공하는데, 노화로 인해 그 기능이 더욱 저하된다.

사. 노화로 인한 넘어짐 위험성의 증가

정상적 노화과정에 의한 노인의 신체적인 변화는 넘어짐 위험성을 증가시킬 수밖에 없으며, 이러한 넘어짐에 대한 두려움은 신체활동을 제한하게 되고 기능적인 움직임 능력을 상실케 하여 넘어짐의 위험을 더욱 증가시킨다. 그 결과 점차 일상적인 활동이 줄어들어 삶의 질을 감소시키며, 노인의 사회·심리적인 건강마저 위협받게 된다. 여기에서는 노인에게 있어서 넘어짐의 위험을 증가시킬 수 있는 노화와 관련된 변화들을 제시하였다(표 1-5 참조).

표 1-5. 넘어짐 위험성을 증가시키는 노화와 관련된 변화들

보행 변화
- 보행 높이 감소, 발과 바닥과의 간격 감소
- 폭이 좁은 오리걸음(waddling gait) 패턴
- 더 짧은 보폭, 더 넓은 기저면
- 느린 운동(정지/시작 보행 패턴)
- 질질 끄는 보행(뒤꿈치 닿기나 발끝 밀기가 없음)
- 발목의 배측굴곡 감소

자세 불안정
- 전후, 측면으로의 체간 동요 증가
- 운동 시 중력 중심으로부터 벗어났을 때 근육을 수축하도록 각성하는 감각수용기의 반응 감소
- 균형 혼란에 대한 주동근과 길항근의 동시 수축
- 근 약화
- 전방으로 구부린 자세로 인해 중력선이 발가락을 지나쳐서 떨어짐

시력 감소
- 눈에 들어가는 빛의 감소
- 백내장
- 노안
- 색 인지 감소
- 밝고 어두움의 적응에 필요한 시간 증가

- 눈부심 증가

청력 감소
- 고주파 소리를 듣는 능력 감소
- 자동차나 자전거의 접근을 알아채지 못함
- 쉽게 놀람

인지 변화
- 환경에 대한 혼동
- 주의력 장애
- 각성 수준 감소
- 판단 부족

기립성 저혈압
- 기립자세에서 수축기혈압이 20mmHg 떨어짐
- 서 있을 때 뇌에 혈액공급이 불충분해져 어지러움
- 압력수용기의 효율 감소

야간뇨
- 방광 용적 감소
- 배뇨 신호가 늦어짐
- 화장실에 가기 긴박함
- 밤에 잠이 들거나 조명이 약한 경우

2. 노화에 따른 사회·심리적 특성의 변화

Erik Erikson(1986)의 인간 발달단계에 따르면 65세부터 시작하여 죽음을 맞이할 때까지의 기간을 '노년기'라 하였고, 노년기의 해결과제로 자아통합과 절망감 해결을 강조하였다. 앞서 노화의 사회학적 이론에서 살펴보았듯이 노화는 사회적 역할 및 상호작용의 감소를 가져오게 되는데, 이러한 사회로부터의 분리과정에서 자부심과 만족을 느끼면서 자신의 삶을 되돌아볼 수 있는지, 아니면 삶에서 달성해야 하는 것들을 달성하지 못한 것에 대한 절망감을 갖게 되는지는 각 개인의 삶을 바라보는 시각에 따라 다양하게 나타날 수 있을 것이다.

가. 삶의 질

삶의 질(QOL: quality of life)은 심리적 구성개념이며, 삶의 만족에 대한 개인의 의식적 판단으로 정의된다. 노인 집단에서의 삶의 질 측정을 위해 기능적 능력(신체적 능력, 민첩함, 인지, 일상적인 활동을 수행할 수 있는 능력을 포함)과 웰빙(신체적 증상과 신체의 상태, 감정적 웰빙, 자아개념, 건강과 삶의 만족에 대한 전반적인 인식)의 두 가지 영역으로 구분하도록 권장되었다.

나. 감정적 웰빙

웰빙은 잘 알려진 개념이지만, 정의를 내리기는 매우 어렵다. 웰빙은 긍정적 정서(만족, 의욕, 행복), 개인의 성장, 만족스러운 사회관계, 자율 같은 것들을 포함한다. 여기서 웰빙의 인지는 개인적인 것으로 감정적인 느낌이기 때문에 일시적인 환경 상태에 영향을 받을 수 있다.

감정을 이해하고 관리하는 것이 웰빙의 기본이다. 그러나 노화에 동반되는 신체적·정신적·사회적 변화들이 감정적인 웰빙에 위협으로 다가온다. 나이가 듦에 따라 친구나 배우자의 죽음이 빈번해지면서 노인들은 해소할 수 없는 슬픔에 사로잡히게 되고, 퇴직 등에 의해 본인의 의지와는 관계없이 새로운 사회 역할을 맡게 된다. 이러한 생활환경의 잠정적인 변화에 대한 불안과 걱정에 대해 연구한 자료를 '노인의 공포'로 제시하였다(표 1-6 참조).

표 1-6. 노인의 공포

- 노화와 질병에 대한 공포
- 가난과 책무에 대한 공포
- 변화와 불확실성에 대한 공포
- 정신병에 대한 공포
- 자유, 정체성, 존엄성 상실에 대한 공포
- 죽음에 대한 공포
- 학대와 무관심에 대한 공포

다. 자각

자각이란 자아개념(self-concept), 자부심(self-esteem) 그리고 자기효능감(self-efficacy) 등을 포함하는 개념으로, 웰빙에 기여하는 중요성이 크다. 특히 노인들이 나이가 들면서 겪게 되는 신체의 변화는 부적절한 자각을 만든다.

1) 자아개념

자아에 대한 의식적인 자각으로서 사람들이 자신에 대해 가지고 있는 이해이며, 자신들의 지적, 사회적, 정서적 그리고 신체적 기능에 대한 인식을 포함하고 있다. 지각과 평가로 형성되며, 개인이 자신의 적성이나 능력에 대해 신념을 이루는 기초가 된다.

2) 자부심

개인이 자신에 대해 가지고 있는 존경과 존중을 뜻한다.

3) 자기효능감

개인이 일정 수준의 목표 달성을 위해 해야 하는 행위를 조직하고 실행하는 능력에 대한 믿음을 뜻하며, 가장 강력한 행동 수행의 매개이다.

II부
노인 운동의 효과

노인운동과 관련된 주요 개념, 노인에게 필요하고 적합한 운동의 개념, 역학 그리고 운동의 효과에 대해 이해한다.

1장 운동의 개념과 역할

 학습목표

- 노인 운동과 관련된 주요 개념들에 대해 학습한다.
- 운동의 분류와 특성을 이해하고, 노인 체력 측정에 대해 학습한다.
- 노인 운동의 긍정적 및 부정적 역할에 대해 학습한다.

대부분의 노인들은 건강하고 행복한 생활을 목표로 하고 있지만, 무엇을 성취하며 어떻게 살아야 하는가에 대해 일률적으로 답할 수는 없을 것이다. 그러나 운동이 이러한 공통적인 목표에 긍정적으로 기여하는 것은 분명하다. 연구들을 통해 운동이 인체의 조직과 그 기능을 강화하여 노화를 지연시키고 질병에 대한 내성을 향상시키는 것으로 밝혀져 왔다. 운동은 건강이나 질병과 관련된 문제 외에 웰빙(well-being)을 통한 삶의 질 향상에도 긍정적으로 기여하고 있다. 이 장에서는 노인 운동의 효과에 대해 학습하기 위해 먼저 운동과 관련된 주요 개념들과 운동의 역할에 대해 정리한다.

1. 운동의 개념

일반적인 의미에서 운동은 심신을 건강하게 하기 위한 신체의 움직임으로 정의될 수 있다. 그러나 다양한 개념적 용어들, 예를 들면 physical exercise, workout, movement, motion, sport 등이 모두 '운동'으로 번역되어 사용되거나 노인 운동과 관련된 개념들이 현장에서 잘못 이해되는 경우가 많은 실정이다. 따라서 노인을 대상으로 운동을 이해시키고 지도하기 위해서는 운동학에서 사용되는 주요 용어들에 대한 개념 정리가 필요하다.

가. 신체활동(physical activity)
① 에너지를 소모하는 골격근에 의한 신체의 움직임, 일상생활 활동이 포함됨
② 골격근의 수축에 의해 생성되며, 에너지 소비가 증가하는 신체의 움직임

나. 비활동(physical inactivity)
① 정기적(규칙적)으로 운동을 수행하지 않는 생활방식, 즉 신체활동 부족(lack of physical

activity)을 의미함

② 좌업생활방식(sedentary lifestyle)과 동의어로 사용될 수 있음

다. 건강(health)

질병이나 손상(infirmity)이 없을 뿐만 아니라 육체적·정신적·사회적으로 완전한 상태

라. 웰빙(well-being)

육체적·정신적 건강의 조화를 통해 행복하고 아름다운 삶을 추구하는 삶의 유형이나 문화를 통틀어 일컫는 개념

마. 웰니스(wellness)

웰빙(well-being), 행복(happiness), 건강(fitness)의 합성어로 신체와 정신은 물론 사회적으로 건강한 상태

바. 스포츠(sport, sports)

제도화된 규칙에 따라 승패를 겨루는 경쟁적 활동으로, 승패를 겨룸에 있어 활발한 신체 발현과 고도의 신체 기량이 요구되며, 즐거움이나 재미 같은 내재적 이유뿐만 아니라 건강, 스트레스 해소, 생계유지 등과 같은 외재적인 이유도 그 참가 동기가 될 수 있는 인간의 활동

사. 운동(physical exercise)

1) 개념
- 체력을 향상시키기 위해 수행되는 계획되고 구조화된 반복적인 신체 움직임. 에너지를 소모하는 골격근에 의해 이루어지며 체력과 정적 상관관계를 나타냄
- 체력(physical fitness)과 전반적인 건강(overall health) 및 웰니스(wellness)를 유지 혹은 증진시키는 활동

2) 운동 유형별 분류

운동은 일반적으로 에너지 동원 양상과 인체에 미치는 영향에 따라 유산소, 무산소 및 유연성 운동으로 분류할 수 있다.

① 유산소성 운동(aerobic exercise)

주로 대근육을 사용하며, 인체가 안정 시에 비해 더 많은 산소를 사용하여 에너지를 얻는 신체활동을 말한다. 유산소 운동의 목적은 심폐지구력(cardiovascular endurance) 증진 혹은 체중 조절

이 될 수 있다. 그 예로 사이클링, 수영, 활발한 걷기(brisk walking), 줄넘기, 조정(rowing), 도보여행(hiking), 테니스, 지속적인 훈련(continuous training), 저강도 장거리 훈련(long slow distance training) 등이 있다.

② 무산소성 운동(anaerobic exercise)

운동 시 주로 산소를 사용하지 않고 에너지 생산체계를 이용하는 운동 유형을 의미한다. '근력 훈련(strength training)' 혹은 '저항성 훈련(resistance training)'이라고도 불리며, 근육을 단단하고(firm) 강하며(strengthen) 조화롭게(toning) 개선할 뿐만 아니라 뼈를 강화시키고 균형감과 조정력(coordination)을 높인다. 이러한 운동 유형의 예로 푸시업(엎드려 팔굽혀펴기), 런지(lunge), 덤벨을 이용한 이두근 수축(bicep curls) 등을 들 수 있다. 중량 훈련(weight training), 기능적 훈련(functional training), 신장성 훈련(eccentric training), 인터벌 훈련(interval training), 단거리 고강도 인터벌 훈련(sprinting and high-intensity interval training) 등이 대표적인 형태이며 근력을 증진시키는 효과를 나타낸다.

③ 유연성 운동(flexibility exercise)

근육을 뻗거나(stretching) 길게 늘이는(lengthening) 동작을 말한다. 이러한 동작은 관절 유연성을 개선하고 근육을 부드럽게 유지한다. 관절가동범위(range of motion)가 좁을 경우 상해를 유발할 수 있으므로 유연성 운동의 주요 목적은 관절가동범위를 확대시키는 데 있다.

3) 운동 강도별 분류

① 중강도 활동(moderate activity)

최대산소섭취량의 40~60% 수준에서 행하는 운동을 의미한다. 개인의 운동 능력에 따라 차이가 있으며, 3~6 MET(에너지당량) 수준의 비경쟁적이고 약 45분간 편안하게 유지될 수 있는 강도 혹은 운동을 하면서 대화가 가능한 수준의 운동 강도로 설명할 수 있다.

② 격렬한/고강도 활동(vigorous activity)

일반적으로 건강한 사람의 경우, 6 MET를 초과하는 운동 또는 최대산소섭취량의 60% 수준을 초과하는 운동 강도를 말한다. 개인의 체력 수준에 따라 차이가 있으며 땀이 흐르면서 숨이 차는 강도에서 행해지는 활동으로 설명할 수 있다.

아. 체력(physical fitness)

1) 개념

- 건강과 웰빙의 전반적인 상태(general state) 혹은 특정 스포츠나 작업을 수행하는 일련의 종

합적(a set of) 능력을 의미한다. 일반적으로 올바른 영양섭취, 운동, 위생, 휴식의 4가지 요소에 의해 성취될 수 있다.
- 인간의 생활 활동에 기초가 되는 신체적 능력을 의미한다. 체력은 신체의 형태(체격, 체형)와 기능(기관이나 장기별)을 기초로 환경 변화에 대하여 건강을 유지하는 방어적 능력(물리화학적 환경 요인, 질병 원인, 생리적·심리적 스트레스에 대한 저항력)이나 환경에 대해 적극적으로 작용하는 행동적 능력으로 발휘된다.

2) 분류

- 일반적으로 체력을 방위체력(방어체력)과 행동체력으로 구분할 수 있으며, 행동체력을 다시 건강관련 체력과 운동관련 체력으로 분류한다. 방위체력이란 인체가 질병이나 환경적 변화를 극복하는 능력이며, 행동체력은 신체적 활동을 수행할 수 있는 능력을 말한다. 한편, 건강관련 체력(health-related fitness)은 건강을 유지하거나 향상시킬 뿐만 아니라 활동을 수행할 수 있는 필수적인 신체적 능력을 의미하며 근력, 근지구력, 심폐지구력, 유연성, 신체조성을 포함한다(표 2-1 참조).
- 노인들은 질병 예방과 기능적 능력 확보를 위해 건강관련 체력의 5가지 요소(근력, 근지구력, 유연성, 심폐지구력, 신체조성)가 적절히 관리되어야 하며, 그 외 평형성과 협응력이 높을수록 상해 위험성은 낮아지는 것으로 알려져 있다. 이러한 체력의 각 요소는 노인의 운동이나 신체 활동 유형에 따라 다양하고 복합적으로 작용할 수 있다. 건강관련 체력 향상에 의한 노인의 특징적 변화를 제시하였다(표 2-2 참조).

표 2-1. 체력의 분류

	구분	요소
행동체력	건강관련 체력	근력, 근지구력, 심폐지구력, 유연성, 신체조성
	운동관련 체력	파워, 민첩성, 평형성, 협응성, 스피드, 반응시간
방위체력		외부 자극(기온, 기압, 병원균, 불안, 스트레스 등)에 대해 인체가 방어, 유지 및 적응하는 능력으로서 질병에 대한 면역과 회복 능력을 포함할 수 있음

표 2-2. 노인기 건강관련 체력 요인과 효과(국민체력 100, 2012)

	요인	효과
노인의 건강관련 체력 향상과 그 효과	심폐지구력	심혈관계 질환 위험률 감소
	신체조성	심혈관계 질환, 당뇨, 암 발병률 감소
	근력, 근지구력, 유연성	요통 감소, 자세, 기능적 능력, 일상생활능력 향상

― 한편, 운동(수행)관련 체력(skill-related fitness)은 운동이나 활동 수행 시 더 높은 기술을 발현할 수 있는 다양한 요소들(순발력, 민첩성, 평형성, 협응성, 반응시간, 스피드 등)을 포함한다. 노인은 운동관련 체력 요소의 향상을 통해 상해의 위험을 낮추고 운동에서 더 많은 즐거움을 얻을 수 있다(표 2-3 참조).

표 2-3. 운동(수행) 관련 체력과 효과(국민체력 100, 2015)

	요인	효과
운동관련 체력	순발력	빠르게 큰 힘을 내는 능력
	민첩성	신체의 방향을 신속하게 바꿀 수 있는 능력
	평형성	정적 또는 동적 상태에서 몸의 균형을 유지하는 능력
	협응성	신체의 각 부위가 조화를 이루면서 원활하게 움직일 수 있는 능력
	반응시간	자극(빛, 소리, 접촉 등)에 반응하는 데 요구되는 시간
	스피드	신속하게 움직일 수 있는 능력

3) 노인체력검사 비교

노인의 체력을 평가하는 다양한 방법들이 보고되고 있으나, 이 장에서는 비교적 널리 사용되고 있는 두 가지 검사법을 다루고자 한다.

① 미국형 노인체력검사(Senior Fitness Test: SFT)

SFT(노인 체력 측정법)는 미국에서 개발된 노인용 체력검사로서, 노인의 기능성 평가에 대한 타당성이 인정되어 여러 나라에서 사용되고 있다. 특히 서구 지역사회 노인들의 독립적인 기능 평가에 주로 이용된다. SFT는 노인의 체력 측정을 위해 5가지 항목(하지 근기능, 상지 근기능, 심폐능력, 유연성, 민첩성 및 동적 균형성)에 대한 6가지 검사(덤벨 들기, 의자에서 일어섰다가 앉기, 6분 걷기 혹은 2분 스텝 테스트, 의자에 앉아서 손 뻗기, 등 뒤로 두 손 모으기, 일어서서 2.44m 돌아오기)를 시행한다(표 2-4 참조).

② 한국형 노인체력검사(국민체력 100)

우리나라 노인들은 서구 노인들과 유전, 생활환경 및 활동 방식 등에서 차이를 나타낸다. 특히, 비만 노인이 더 적고 육식 섭취량이 더 낮으며 좌식생활 환경으로 인해 무릎을 더 깊게 구부리는 등 전통적인 생활습관에서도 한국 노인의 특성을 찾을 수 있다. 따라서 우리나라 노인들에게 적합한 체력측정 방법의 필요하며, 측정 결과도 한국 노인의 체력 수준에 의거하여 판단해야 할 필요성이 제기되었다.

이러한 측면에서 문화체육관광부 주재 하에 국민체력진흥공단이 주관한 체력인증 사업(국민체력

100)을 통해 한국형 노인 체력 측정법이 개발되었다. '국민체력 100'은 6가지 항목(상지 근기능, 하지 근기능, 심폐지구력, 유연성, 보행 및 동적 평형성, 협응력)에 대한 7가지 검사(상대 악력, 의자에 앉았다가 일어서기, 6분 걷기 혹은 2분 제자리 걷기, 앉아 윗몸 앞으로 굽히기, 의자에 앉아 3m 표적 돌아오기, 8자 보행)로 한국 노인의 체력을 평가하고 있다. 이 평가법은 미국식 평가법(SFT)에 기초하였으나, 협응성(coordination) 측정을 위해 '8자 보행'을 보충하고 '덤벨 들기'를 '상대 악력 측정'으로 전환하였으며, 바닥에 앉은 자세에서 유연성을 측정하는 등 우리나라 노인의 상황에 맞춘 한국형 노인 체력 측정법으로 이용되고 있다(표 2-4 참조).

표 2-4. 노인체력검사 방법의 비교

측정항목	미국형 노인체력검사 (SFT)	한국형 노인체력검사 (국민체력 100)
상지 근기능	덤벨 들기	악력
하지 근기능	의자에서 일어섰다가 앉기	의자에 앉았다가 일어서기
심폐능력	6분 걷기	6분 걷기
	2분 스텝 테스트(제자리 걷기)	2분 제자리 걷기
유연성	의자에 앉아서 손 뻗기 (하지 유연성)	앉아 윗몸 앞으로 굽히기
	등 뒤로 두 손 모으기 (상지 유연성)	
민첩성 및 동적 균형성	일어서서 2.44m 돌아오기	의자에 앉아 3m 표적 돌아오기
협응성		8자 보행

노인 건강을 위한 주요 체력 요인
① 근력: 근육이 저항에 대해 힘을 발휘하는 능력을 말하며, 근력 정도는 신체활동 및 기능에 영향을 미친다. 일반적으로 노인의 골격근량 감소는 근력 저하로 이어지므로 지속적인 운동을 통한 근육량 확보가 중요하다.
② 근지구력: 근육이 저항에 대해 오랫동안 버틸 수 있는 힘의 정도를 말하며, 규칙적인 운동을 하지 않는 노인은 근지구력이 저하되므로 근지구력 향상을 위해 낮은 저항을 이용한 반복적인 근수축 훈련이 필요하다.
③ 심폐지구력(심폐 체력): 호흡기관이나 순환계가 오랫동안 지속되는 운동이나 활동에 버틸 수 있는 능력을 말하며, 심혈관 질환을 비롯한 노화성 질환 발병률을 좌우하는 주요 지표로 인정된다.
④ 유연성: 유연성은 관절가동범위(range of motion: ROM)를 넓힐 수 있는 능력을 말한다. ROM이 좁을 경우 노인의 신체활동 시 기능적 제한이나 부상이 발생할 수 있다. 따라서 스트레칭을 통해 관절의 움직임에 영향을 미치는 관절과 근육 등 주변 조직에 대한 유연성 유지가 중요하다.
⑤ 신체조성(body composition): 주로 체지방량과 제지방량으로 분류되는 신체의 구성 비율을 의미한다. 일반적으로 노화에 의해 체지방은 증가하는 반면, 제지방(fat-free mass)은 감소하는 경향을 나타낸다. 더욱이 노인은 피하지방이 줄어들고 내장지방이 더 늘어나는 경우가 많다. 내장지방은 심혈관 및 다양한 질환 발병의 주요 위험요인이므로 운동과 식이를 통한 적정한 신체조성 유지가 권장된다.

4) 노인 체력측정의 실제

노인의 체력을 평가하는 다양한 방법들이 보고되고 있으나, 이 장에서는 비교적 널리 사용되고 있는 두 가지 검사법의 내용을 정리하였다.

① 미국형 노인 체력검사(Senior Fitness Test: SFT)

SFT는 60세부터 94세까지 적용할 수 있는 체력 측정법으로서 5가지 항목(하지 근기능, 상지 근기능, 심폐능력, 유연성, 민첩성 및 동적 균형성)에 대한 6가지 검사(덤벨 들기, 의자에서 일어섰다가 앉기, 6분 걷기 혹은 2분 스텝 테스트, 의자에 앉아서 손 뻗기, 등 뒤로 두 손 모으기, 일어서서 2.44m 돌아오기)를 시행한다.

■ 준비물

의자(접는 의자), 초시계, 덤벨(2kg, 3kg), 자, 테이프, 60cm 줄, 20m 줄자
콘 4개(혹은 위치표시가 가능한 마커), 가는 막대 혹은 카드 등(6분 걷기 횟수 기록용)
횟수 기록기(2분 걷기 시 횟수 기록용), 필기구, 이름표, 개별 점수 카드

■ SFT 검사 전 스트레칭

표 2-5. SFT 검사 전 스트레칭 방법(Rikli & Jones, 2005)

1. 머리 좌우 회전	2. 머리 원 그리며 회전	3. 한쪽 팔씩 교차	4. 가슴 스트레칭	5. 종아리 스트레칭	6. 슬와부 스트레칭

- 스트레칭 전 준비운동(warm-up) 실시
- 천천히 시행하며 5~10초간 신전상태 유지. 가벼운 통증을 느낄 때까지만 신장
- 어지럼증이 있는 노인의 경우 1번, 2번의 머리 회전 시 주의
- 2회 이상 반복할 것. 통증이 있는 부위는 스트레칭 중지
- 억지로 혹은 갑작스럽게 움직이는 동작 금지
- 심한 숨 가쁨, 심한 피로, 현기증, 불규칙한 심박동, 메스꺼움, 구토, 혼돈(방향감각 상실), 시야가 흐려질 때 등의 상황에서는 운동을 중단하며 응급 상황에 대해 사전에 철저히 대비해야 함

1장 운동의 개념과 역할

■ SFT 검사 항목과 내용

표 2-6. SFT 검사 항목과 내용(Rikli & Jones, 2005)

운동	내용	목적	위험 수준
의자에서 일어섰다가 앉기	양팔을 가슴에 모은 채 30초간 의자에서 일어섰다가 앉은 횟수	계단, 걷기, 의자에서 일어나기, 욕조나 차량 출입 등의 생활 과제를 위한 하체능력 평가	남녀 모두 도움 없이 8회 미만
덤벨 들기	덤벨(여성: 2.27kg, 남성: 3.37kg)을 들고 30초 동안 이두근을 굽혔다 편 횟수	집안일, 요리, 식료품과 물건 운반, 손자 안기 등 상체의 근력평가	남녀 모두 정확한 자세로 11회 미만
6분 걷기	45.7m 코스를 6분간 가능한 빠르게 걸은 거리(m). 뛰면 안 됨	걷기, 계단, 쇼핑, 관광 등에 중요한 유산소 능력 평가	남녀 모두 320m 미만
2분 스텝 테스트	좌우측 무릎을 각각 슬개골과 장골능 중간지점(무릎 높이 이상)까지 올리면서 2분간 실시한 완전한 스텝 수. 오른쪽 무릎이 목표 높이에 닿는 횟수를 점수화	공간 및 날씨 때문에 6분 걷기를 못할 때 실시하는 유산소 지구력 평가	남녀 모두 65스텝 미만

운동	내용	목적	위험 수준
의자에 앉아서 손 뻗기	의자의 앞쪽에 앉은 상태에서 한쪽 다리만 뻗고 양손을 모아 발끝을 향해 뻗음. 쭉 뻗은 중지와 발끝 사이의 거리를 측정함	바른 자세, 정상적 보행, 욕조나 차량출입 등에 필요한 유연성	남자: (−)10cm 이상 여자: (−)5cm 이상
등 뒤로 두 손 모으기	한 손은 어깨 위로, 다른 손은 등의 가운데로 뻗어 양손 중지 사이의 거리 측정	머리 빗기, 옷 입기, 좌석벨트 착용 등에 요구되는 상체 유연성 평가	남자: (−)20cm 이상 여자: (−)10cm 이상
일어서서 2.44m 걷기	앉은 자세에서 신호에 따라 일어나 2.44m 반환점을 돌아서 다시 앉은 자세로 복귀하는 시간 측정	버스 좌석에서 내리기, 일어서서 부엌일·화장실 가기, 전화 받으러 이동 등 민첩성과 동적 균형성 평가	9초 이상

■ SFT 검사에 의한 연령대별 정상 범위 점수(Rikli & Jones, 2005)

표 2-7. 연령대별 정상 범위 점수(남성)

	60~64(세)	65~69(세)	70~74(세)	75~79(세)	80~84(세)	85~89(세)	90~94(세)
의자에서 일어섰다가 앉기(회)	14~19	12~18	12~17	11~17	10~15	8~14	7~12
덤벨 들기(회)	16~22	15~21	14~21	13~19	13~19	11~17	10~14
6분 걷기(m)	555~669	510~637	496~619	428~582	405~551	346~519	278~455
2분 제자리 걷기(회)	87~115	86~116	80~110	73~109	71~103	59~91	52~86
의자에 앉아 앞으로 굽히기(cm)	−2.5~+4.0	−3.0~+3.0	−3.0~+3.0	−4.0~+2.0	−5.5~+1.5	−5.5~+0.5	−6.5~+0.5
등 뒤에서 손잡기(cm)	−6.5~+0.0	−7.5~+1.0	−8.0~+1.0	−9.0~+2.0	−9.5~+2.0	−9.5~−3.0	−10.5~−4.0
2.44m 왕복 걷기(초)	5.6~3.8	5.9~4.3	6.2~4.4	7.2~4.6	7.6~5.2	8.9~5.5	10.0~6.2

표 2-8. 연령대별 정상 범위 점수(여성)

	60~64(세)	65~69(세)	70~74(세)	75~79(세)	80~84(세)	85~89(세)	90~94(세)
의자에서 일어섰다가 앉기(회)	12~17	11~16	10~15	10~15	9~14	8~13	4~11
덤벨 들기(회)	13~19	12~18	12~17	11~17	10~16	10~15	8~13
6분 걷기(m)	496~601	455~579	437~560	396~532	350~491	309~464	250~400
2분 제자리 걷기(회)	75~107	73~107	68~101	68~100	60~90	55~85	44~72
의자에 앉아 앞으로 굽히기(cm)	-0.5~+5.0	-0.5~+4.5	-1.0~+4.0	-1.5~+3.5	-2.0~+3.0	-2.5~+2.5	-4.5~+1.0
등 뒤에서 손잡기(cm)	-3.0~+1.5	-3.5~+1.5	-4.0~+1.0	-5.0~+0.5	-5.5~+0.0	-7.0~-1.0	-8.0~-1.0
2.44m 왕복 걷기(초)	6.0~4.4	6.4~4.8	7.1~4.9	7.4~5.2	8.7~5.7	9.6~6.2	11.5~7.3

② 한국형 노인체력검사(국민체력 100)

'국민체력 100'은 6가지 항목(상지 근기능, 하지 근기능, 심폐지구력, 유연성, 보행 및 동적 평형성, 협응력)에 대한 7가지 검사(악력, 의자에 앉았다가 일어서기, 6분 걷기 혹은 2분 제자리 걷기, 앉아 윗몸 앞으로 굽히기, 의자에 앉아 3m 표적 돌아오기, 8자 보행)로 우리나라 노인의 체력을 평가하고 있다.

■ 검사 항목과 내용

표 2-9. 노인기 국민체력 측정방법(국민체육진흥공단, 2012)

항목	측정 내용
신체조성	(1) 측정 요인: 신체조성[신장(장비: 신장계)/ 체중(장비: 체중계)/ 신체질량지수 산출, BMI=체중(kg)/신장^2(m^2)] (2) 신장 측정방법 　① 맨발로 자연스러운 직립 자세를 취함 　② 이때 발뒤꿈치, 엉덩이, 등, 어깨가 세움대에 닿게 함 　③ 양팔과 손바닥을 자연스럽게 펴서 허벅다리에 대고 발뒤꿈치를 붙임 　④ 양 발끝을 30~40° 벌림 　⑤ 시선은 정면을 향하여 머리가 옆으로 기울지 않도록 하고, 눈 둘레의 둥근 뼈 아랫부분과 귀의 윗부분을 연결하는 선이 수평이 되도록 조절 　⑥ 0.1cm 단위로 측정 (3) 체중 측정방법 　① 체중계를 이용하여 맨발로 측정 　② 0.1kg 단위로 측정 (4) 유의사항 　① 체중계가 수평이 되도록 점검 　② 가능한 한 가벼운 복장

항목	측정 내용
	(5) 신체질량지수 산출방법 ☞ 최근의 연구들에서 체지방 비율이나 허리둘레도 노인의 건강 지표로서 타당성이 높다고 평가되고 있다.
올바른 자세　올바르지 않은 자세 상대 악력	(1) 측정 요인: 상지 근기능(악력) (2) 측정 장비: Smedley식 악력계 (3) 측정방법 　① 악력계 손잡이를 손가락 둘째 마디로 잡음(맞지 않을 때는 조절나사로 조절) 　② 팔을 곧게 펴고 몸통과 팔을 15°로 유지하면서 힘껏 잡아당겨 5초간 유지 　③ 좌우 교대로 2회씩 측정하여 각각 최고치를 0.1kg 단위로 기록 　④ 상대악력 산출, 상대악력 = 악력(kg)/체중(kg)×100 (4) 유의사항 　① 측정 시 악력계가 몸에 닿지 않도록 　② 상대 악력은 체중에 대한 상대적인 값으로 0.1kg 단위로 산출 및 기록
의자에 앉았다가 일어서기 측정	(1) 측정 요인: 하지 근기능(의자에 앉았다가 일어서기 측정) (2) 측정 장비: 초시계, 팔걸이 없는 접이식 의자(벽에 받쳐놓기) (3) 측정방법 　① 피검자는 등을 곧게 편 상태로 의자의 중앙 부분에 앉는다. 양발은 바닥에 대고 양팔은 손목에서 교차하여 가슴 앞에 모은다. 　② 시작 신호와 함께 완전히 일어섰다가 완전히 앉은 자세로 되돌아온다. 　③ 측정자는 30초 내에 가능한 한 많이 수행할 수 있도록 독려한다. 　④ 적절한 자세를 보여주기 위해 천천히 시범을 보이다가 빠른 속도로 변화를 주어 안전한 한도 내에서 할 수 있는 한 최선을 다하는 모습을 보여준다. 　⑤ 피검자는 적절한 자세를 터득할 수 있도록 측정 전에 1~2회 정도 연습 시행한다. 　⑥ 30초 동안 완전히 일어선 총 횟수를 측정하여 기록한다. 만약 30초의 끝에서 피검자가 중간쯤 일어선 상태라면 완전히 일어선 횟수로 계산한다. 　⑦ 측정 기회는 1회만 부여한다. (4) 유의사항 　① 의자가 넘어지지 않도록 벽에 받쳐놓거나 보조요원이 의자를 잡고 흔들리지 않도록 고정시킨다. 　② 균형에 문제가 있는지 살펴본다. 　③ 피검자가 통증을 호소할 경우 측정을 즉시 중지한다.

항목	측정 내용

의자에 앉아
3m 표적 돌아와 다시 의자에 앉기
	(1) 측정 요인: 보행 및 동적 평형성(의자에 앉아 3m 표적 돌아오기)
	(2) 측정 장비: 초시계, 팔걸이 없는 접이식 의자, 고깔, 테이프
	(3) 측정방법
	  ① 고깔의 뒷부분에서부터 의자 앞부분의 모서리 위치(바닥의 한 지점)까지 측정하여 정확히 3m 떨어진 지점에 고깔을 설치한 후 고깔과 마주보게 의자를 벽에 받쳐놓는다.
	  ② 피검자는 등을 곧게 편 상태로 의자의 중앙 부분에 앉는다. 이때 양발은 바닥에 편평하게 대고 양손은 허벅다리 위에 얹는다.
	  ③ 한 발은 다른 발보다 약간 앞으로 향하게 하고, 몸통은 약간 앞으로 기울인다.
	  ④ 피검자는 시작 신호와 함께 의자에서 일어나 가능한 한 빨리 걸어서 고깔을 돌고 다시 의자로 돌아와 앉는다.
	  ⑤ 적절한 자세와 원하는 속도로 시행할 수 있도록 측정자가 먼저 시범을 보인 후 피검자는 1회 연습 시행한다.
	  ⑥ 측정 기회는 단 한 번 부여하며, 2회 반복 측정한다.
	  ⑦ 0.1초 단위로 측정하여 가장 빠른 시간을 기록한다.
	(4) 유의사항
	  ① 시작 신호가 울리면 피검자가 이동을 시작했는지 여부와 상관없이 초시계를 작동시켜야 하며, 다시 돌아와서 의자에 정확히 앉는 순간에 정지해야 한다.
	  ② 측정을 진행하는 동안 피검자가 균형을 잃을 경우를 대비하여 의자와 고깔 사이에 보조요원이 서 있어야 한다.
	  ③ 더욱 허약한 노인의 경우는 의자에서 안전하게 일어서고 앉는지 관심을 기울이며 주시해야 한다.

앉아서 윗몸 앞으로 굽히기 측정	(1) 측정 요인: 유연성(앉아 윗몸 앞으로 굽히기)
	(2) 측정 장비: 좌전굴계
	(3) 측정방법
	  ① 피검자는 신을 벗고 양 발바닥이 측정기구의 수직면에 완전히 닿도록 무릎을 펴고 바르게 앉는다.
	  ② 양발 사이의 거리는 5cm가 넘지 않도록 한다.
	  ③ 피검자는 양손을 쭉 펴서 측정자 위에 대고 준비 자세를 취한다.
	  ④ 측정기구 위에 손바닥이 닿고 무릎을 구부리지 않도록 하여 상체를 숙여 최대한 앞으로 멀리 뻗는다.
	  ⑤ 1회 연습 시행 후 측정은 2회 반복 시행한다.
	  ⑥ 0.1cm 단위로 최대 기록을 측정하여 기록한다.
	(4) 유의사항
	  ① 양손 끝으로 똑바로 밀어야 하며, 양손의 끝은 동일하게 뻗어 있어야 한다.
	  ② 몸의 반동을 주지 못하게 한다.
	  ③ 무릎이 구부러지지 않도록 한다.

	(1) 측정 요인: 심폐지구력(6분 걷기) (2) 측정 장비: 긴 줄자, 고깔 4개, 마스킹테이프, 초시계 2개, 한 사람당 12~15개의 나무막대기(혹은 트랙을 몇 바퀴 걸었는지 알 수 있는 색인

항목	측정 내용
	카드나 연필), 명찰, 대기나 휴식 등을 위한 의자 (3) 측정방법 ① 바닥에 가로 20m×세로 5m 총 50m(측정공간이 부족할 경우 10m×5m)인 직사각형 모양의 트랙을 만들고 각 모서리 안에 고깔을 세운다. 출발선에서부터 1m 간격으로 마스킹테이프나 분필로 표시한다. ② 측정 시 동기 유발을 위해 한 번에 2명 이상의 피검자를 참여시킨다. 숙달된 측정원의 경우 관리 가능한 인원으로는 6명이 적절하다. ③ 피검자들이 집단이나 짝을 이루지 않고 자기만의 페이스를 유지하도록 하기 위해 피검자 간에 10초 간격을 두고 출발 신호를 알린다. ④ 출발 및 정지 순서를 파악하기 위해 피검자에게 숫자나 이름을 부착하는 것이 좋다. ⑤ 피검자는 시작 신호와 함께 본인이 할 수 있는 한 가장 빠른 속도로 직사각형 트랙을 6분 동안 걷되, 달리지 않는다. ⑥ 피검자들이 보행한 거리를 파악하기 위해 한 바퀴 완주 시마다 작은 나무막대 등의 물건을 건네주거나 측정기록표에 표기한다. ⑦ 피검자들이 페이스 조절을 할 수 있도록 남은 시간을 말해준다(3분, 2분이 남은 시점). ⑧ 측정 중 피검자들이 제공된 의자에 앉아 휴식을 취하는 것이 가능하지만 휴식 시간도 측정 시간에 포함한다. ⑨ 측정원은 피검자들에게 독려의 말을 전해야 한다("잘하고 있습니다", "힘내세요" 등). ⑩ 6분 경과 후 측정원은 피검자의 오른편으로 가서 멈출 것을 요청한다. ⑪ 피검자에게 준 하나의 나무막대는 50m를 나타내므로 피검자들이 가진 막대 개수와 검사 종료 시점에 피검자가 멈춘 위치를 표시하여 총 걸은 거리(m)를 구한다. ⑫ 측정 기회는 단 1회만 부여한다. (4) 유의사항 ① 6분 걷기는 유산소성 심폐지구력 검사이기 때문에 다른 항목들을 모두 측정한 이후에 시행해야 한다. ② 미끄럽지 않고 밝은 곳에서 실시한다. ③ 의자는 피검자들이 걷는 지역 바깥쪽 여러 지점에 설치해야 한다. ④ 더 이상 검사를 지속할 수 없다는 피검자에 대해서는 측정을 중지한다.
	(1) 측정 요인: 심폐지구력(2분 제자리 걷기 측정) (2) 측정 장비: 초시계, 마스킹테이프, 계수기, 줄자, 고무줄, 지지대 기둥 2개 (3) 측정방법 ① 각 피검자마다 무릎을 들어 올려야 하는 최소 높이를 지정한다. 줄자로 슬개골 중앙에서부터 장골능(관골 앞 부위)까지 길이를 잰 후 중간 지점 대퇴에 테이프로 표시한다. ② 대퇴에 표시한 지점과 같은 높이로 고무줄을 양 기둥에 매달고 높이를 조절한다.

6분 걷기 측정 (20m×5m)

6분 걷기 측정 (10m×5m)

항목	측정 내용
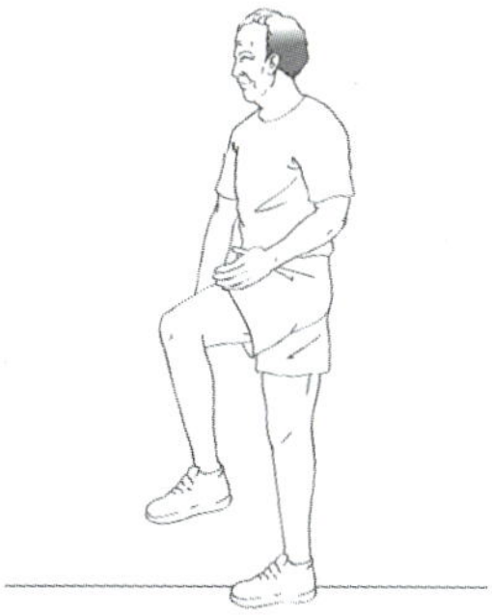 2분 제자리 걷기 측정	③ 피검자는 시작 신호와 함께 우측 발부터 시작하여 무릎이 고무줄에 닿도록 들어올린다. ④ 적정 무릎 높이가 유지되지 못할 때에는 속도를 늦추거나 적절한 자세를 되찾을 때까지 멈추도록 요청하되, 시간은 계속 흐르게 한다. ⑤ 2분 동안 우측 발부터 시작하여 양발 모두 완전하게 걸었을 때를 1회로 계수한다. ⑥ 측정에 앞서 피검자에게 연습할 기회를 주고, 측정 기회는 1회만 부여한다. (4) 유의사항 ① 균형 문제가 있는 피검자의 경우 균형을 잃을 때 지지할 수 있도록 벽이나 출입구 혹은 의자 바로 옆에 서서 시행하게 한다. ② 피검자가 지나치게 노력하고 있지 않은지 가까이에서 감시한다. ③ 측정이 끝나면 피검자에게 몇 분간 천천히 걷도록 권하여 피로를 회복할 수 있게 한다.
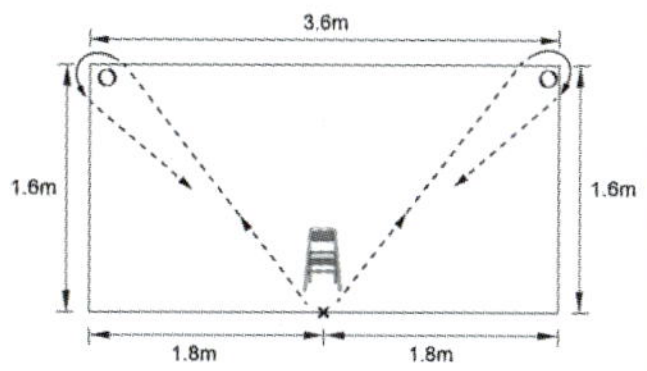 8자 보행(초) (Osness 등, 1996) 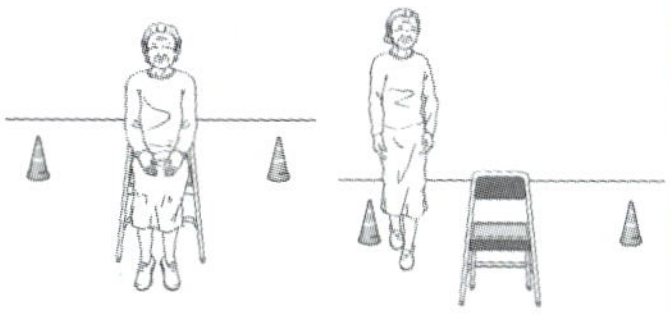	(1) 측정 요인: 협응력(8자 보행) (2) 측정 장비: 팔걸이 없는 접이식 의자, 고깔 2개, 초시계, 줄자 (3) 측정방법 ① 그림과 같이 바닥에 가로 3.6m×세로 1.6m인 직사각형의 선을 긋고, 양쪽 모서리 안에 고깔을 고정시키며, 고깔에서 2.4m 되는 지점에 의자를 놓는다. ② 피검자는 사각형 앞 모서리 중앙에 있는 의자에 앉아서 대기하다가 '시작' 구호에 따라 오른쪽 후방에 있는 고깔을 돌아 의자에 앉는다. ③ 쉬지 않고 다시 의자에서 일어서 왼쪽 후방의 고깔을 돌아와 의자에 앉는다. ④ 이 과정을 두 번 반복 실시하고 그 소요 시간을 0.1초 단위로 측정한다. ⑤ 1~2회 연습 후 검사를 실시한다. (4) 유의사항 ① 미끄럽지 않은 곳에서 실시한다. ② 의자에서 일어날 때 의자가 움직이지 않도록 고정한다.

이 검사법은 전국의 인증기관을 통해 한국 노인의 성별·연령별로 체력 측정을 시행하여 그 결과를 백분위로 반영하면서 외국의 체력 인증 단계를 참고하여 체력의 수준을 세 단계(금상: 상위 30 백분위 이내, 은상: 상위 50 백분위 이내, 동상: 상위 백분위 이내)로 분류하였다. 이러한 정보는 우리나라 노인의 건강과 체력 증진을 위한 자료로 활용되고 있다(표 2-10 참조).

표 2-10. 우리나라 노인기 체력의 인준 단계(국민체육진흥공단, 2012)

평가단계	인증단계	평가기준	신체활동 수준
운동체력상 (Sport Fitness Award)	금상	노인기 5개 체력검사항목이 모두 인증기준 상위 30% 이내	다양한 스포츠에 도전하여 활력적이고 주도적으로 활동
활력체력상 (Active Fitness Award)	은상	노인기 5개 체력검사항목이 모두 인증기준 상위 50% 이내	활발한 신체활동 참여
건강체력상 (Health Fitness Award)	동상	노인기 5개 체력검사항목이 모두 인증기준 상위 70% 이내	최소한의 건강 유지

※ 노인에게는 신체조성에 대한 건강 권장범위가 적용되지 않음

■ 우리나라 노인의 체력 인준을 위한 평가 기준(국민체육진흥공단, 2012)

▶ 금상

신체조성을 제외한 나머지 5개 체력검사항목이 모두 인증기준 상위 30% 이내

표 2-11. 한국 노인의 체력 평가를 위한 인증기준(금상)

성별	연령대 (세)	상지 근기능 상대 악력 (드는 손) (%)	하지 근기능 의자에 앉았다가 일어서기 (30초/회)	보행 및 동적 평형성 의자에 앉아 3m 표적 돌아오기 (초)	유연성 앉아 윗몸 앞으로 굽히기 (cm)	협응력 8자 보행 (초)	심폐지구력 6분 걷기 (m)	심폐지구력 2분 제자리 걷기 (회)
남	65~69	54.0	22	5.9	10.3	21.9	594	115
남	70~74	52.2	21	5.9	9.9	22.7	559	109
남	75~79	50.4	19	6.2	7.9	25.5	524	103
남	80~84	48.6	17	7.0	6.3	29.0	489	97
남	85 이상	46.8	16	7.9	5.0	31.8	434	92
여	65~69	40.9	19	5.7	18.5	23.5	543	110
여	70~74	40.4	17	6.3	17.2	27.7	510	101
여	75~79	39.1	16	6.7	15.2	29.9	477	97
여	80~84	35.6	15	7.6	13.5	32.5	444	85
여	85 이상	35.2	13	8.7	13.0	35.2	391	76

▶ 은상

신체조성을 제외한 나머지 5가지 체력검사항목이 모두 인증기준 상위 50% 이내(평균 수준)

표 2-12. 한국 노인의 체력 평가를 위한 인증기준(은상)

성별	연령대 (세)	상지 근기능	하지 근기능	보행 및 동적 평형성	유연성	협응력	심폐지구력	
		상대 악력 (듣는 손) (%)	의자에 앉았다가 일어서기 (30초/회)	의자에 앉아 3m 표적 돌아오기 (초)	앉아 윗몸 앞으로 굽히기 (cm)	8자 보행 (초)	6분 걷기 (m)	2분 제자리 걷기 (회)
남	65~69	48.0	19	6.7	6.0	24.7	548	101
	70~74	46.2	18	6.8	5.0	26.3	513	95
	75~79	44.4	16	7.2	3.0	29.5	478	89
	80~84	42.6	15	8.0	1.0	33.3	443	83
	85 이상	40.8	13	9.2	-1.0	39.4	388	78
여	65~69	37.6	17	6.4	15.0	26.8	491	100
	70~74	35.9	15	7.1	13.5	30.7	458	90
	75~79	33.9	14	7.6	11.3	34.1	425	84
	80~84	31.4	12	8.9	10.0	38.7	392	68
	85 이상	30.5	11	10.0	8.0	42.4	339	51

▶ 동상

신체조성을 제외한 나머지 5가지 체력검사항목이 모두 인증기준 상위 70% 이내

표 2-13. 한국 노인의 체력 평가를 위한 인증기준(동상)

성별	연령대 (세)	상지 근기능	하지 근기능	보행 및 동적 평형성	유연성	협응력	심폐지구력	
		상대 악력 (듣는 손) (%)	의자에 앉았다가 일어서기 (30초/회)	의자에 앉아 3m 표적 돌아오기 (초)	앉아 윗몸 앞으로 굽히기 (cm)	8자 보행 (초)	6분 걷기 (m)	2분 제자리 걷기 (회)
남	65~69	42.0	17	7.5	1.0	28.3	502	86
	70~74	40.2	15	1.7	0.5	30.0	467	81
	75~79	38.4	13	8.3	-2.0	34.8	432	75
	80~84	36.6	12	9.0	-3.9	38.6	397	69
	85 이상	34.9	10	11.1	-8.0	46.8	342	63

성별	연령대 (세)	상지 근기능	하지 근기능	보행 및 동적 평형성	유연성	협응력	심폐지구력	
		상대 악력 (듣는 손) (%)	의자에 앉았다가 일어서기 (30초/회)	의자에 앉아 3m 표적 돌아오기 (초)	앉아 윗몸 앞으로 굽히기 (cm)	8자 보행 (초)	6분 걷기 (m)	2분 제자리 걷기 (회)
여	65~69	33.5	15	7.3	11.5	29.7	438	87
	70~74	30.7	13	8.0	10.0	34.9	405	75
	75~79	29.0	12	8.7	7.0	40.1	372	68
	80~84	26.6	10	10.5	5.0	47.1	339	43
	85 이상	24.5	8	12.8	3.0	51.0	286	34

2. 운동의 역할

운동이 인생 전반에 걸쳐 어떠한 역할을 하는가에 대해 많은 문헌들이 존재한다. 규칙적인 운동은 노화에 의한 신체적·심리적 변인들을 조절하므로 노인의 삶에 지대한 영향을 미칠 수 있다. 또한 질병과 장애의 위험을 낮추고 장수를 돕는다는 측면에서 운동은 '성공적 노화(successful aging)'를 위한 가장 중요한 요소로 간주될 수 있다. 노인 운동은 인체의 심리적 행복감, 기능적 능력 향상, 체력 증진, 질병의 예방과 회복, 긴장 완화, 친교 확대, 성취 경험 및 건강수명 연장 등 다양하고도 복합적인 역할을 수행한다. 따라서 노인운동지도사들은 노화과정 자체를 '쇠퇴'나 '퇴화' 같은 부정적인 의미가 아니라 자연스러운 현상으로 인식시키면서 운동의 주요 역할과 운동에 의한 긍정적 변화에 대해 교육해야 할 것이다.

가. 운동의 긍정적 역할

1) 건강 증진

많은 연구들에서 신체적 비활동(physical inactivity)에 의한 질병 발생과 조기 사망(premature death)이 보고되었다. 다음 그래프에서 볼 수 있듯이 비활동적인 생활습관은 심혈관 질환의 주요 증상인 관상동맥질환(coronary heart disease)을 유발하는 네 번째 원인으로 작용한다(그림 2-1 참조). 반면 적절한 신체활동은 건강상의 이득을 가져오며, 허약한 노인일수록 운동에 의한 건강증진 효과가 더 큰 것으로 여겨진다. 노인이 규칙적으로 운동을 수행할 때 운동을 통한 건강 증진 효과에는 용량-반응 관계(dose-response relationship)가 성립된다. 즉, 운동 시작 전 체력(baseline activity status)이 낮을수록 운동 수행에 의해 더 많은 건강상의 이득(benefit)을 얻을 수 있다(그림 2-2 참조).

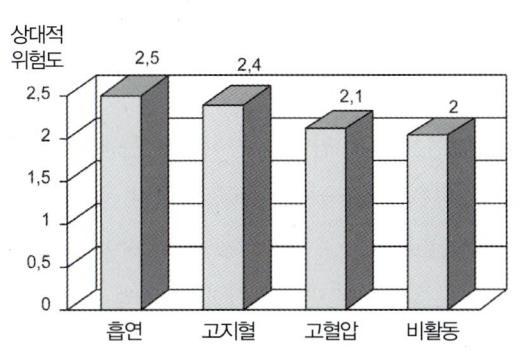

그림 2-1. 비활동과 관상동맥질환(CHD) 위험인자(Powell 등, 1987)

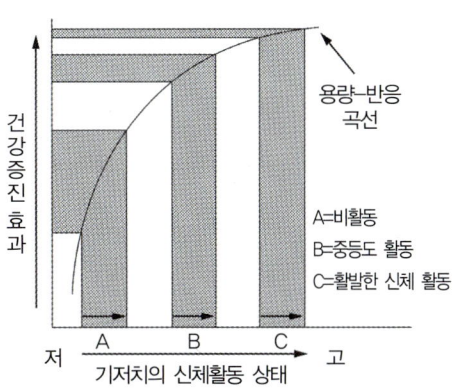

그림 2-2. 신체활동과 건강 증진 효과에 대한 용량-반응 곡선(Pate 등, 1995)

2) 심리적 행복감과 안정

운동은 전통적으로 심리치료를 위한 주요 방법으로 사용되어왔다. 운동 수행은 노인의 스트레스, 불안 및 우울 증상을 개선한다. 이러한 현상은 감정을 조절하는 호르몬이나 신경전달물질 분비, 체온 상승, 수면의 질 향상, 만성질환에 의한 통증 완화, 신체상(body image) 개선, 자긍심 및 진정 효과 등 다양한 경로를 통해 심리적 행복감과 안정을 가져오는 것으로 보인다. 운동에 의한 이러한 심리적 변화는 삶의 질을 높이는 데 중요하게 작용하는 것으로 인정되고 있다.

3) 운동에 대한 생리학적 적응

노인의 유산소 훈련은 근섬유와 모세혈관을 늘리고 인체의 에너지 불균형을 개선한다. 장시간 동안 지속적으로 운동을 수행할 경우 체지방이 주 에너지원으로 사용되므로 신체구성 조절에도 효과적이다. 아울러 심폐능력 향상과 심혈관계 장애를 개선(심박수 저하, 혈압 저하, 혈관 탄성 증가)할 수 있다. 한편, 저항성 훈련은 근육과 건 및 인대를 강화하고 근비대(muscle hypertrophy)를 통

> **근력운동이 노인 건강에 미치는 영향**
> 일반적으로 노화에 수반되는 기능적 능력 저하는 노인의 독립적인 생활을 저해한다. 그러나 근력운동은 노인들의 건강과 기능적 향상을 함께 유도할 수 있는 효과적인 방법으로 인정되고 있다. 근력운동이 노인의 인체에 미치는 영향을 요약하면 다음과 같다.
> - 체구성 개선: 근육량 증가로 인한 에너지 소비량 증가
> - 심혈관 장애 개선: 뇌졸중과 관상동맥질환의 위험 저하
> - 골밀도 증가: 골다공증 예방 및 개선, 골절 위험성 저하
> - 당대사 개선: 당 내성(glucose tolerance) 개선, 인슐린 민감성(insulin sensitivity) 향상
> - 요통과 관절통 감소: 체간근육과 하지근육 및 근력 증가로 통증 감소
> - 혈중지질 개선: 콜레스테롤과 중성지방 등 혈중 지질 농도 개선

해 기초대사량을 높여 대사성 질환의 위험을 근본적으로 줄일 수 있다. 많은 연구들에서 어떠한 유형의 운동이건 규칙적인 운동 수행에 의해 사망률을 높이는 다양한 원인들이 개선되어 건강수명이 연장되는 효과가 입증되었다.

4) 비만과 혈액 변인 개선

노화과정에 흔히 수반되는 비만 현상은 사망률을 높이는 주요 원인이다. 따라서 운동과 식습관 조절을 통해 신체구성이 개선되면 비만으로 인한 다양한 위험성을 낮출 수 있다. 특히 운동은 인체에 해로운 복부 내장지방 감소에 효과적인 것으로 평가된다. 운동 수행 시 체지방 감량이 현저하게 이루어지지 않는 상황에서조차 심혈관질환이나 당뇨병을 일으키는 변인들(지질, 지단백, 호르몬 및 당내성 등)은 효과적으로 개선되어 건강 증진 효과를 거둘 수 있다.

5) 암 예방 및 생존율 증진

암에 대한 운동의 효과를 검증한 많은 연구들에서 운동이 특정 암의 유형, 특히 대장암과 유방암의 발병을 현저히 낮출 수 있다는 연구 결과들이 제시되었으며 몇몇 연구들은 운동에 의해 전립선암, 폐암, 자궁암의 발병도 낮아지는 것으로 보고하였다. 또한 여러 보고들에서 암 발병 후에도 운동에 의해 회복과 생존율이 현저히 높아지는 것으로 나타났다.

6) 기능적 능력 향상

운동은 골관절염이나 요통 등에 의한 통증을 완화시키며 근골격계를 강화하여 노인의 기능적 능력 향상에 기여한다. 노인의 독립성은 노인기의 일상생활 활동(Activities of Daily Living: ADLs)과 도구적 일상생활 활동(Instrumental Activities of Daily Living: IADLs) 능력에 의해 좌우된다. 적은 양의 운동도 노인들의 기능적 변화에 큰 효과를 나타내는 것으로 알려져 있다.

7) 인지적 능력 향상

현재까지의 연구들에 따르면 규칙적인 운동 훈련은 뇌의 혈류를 개선하고 뇌신경(brain neurons) 성장을 증진시켜 기억력과 인지능력 저하를 예방 혹은 지연시키는 것으로 인정되고 있다. 또한, 일부 연구들은 규칙적인 운동군에서 알츠하이머성 치매 발병률이 비운동군에 비해 더 낮으며, 장기적인 운동 훈련으로 노인의 인지능력이 향상될 수 있는 것으로 보고하고 있다.

> **노인의 생활 기능 분류**
> **일상생활 활동(ADLs):** 목욕, 옷 입기, 화장실 사용, 이동, 식사 등 일상적 생활을 독립적으로 유지하기 위한 기본적인 활동
> **도구적 일상생활 활동(IADLs):** 독립적 거주를 위해 요구되는 물건 구입, 요리, 가사일, 교통수단 이용, 약 복용 등 보다 수준 높은 부수적 활동

8) 의료비용 절감

2011년에 집계된 우리나라 건강보험 전체 의료비용 중 노인 진료비는 15조 원이었으며, 이는 전체 진료비의 33.3%를 차지한다. 미국의 경우 2009년 의료비 지출이 2조 2천억 달러에 이르며 이 중 비활동(좌업생활)에 의한 지출이 매년 770억 달러 이상인 것으로 분석되었다. 정기적으로 운동을 수행하는 노인과 비활동적인 노인을 비교한 여러 연구들에서 비활동적인 집단에 대한 의료비용이 운동집단에 비해 현저히 높은 것으로 나타났다. 그러므로 노후의 생애기간이 길어지는 상황에서 운동을 통해 건강을 관리하는 것은 막대한 경제적 손실을 줄이는 효과적인 방법이다.

나. 운동의 부정적 역할

운동이 노화과정 혹은 노후의 삶에 위험보다 이득을 더 많이 가져오는 것은 분명해 보이지만, 노인층의 취약성으로 인해 운동 수행에 관련된 위험이 존재한다. 이러한 위험성은 노인의 연령이 높을수록, 만성적인 질환을 나타내는 경우 혹은 여러 가지 약물을 복용하는 경우 더 심한 부작용을 초래할 수 있다.

1) 근골격계 상해

노인에게 나타나는 운동의 부정적인 영향 중 가장 대표적인 예는 근육 약화, 골 감소와 수반하는 근골격계 부상이다. 노인들은 골밀도가 저하되어 있으므로 운동 중 가벼운 충격에도 골절이 발생하기 쉽다. 운동 빈도, 강도, 지속시간이 과도할 경우 급성 혹은 만성적 손상 및 피로골절을 초래할 수 있다. 한 번 낙상을 경험하면 재발 위험이 높을 뿐만 아니라 장애나 두려움으로 인해 남은 생애 동안 활동에 제약을 받을 수 있다. 노인은 일단 부상이 발생하면 회복이 느릴 뿐 아니라 입원이나 고정 등 비활동에 의해 또 다른 질환으로 이환될 가능성이 높다. 또한 퇴행성관절염이 있는 노인인 경우 운동 수행이 염증이나 통증을 악화시킬 수 있으므로 운동 시 주의해야 한다. 퇴행성관절염이 있는 노인은 충격이 없는 수중운동이나 등척성운동을 권한다. 운동에 관한 자세한 내용은 Ⅳ부 노인 질환별 운동 프로그램 설계에서 찾아볼 수 있다.

2) 심혈관계 상해

대다수의 노인들이 혈관 염증이나 콜레스테롤 축적 및 혈관탄성 저하로 인해 심혈관계 상해에 위험을 갖고 있다. 운동 시 부하가 높거나 힘을 지속적으로 발현하는 상황은 혈압을 지나치게 상승시킬 수 있다. 이러한 위험은 심혈관계 장애 정도가 심한 노인들의 경우 운동 중 돌연사 같은 심각한 결과를 초래할 수 있다. 심혈관계가 좋지 않은 노인은 추운 환경에서 무거운 무게를 머리 위로 들어올리는 운동은 삼가는 것이 좋다.

3) 체온 및 수분 조절 장애

노인들은 운동 상황에서 요실금에 대한 우려나 소화기 장애 및 신장 기능 저하 등을 이유로 수분을 충분히 섭취하지 않을 수 있다. 또한 많은 노인들은 체수분 조절 기능이 원활하지 못하므로 장시간의 운동은 탈수로 이어질 수 있다. 인체는 운동 중 체수분이 부족한 상황에서는 발한을 억제시키므로 체온이 비정상적으로 높아질 수 있으며, 이는 의식불명이나 심장 이상 등 노인의 생명을 위협하는 결과를 초래할 수 있다.

4) 저혈당 위험성 증가

많은 노인들은 탄수화물 대사 능력이 저하되어 있고, 실제로 노인의 상당수(20~30%로 추정)가 내당능 장애(impaired glucose tolerance) 혹은 당뇨병을 나타낸다. 그러므로 운동 중 근육으로 당 수송이 급격히 높아지는 상황에서 혈액의 글루코오스 농도가 낮아지면서 저혈당이 발생하기 쉽다. 이러한 저혈당 상태에서는 뇌에 당분을 충분히 공급하지 못하므로 식은땀, 공복감, 심한 피로감, 혼수, 사망 등의 결과로 이어질 수 있다. 특히 당뇨병을 가지고 있는 노인을 지도할 때, 지도자는 늘 운동 전과 운동 후 노인의 상태를 유의하게 살펴야 하고 당이 떨어지는 상태의 증세를 교육해야 하며, 당이 떨어졌을 때 복용할 수 있는 음식을 준비해두는 것을 권한다.

5) 운동 중독

최근 운동에 대한 지나친 집착이 오히려 사회적 친밀감이나 일에서의 성취감 같은 요소들을 저해하는 운동 중독(exercise addiction) 현상이 운동 부작용의 하나로 제시되고 있다. 운동 중독은 운동량 증가를 지나치게 추구하거나 운동을 하지 않으면 매우 불안한 상태, 직업이나 사회적 교류 및 여가활동을 포기하면서 운동에 집착하는 경우 또는 부상이 있는데도 무리하게 운동을 지속하는 경우 등 다양한 증상들로 나타날 수 있다. 따라서 노인운동지도사는 운동의 위험성과 안전에 대한 교육을 통해 노인 스스로 부상을 방지하고 현명하게 조절할 수 있도록 지도해야 한다.

2장 운동의 효과

 학습목표

- 노인에게 있어서 운동의 효과에 대해 학습한다.
- 노인에게 미치는 운동의 신체적 효과에 대해 알아본다.
- 노인에게 미치는 운동의 심리적 효과에 대해 알아본다.
- 노인에게 미치는 운동의 사회적 효과에 대해 알아본다.

이 장에서는 노인에게 미치는 다양한 운동의 효과에 대해 알아볼 것이다. 노화현상은 신체기능의 저하뿐 아니라 정신적·사회적 기능의 감소도 나타난다. 이러한 부정적인 변화들은 노인들의 건강하고 독립적이며 자립적인 삶을 살아가는 데 걸림돌이 된다. 세계보건기구(WHO)에서는 노인들의 건강한 삶을 위해 생활기능의 자립을 제안하고, 이를 위해서는 규칙적인 신체활동의 필요성을 이야기하였다. 또한 긍정적인 노화과정을 위해 장기적인 운동이 반드시 필요한 항목이라고 하였다.

규칙적인 신체활동은 노화와 관련된 사망률을 낮추고, 심장병, 고혈압, 비만 등 대사 기능을 향상시킬 뿐 아니라 정서적인 안정감과 심리적 건강 상태를 개선한다. 신체활동은 질적인 삶과 전반적인 웰빙의 향상, 우울증 감소 그리고 치매와 인지기능 향상에 도움이 된다. 또한, 사회적 접촉의 기회를 증가시켜 노년기의 건강 증진뿐 아니라 고령화 사회의 사회적 비용을 감소시키는 데도 긍정적인 역할을 한다. 노인들을 위한 가장 이상적인 운동은 유산소 운동(aerobic exercise), 근력운동(strengthening exercises) 그리고 유연성 운동(flexibility exercises), 협응성 운동(coordination exercise), 균형 운동(balance exercise)을 병행하는 것이다. 이 장에서는 운동의 효과를 크게 신체적·심리적·사회적 효과로 나누어 설명하고, 각각의 현상을 이해하는 데 목적이 있다.

 우울증: 의욕 저하와 우울감을 주요 증상으로 하여 다양한 인지 및 정신·신체적 증상을 일으켜 일상 기능의 저하를 가져오는 질환을 말한다.
치매: 대뇌 신경세포의 손상으로 말미암아 지능, 의지, 기억 등이 지속적·본질적으로 상실되는 병. 주로 노인에게 나타난다.

1. 운동의 신체적 효과

노화가 진행됨에 따라 신체기능의 다양한 변화뿐 아니라 신체활동도 저하되기 시작한다. 신체활동의 저하는 곧 신체적인 기능 쇠퇴로 이어진다. 그러나 적절한 운동을 통해 각 신체기관의 기능을 발달시키고, 생리적인 노화현상을 지연시킬 수 있다. 또한 운동은 일상생활의 활동능력을 향상시키고, 낙상을 예방하는 등 노인들의 기능적 능력 및 독립적인 삶의 유지에 매우 중요한 요인이다. 많은 연구들을 통해 노년기의 규칙적인 신체활동이 건강에 긍정적인 효과를 미치는 것이 입증되었다 (표 2-14).

표 2-14. 신체활동을 통한 건강효과

- 강력한 증거
    - 조기사망의 위험 감소
    - 관상동맥질환의 위험 감소
    - 당뇨병 위험 감소
    - 뇌졸중 위험 감소
    - 유방암 위험 감소
    - 고혈압 위험 감소
    - 혈장지질농도 위험 감소
    - 메타볼릭신드롬 위험 감소
    - 대장암 위험 감소
    - 유방암 위험 감소
    - 체중 증가 예방
    - 칼로리 섭취 감소와 함께 체중 감소
    - 심폐능력과 근육의 향상
    - 낙상 예방
    - 우울증 감소
    - 인지기능 향상(노인)

- 적당~강력한 증거
    - 기능적인 건강 향상(노인)
    - 복부비만 감소

- 적당한 증거
    - 엉덩이골절의 위험 감소
    - 폐암 위험 감소
    - 자궁내막암 위험 감소
    - 체중 감소 후 유지
    - 골밀도 증가
    - 수면의 질 향상

출처: 2008 Physical Activity Guidelines for Americans, U.S. Department of Health and Human Services

가. 근골격계

1) 근력의 향상

근골격계는 우리의 신체를 지탱하고, 움직임을 일으키며, 인체 내부의 기관을 보호하는 중요한 역할을 한다. 연령의 증가와 함께 근력뿐 아니라 뼈의 질량, 반응 시간, 신경전도율 및 평형기능 등이 저하되기 때문에 근골격계의 건강을 보호하는 것은 노년기 건강을 위해 매우 중요한 일이다. 노화가 진행되면 골격근의 섬유 수와 크기가 감소하는데, 이는 결과적으로 운동단위의 감소를 가져오게 된다. 즉 자연적으로 근감소 현상(sarcopenia)이 나타나고, 이는 근력의 감소로 연결된다. 근력은 20~30대에 최고조를 이루다가 점점 감소하여 50~70세 사이에 약 30%가 감소한다.

근력의 감소는 신체기능의 장애, 낙상의 증가, 활동성의 감소 등을 초래하여 결과적으로 삶의 질 저하를 초래한다. 유산소 운동과 저항운동 모두 근육의 질량과 강도가 감소하는 것을 지연시키거나 근력을 향상시키지만, 특히 저항성 운동이 근육의 질량과 강도의 증가에 큰 영향을 미친다. 저항운동을 통해 근비대로 근육량이 증가하고, 근신경계통의 운동적응 현상에 의해 근력이 증가하게 된다. 일주일에 단 한 번의 저항운동을 통해서도 근육의 강도를 향상시킬 수 있다고 보고한 연구도 있어 저항운동이 근력 강화에 매우 유효한 방법임을 알 수 있다.

노인도 12주간 저항운동을 통해 근력 향상 효과를 얻을 수 있다. 이것은 노인에게도 예외는 아니어서 최대로 들어올릴 수 있는(1RM) 무게의 80%의 저항성 운동 후 노인의 type Ⅱ 섬유의 크기와 근력이 증가하였고, 80~90대의 쇠약한 노인 100명을 대상으로 10주간 근력운동을 실시한 결과 물건을 들어 올리는 능력 및 보행속도가 향상되었다. 노인들의 저항운동은 type Ⅰ과 type Ⅱ 근섬유의 크기뿐만 아니라 근육의 횡단면적을 증가시켜 근육의 질량과 강도를 증가시키는 결과를 가져오고 이것이 노인들의 신체능력을 향상시킨다.

2) 뼈의 질량 증가

뼈의 노화는 50대 이후 급격이 진행된다. 남성의 경우 55세 때 골량 감소가 시작되어 70세경 10~15% 정도 감소되고, 여성의 경우 35세 이후 매년 1%씩 골량 감소가 진행되어 폐경 이후에는 호르몬의 변화로 더 빠르게 진행된다. 뼈의 질량이 감소하고 강도가 상실되면 노인성 질환인 골다공증, 골관절염 등을 초래해 활동성이 저하되고 균형감각의 감소 및 골절 위험을 증가시킨다. 특히 골량의 감소로 인한 골다공증은 골절의 위험을 1.2배 이상 높이고, 노인성 골다공증의 심각성은 골절로 인한 사망률을 증가시킨다는 것이다.

규칙적인 근육운동을 통해 가해지는 물리적인 힘은 뼈의 질량과 강도에 긍정적인 영향을 미치고, 골 대사와 호르몬 분비를 원활하게 해준다. 노인에게도 운동은 뼈 상실을 방지해주고 골질량과 밀도에 긍정적인 영향을 미쳐 골손실을 줄여준다.

나. 심혈관계와 호흡계

노화가 진행되면 심장에 지방갈색소는 증가하고 혈관벽은 탄력성을 잃기 때문에 심장의 기능성뿐만 아니라 효율성도 떨어진다. 규칙적인 운동은 심장 및 혈관의 기능을 향상시켜 심혈관질환의 발병위험을 감소시키거나 예방할 수 있고, 규칙적으로 활발한 신체활동을 하고 있는 노인들은 자신들 연령보다 젊은 사람들과 같은 수준의 유산소 능력을 유지할 수 있다. 규칙적인 신체활동에 참여

> **삶의 질:** 한 개인이 스스로 느끼는 즐거움 등의 긍정적 정서와 주관적 만족감을 의미한다. 의학적인 입장에서는 고통 없는 삶의 연장과 정상적인 사회적 활동을 가능하게 하여 환자 자신이 느낄 수 있는 만족감의 정도를 의미한다.

하지 않는 사람들이 참여하는 사람들에 비해 관상동맥질환의 발병률이 높다는 연구 결과도 보고되었다. 유산소 운동은 혈관 기능 및 대사 이상을 개선시키고, 저항운동도 관상동맥성 심장질환이 있는 노인들에게 유용하게 사용될 수 있다.

심혈관 기능에서 가장 많이 사용되는 지표는 최대산소섭취량(VO_2max)으로, 연령이 증가함에 따라 감소한다. 또한 1분간 심장에서 내보내지는 혈액의 양인 심박출량과 1회 박출량도 감소한다. 그러나 규칙적인 운동을 통해 최대산소섭취량은 증가하고, 심박수는 감소, 1회 박출량은 증가한다. 6개월간의 자전거 운동으로 노인의 최대산소섭취량은 21%가 증가하였고, 활동적이고 훈련받은 노인이 젊은 사람보다 최대산소섭취량이 높을 수 있다는 연구 결과도 있다. 심박출량은 1분간의 심장박동수와 심장이 한 번 박동할 때 분출하는 혈액량인 1회 박출량에 의해 결정되는데, 노화와 함께 유산소성 능력이 감소하는 것은 최대심박수의 감소로 인한 심박출량의 감소와 1회 박출량의 감소에 기인한다. 운동은 안정 시 심박수를 낮추고 심장 확장 시간을 늘려서 심박출량과 1회 박출량을 증가시킨다. 심박출량이 증가하는 것은 심장에서 한 번에 많은 혈액을 분출하는 것으로 심장의 부담이 줄어들고 효율적으로 일할 수 있는 것을 뜻한다. 이로 인해 말초혈관의 저항은 감소하고, 혈관 탄력성을 증가시키거나 혈관 확장력을 좋아지게 하는 결과로 이어진다. 운동을 통해 적혈구 및 헤모글로빈의 양과 모세혈관 수도 증가되어 혈액의 산소운반 능력도 증가된다. 결과적으로 운동은 대기 중에 있는 산소를 신체활동에 필요한 근육조직에 보내는 산소 운반능력과 산소 이용능력의 향상을 통해 심혈관계 계통의 변화를 가져온다.

운동은 호흡계에도 긍정적인 영향을 미친다. 우리 몸은 혈액을 통해 산소를 전신으로 보내고 다시 이산화탄소 같은 노폐물은 배출된다. 즉 호흡을 하면 흡인된 기체가 모두 폐에 도달하게 되는데 이때 폐에 공기가 들어갔다 나갔다 하는 것을 '폐환기량'이라고, 1분 동안 흡기와 호기되는 공기의 양을 '분당 환기량(minute ventilation)'이라고 한다. 분당 환기량은 1회 호흡량(tidal volume)과 분당 호흡수(resporatory frequency)에 의해 결정된다. 안정 시 환기량은 분당 6~7 ℓ/min이고, 정상적인 호흡은 분당 15~18회이다. 노년기에는 폐의 여러 가지 구조적·생리적 변화가 생기고 혈액의 운반능력이 저하된다. 폐포의 탄력성 저하로 70세의 폐활량은 50세의 50%로 감소하고, 호흡근육도 약화된다. 하지만 운동을 하는 동안 노인의 폐는 호흡량의 증가로 호흡기능이 항진된다. 따라서 분당 환기량은 증가하고, 안정 시 호흡은 감소, 폐용적이 증가하면서 폐활량을 증가시킨다.

다. 내분비계

당뇨병(Diabeetes Mellitus, DM)은 췌장에서 분비되는 인슐린의 절대적 혹은 상대적 결핍에 의해 발병하는 질환으로, 인슐린 분비 기능의 저하와 인슐린 저항성이 당뇨병의 중요한 병인이다.

신체활동 부족(physical inactivity)은 제2형 당뇨병의 주요 위험인자이다. 그러나 일상생활에서 가벼운 활동만으로 당뇨병의 위험 요소를 감소시킬 수 있고, 노인의 당뇨 예방 프로그램(Diabetes Prevention Program)에 관한 연구에 의하면 당뇨병 예방을 위해 생활습관 중재효과가 청년 및 중년과 비교했을 때 가장 크게 나타났다고 보고하였다. 이것은 규칙적인 신체활동이 노인의 당뇨병 예방 및 개선에 긍정적인 역할을 한다는 것을 의미한다.

Da Qing의 당뇨연구를 보면(Impaired Glucose tolerance & Diabetes Study) 6년의 추적기간 동안 식이조절, 운동요법, 식이 및 운동의 병합요법이 제2형 당뇨병으로 진행되는 것을 감소시키고, 운동만으로 당뇨병의 발생이 46% 감소됨을 보고하였다. 특히 내당증장애(IGT)의 주요 예측 인자인 내장비만과 인슐린 저항성을 결정하는 중요한 요인인 복부비만은 유산소 운동을 통해 감소시켜 당뇨병을 개선할 수 있었다.

보통 당뇨병의 예방 및 치료방법으로 유산소 운동을 권장한다. 그러나 혈당을 개선하는 효과는 유산소 운동과 저항성 운동 모두를 통해 나타날 수 있다. 미국당뇨병학회에서는 제2형 당뇨병 환자에게 유산소 운동과 함께 저항운동을 권장하고 있다. Glen E. 등(2003)은 점증저항운동(profressive resistance exerecise)을 실시한 운동군이 대조군에 비하여 당화혈색소가 평균 1.2% 유의하게 감소하였고, 근육 내 글리코겐 저장이 유의하게 증가하였다고 보고하였다.

저항운동을 통한 근육량의 증가가 인슐린 감수성을 높이고, 당뇨병의 고위험군에서도 대사상태를 개선시키는 효과도 있다. 특히 정상혈당에서 당뇨병으로 진행하는 중간단계인 내당능장애(Impaired Glucose Tolerance, IGT)는 운동의 효과가 가장 극대화되는 시기로, 당뇨병으로 이어지기 전 규칙적인 운동을 통해 당뇨병을 예방할 수 있다. 16주간의 저항성 운동으로 노인 남성의 인슐린 감수성을 증가시키고 공복 혈당 및 복부지방이 유의하게 감소하였고, 제2형 당뇨병을 가진 노인이 유산소 운동을 16주간 한 결과 당부하로 인한 혈당 상승이 감소하였다. 즉 규칙적인 운동은 인슐린의 작용을 항진시켜 혈당을 낮추고, 포도당 대사를 좋게 하며, 인슐린 감수성을 증가시킨다.

당뇨병을 가진 노인들은 고지혈증, 고혈압, 관상동맥 질환 등의 심혈관 질환 위험요소를 하나 이상 가지고 있다. 특히 혈중지질 이상, 고혈압, 복부비만 등 혈당 상승을 특징으로 하는 대사증후군의 원인은 인슐린 저항성이라고 여겨지며 이는 복부비만과도 긴밀한 관련이 있다. 65세 이상 여성 노인이 12주간 주 3회의 걷기 운동 실시 후 허리둘레, 중성지방, 혈압이 유의하게 감소하여 대사증후군 개선 효과를 보였다. 대사증후군을 가진 75세 이상 여성 20명에게 12주간 1회 60분씩 복합운동을 실시하였더니 허리둘레 및 혈압이 유이하게 감소하였고 HDL-C가 증가하였다.

유산소 운동을 통해 대사증후군 유병률을 30.5% 감소하였다는 연구결과도 보고되고 있어 운동을 통한 인슐린 저항성의 개선이 대사증후군의 감소에 긍정적인 역할을 한다고 할 수 있다.

라. 신경계의 변화

인간은 1천억 개의 신경원(neuron)을 가지고 태어나는데, 연령이 증가함에 따라 신경원의 총수는 감소되고 신경원의 소실과 함께 수상돌기의 수도 감소한다. 이에 따라 신경전달물질의 수치가 감소한다. 각각의 신경세포들은 상호 간에 정보를 교환하여 고유의 기능을 나타내는데, 이때 신경전달물질의 역할을 필요로 한다. 신경전달물질의 수치가 감소하면 기억력과 인지력이 감소되고, 반사작용 및 반응시간이 느려진다. 반응시간은 외부 환경의 자극을 감지하여 여러 정보처리 단계를 거쳐 실제적인 반응이 일어난 시점까지의 시간으로, 노화로 인해 생리적인 기능이 쇠퇴하면 인지적 정보처리 속도 및 근육의 협응성 등을 포함하는 반응시간의 수행능력도 떨어지게 된다. 떨어진 반응시간은 보행기능에 영향을 미쳐 골절 및 상해, 특히 노인에게 있어서 낙상 등을 유발할 수 있다.

지속적이고 규칙적인 운동을 하면 자극이 동작에 동원되는 여러 기관과 근육에 정확하고 빠르게 전달되기 때문에 운동에 동원되는 기관과 신경계 간의 협응력이 향상된다. 신체활동을 지속한 사람이 그렇지 않은 사람들보다 반응시간이 빠르고 체력 프로그램을 실시한 후에 반응시간이 더 빨라졌다는 연구 결과가 보고되고 있다. 또한 노인을 대상으로 한 12주간의 유산소 운동 실시 후 전신반응시간이 향상되었다. 이러한 연구결과들은 동물 실험에 있어서 운동 중에 운동감각의 대뇌피질 흐름이 증가되었고 신경전달기능이 향상된 것이 인지적인 정보처리 속도 및 근신경의 협응력을 증진시켰다는 배경이 있다. 규칙적인 운동습관을 가진 노인들의 평형성 및 반응시간이 대조군에 비해 높았는데, 이는 중추신경계의 정보전달 능력의 개선에 영향을 받은 것이라고 할 수 있다. 노인들에게 정확하고 신속한 반응시간은 독립적인 일상생활에 매우 중요하다. 지속적인 운동으로 자극을 받으면 반응시간이 단축되고, 신체의 제어 능력 및 협응력을 향상시킨다. 즉 운동을 통해 반응시간을 변화시키고 신경 조절 기능을 변화시켜 협응력 및 조정력을 향상시키는 기능을 한다.

2. 운동의 심리적 효과

가. 삶의 질(QOL: quality of life)과 웰빙

1) 삶의 질

삶의 질(QOL: quality of life)은 행동 및 사회과학 분야에서 유래되었고, 주관적 웰빙 또는 전반적인 삶의 만족에 대한 판단이라고 정의할 수 있다. 삶의 질에 대한 개념은 매우 광범위하고 다이내믹하다. 이는 문화, 사회, 환경 등 외부 요인을 대하는 내적인 태도나 정서 등의 성격적 요인에 영향을 받기 때문이다.

세계보건기구(World Health Organization)에 의하면, 건강을 "질병이나 질환이 없는 것만으로는 해석할 수 없으며, 신체적, 정신적 그리고 사회적으로 안녕한 상태에 있는 것이다"라고 정의하였다. 이는 단순히 생명 연장의 수단뿐만 아니라 삶의 질을 중시하는 방향으로 나아가고 있음을 나타낸다. 다시 말해서 삶의 질은 개개인이 처한 상황과 삶, 기대, 표준, 걱정 등을 모두 포함한 개념이라 할 수 있다. 또한, 삶의 질은 포괄적이며, 다차원적인 변수를 가진다. 이는 개인의 신체적·심리적 건강에 대한 주관적인 개념뿐만 아니라 사회적, 환경적 그리고 일반적인 삶의 양상까지도 포함된다.

'삶의 질'이라는 개념은 물질적인 영역(건강, 고통의 부재)과 정신적인 영역(우울증, 근심, 걱정, 불안, 스트레스가 없는 즐거움)으로 구분할 수 있으나, 사람마다 겪고 느끼며 만족하는 부분이 다르기 때문에 특정한 사람의 삶의 질을 예측하는 것은 불가능하다.

삶의 질은 건강관련 삶의 질과 비건강관련 삶의 질로 구분할 수 있다. 건강관련 삶의 질은 주로 노인들의 신체와 정신건강에 초점을 맞추고 있으며, 행동의학(behavioral medicine)과 의생물과학(biomedical science) 분야에서 연구되고 있다. 건강관련 삶의 질은 질병이나 질환이 신체적·정신적 건강에 영향을 미치는 점을 파악하며, 남성보다는 여성이, 연령이 높을수록, 교육수준이 낮을수록, 사별 또는 이혼한 노인일수록 건강관련 삶의 질이 낮아진다. 비건강관련 삶의 질은 내부적 요인인 개인과 외부적 요인인 자연 환경 및 사회 환경과의 관계에 초점을 맞추고 있다. 건강관련 삶의 질은 현재 임상(clinical)과 일반 대중을 대상으로 건강의 정도를 평가하기 위해 사용되고 있으며, 건강관련 삶의 질에 대한 평가의 핵심 영역은 신체적 기능, 감성적 웰빙, 신체활동과 개인의 건강에 대한 인식으로 구분할 수 있다.

건강관련 삶의 질은 신체활동을 통해 긍정적인 효과를 얻을 수 있다. Rejeski와 Mihalko(2001)는 신체활동과 건강관련 삶의 질의 관계에 대해 1996년 이후 발표한 논문들 중 총 18편을 수집하여 검토하였다. 이 중 3분의 2는 무작위 비교연구(randomized controlled trials) 논문이었다. 자료를 검토한 결과 신체활동은 노인들의 건강관련 삶의 질인 신체적 기능과 정신건강 상태에 긍정적인 영향을 미치는 것으로 나타났다.

Netz 등(2005)은 임상적 치료가 필요하지 않은 건강한 노인들을 대상으로 심리적 웰빙(예: 감성적 웰빙, 자아 통찰력, 신체적 웰빙 그리고 삶의 만족)과 신체활동과의 관계를 메타분석(meta-analysis)한 36편의 자료를 수집하여 검토하였다. 연구 참가자들 중 신체활동을 실시한 치료집단이 신체활동을 하지 않은 통제집단보다 심리적 웰빙의 효과가 3배 정도 높게 나타났다. 신체활동은

불안: 마음이 조마조마하고 걱정이 있는 것으로, 이는 대개 정상적인 반응이다. 그러나 과도한 불안 상태나 걱정이 6개월 이상 지속되는 경우에는 불안장애를 의심할 수 있다. 불안이 심해지면 숙면을 취하기 어렵고, 쉽게 피곤하고 지치게 되며, 근육의 지속적인 긴장, 가슴이 조이는 듯 답답한 현상이나 위의 통증이 종종 동반된다.

근심과 일반적 웰빙, 자아효능감, 자신의 관점, 신체적 증상에 긍정적인 영향을 미친다. 하지만 통제집단과 비교해서 생활만족도에는 큰 변화가 없는 것으로 나타났다. 따라서 신체활동(규칙적 운동)이 노인들의 심리적 웰빙에 긍정적인 영향을 미친다는 점을 알 수 있다. 특히, 신체활동 중 근력운동과 저항운동은 건강관련 삶의 질과의 관계에서 긍정적인 영향을 미치며 이는 나이, 건강 그리고 활동 수준과는 상관이 없다.

개인의 삶의 질은 그들의 경험과 지각이 결합되어 평가된다. 감성적 성숙은 사회관계에 있어서 중요하다. 자신만을 위한 삶에 만족하기보다는 자원봉사를 하고, 자기 자신만의 웰빙을 추구하기에 앞서 공동체 속에서 봉사할 수 있어야 한다. 그리고 자신의 파트너와는 성적인 만족보다는 애정과 우정을 나누는 것도 필요하다.

2) 웰빙

인구의 고령화가 진행되면서 노인의 건강, 질환, 의료비 등과 함께 삶의 질과 관련된 문제들이 중요한 사항으로 나타나고 있다. 이러한 문제를 해결할 수 있는 가장 근본적인 방법은 건강을 유지하면서 일상생활을 영위하는 웰빙에 있다. 웰빙(well-being)은 순우리말로 '참살이'라고 한다. 사전적 의미로는 정신적·육체적인 건강과 행복, 복지와 안녕을 의미하고, 사회적 의미는 물질적 부가 아니라 진정한 삶의 질을 강조하는 생활방식을 가리킨다.

노인에게 있어 웰빙이란 자신의 가장 적절한 건강 상태를 향하여 생활방식을 변화하도록 돕고, '건강을 최우선으로 하여 삶의 질을 추구'한다는 의미이다. 건강을 중요시 여기는 근본적인 이유는 나이가 든 후에도 그들 스스로 목표를 세우고, 자유롭게 실천하는 것이 가치 있는 삶의 전제이기 때문이다.

웰빙은 보편적으로 4가지 영역으로 구분할 수 있다. ① 감정적 웰빙(예: 근심, 스트레스, 긴장, 우울, 화, 혼란, 활기, 정력, 피로, 긍정적 영향, 부정적 영향 그리고 낙관론 등), ② 자각(예: 자기효능감, 자기가치, 자부심, 자아개념 등), ③ 신체적 웰빙(예: 고통이나 신체적 증상에 대한 지각) 그리고 ④ 전체적인 지각(예: 삶의 만족이나 종합적 웰빙)

정신적 기능 유지는 신체적 웰빙에 많이 의존하며, 특히 운동은 신체뿐만 아니라 정신건강에도 도움을 준다. 규칙적인 신체활동은 심장병, 고혈압, 골다공증, 내분비계와 대사기능 그리고 면역기능을 향상시켜 수명 연장에 기여하며, 정서적 안녕감을 제공한다. 따라서 규칙적인 신체활동은 노인의 신체적·정신적 기능의 지속적 유지 및 발달에 도움을 주어 질적인 삶을 향상시킨다.

최근 들어 심리적 웰빙(자아존중감, 자아효능감, 전반적인 웰빙 같은 심리적 건강 측면)과 규칙적인 신체활동과의 관계에 대한 연구가 급속도로 진행되고 있다. 규칙적인 신체활동은 노인들의 자아효능감에 긍정적인 영향을 미친다. 자아효능감과 자아존중감은 신체적 상황과 매력적인 몸매와도 관련이 있는 것으로 나타났다. 다시 말해 규칙적인 신체활동으로 인하여 신체적 상황이 좋아지고, 매력적인 몸매로 변하면서 노인들의 자아효능감과 자아존중감은 향상된다.

나아가 근력운동은 노인들의 심리적 웰빙, 통제력, 인지 속도와 기억력 향상에 효과가 있는 것으로 나타났다. 무작위로 선택된 46명의 노인 집단(평균 연령 73.2세, 여성 18명, 남성 28명)에서 운동집단(23명)과 통제집단(23명)을 대상으로 8주간의 근력운동 프로그램을 실시한 다음 전후 차이를 비교한 결과 운동 프로그램 참여 집단은 심리적 웰빙 향상이 나타났다. 특히 통제집단에 비해 기억 능력과 근육의 강도가 향상되었다. 이는 규칙적인 신체활동은 심리적 건강 및 웰빙 향상과 밀접한 관련이 있음을 뜻한다.

규칙적인 신체활동이 심리적 웰빙에 긍정적인 영향을 미친다는 주장이 연구를 통해 밝혀지고 있지만, 실제로 심리적 웰빙의 향상을 가져오는지에 대한 의문은 여전히 남아 있다. 심리적 웰빙은 신체적·정신적 건강 상태와 사회, 환경 그리고 다양한 삶의 양상 등에 영향을 받는다. 이러한 다양한 변인들은 심리적 웰빙에 긍정적 혹은 부정적인 영향을 미치는데 신체활동은 다양한 변인들 중 일부분이다. 다시 말해서 이들 상호 간의 관계를 조사하는 연구는 두 가지 또는 그 이상의 변인이 관련되어 있는지를 살펴보는 비교(comparative)연구와 전후(pretest-posttest)관계에 대한 연구가 주류를 이루고 있으며, 다른 외부적인 변인들과의 관계에 대한 연구에는 한계가 있다. 또한, 신체활동과 심리적 웰빙에 대한 연구는 주로 임상치료를 받고 있는 노인 환자를 대상으로 한 연구가 대부분이다. 향후 일반 노인들을 대상으로 규칙적인 운동과 심리적 웰빙과의 관계, 다른 외부 변인들과의 관계에 대한 연구도 필요하다.

나. 우울증(depression)

1) 노인 우울증

정신건강상의 문제 중에서 대표적인 것이 우울증(depression)이다. 노인 우울증의 원인으로는 배우자, 가족, 친구들과 멀어져 발생하는 정서적 상실감, 만성질환에 따른 통증, 독립적인 생활의 상실과 거주지 이동으로 변화된 환경에 대한 적응의 어려움 등이 있다.

우울의 일반적인 특성인 피로, 수면장애, 신체적 문제 등은 나이가 들면 흔히 발생하는 경우라고 손쉽게 판단할 수 있으므로 노인들이 이러한 상황을 우울증으로 인식하지 못하고 그대로 방치하는 경우가 빈번하다. 치료를 하지 않은 채 방치된 우울은 개개인에게 신체적, 정신적 그리고 사회적 장애를 발생시키는 원인을 제공하며, 우울증이 발생하면 회복이 늦어지고, 질적인 삶의 저하도 가져온다.

우울증은 노인 세대에 비해 젊은 세대에서 많이 나타나는 증상이다. 우리나라의 경우 65~79세의 노인 중 15%, 80~84세의 노인 중 21%, 85세 이상은 23% 정도가 우울증을 가지고 있다. 다시 말해 노인 연령이 증가할수록 우울증의 발생 가능성은 증가한다. 그리고 요양시설에서 장기간 지내는 노인들의 경우 일반 가정에서 지내는 노인들에 비해 우울증이 발생하는 빈도가 높다. 한 보고서에 따르면 요양시설에서 장기간 지내는 노인들의 경우 약 50% 정도가 우울증을 앓고 있다고 한다.

우울증 치료법으로 많이 사용되는 방법은 약물요법이다. 하지만 질적인 삶의 향상과 활기찬 삶을 위한 동기 유발이 될 수 있는 신체활동의 활용도 중요하다. 신체활동과 우울증의 관계는 많은 학자들에 의해 지속적으로 연구되고 있다.

2) 노인 운동과 우울증과의 관계

최근 20년간 연구된 우울증과 운동과의 관계에 대한 자료를 수집하여 검토한 결과에 의하면 임상 환자들의 우울증 치료에 운동이 효과적이라고 한다. 또한, 유산소 운동과 근력운동은 전반적인 기분 상태를 증진시키지만, 노인들의 인지적 기능 향상과 운동과의 관계에 대한 증명은 미약하다고 밝혔다.

유산소 운동이 우울증 감소에 효과가 있으며, 우울증 치료제의 복용 또한 우울증 감소에 효과가 있다. 나아가 우울증 치료제 복용이 유산소 운동보다 우울증 환자에게 빠른 효과가 있으며, 운동과 우울증 치료제를 함께 복용할 경우 심각한 우울증을 보이는 노인들보다 가벼운 우울증을 보이는 노인들에게서 효과가 높았다. 무릎관절염이 있는 노인들이 지속적인 걷기 프로그램에 참가할 경우 우울 증상이 낮아지므로 운동이 노년기의 우울증을 치료하는 데 효과적이다.

다. 인지기능 향상

1) 치매

일반적으로 노인들이 가장 민감하게 생각하는 인지기능 장애 중 하나는 치매(dementia)이다. 집 열쇠를 어디에 놓고 왔는지 모르거나, 친한 사람의 이름이 갑자기 생각나지 않는 경우 등과 같은 일들은 나이가 들면 발생하는 일반적인 현상이다. 하지만 어떤 이들은 이를 너무 과장해서 '치매가 아닌가?'라는 두려움을 가지는 경우가 있다. 치매란 대뇌 신경세포의 손상으로 말미암아 지능, 의지, 기억이 지속적·본질적으로 상실되는 병으로 주로 노인에게 나타난다.

현재 65세 이상 미국 노인 중 10% 정도가 치매를 가지고 있으며, 90%의 노인은 그렇지 않음을 조사를 통해 알 수 있다. 치매가 발병해서도 인지적인 기능을 활발히 하는 사람, 그리고 장수하는 이도 많다. 또한 치매가 유전에 의해 생길 수도 있다고 주장하는 이도 있으나 아직까진 규명이 안된 상태다. 쌍둥이들을 대상으로 치매와 유전과의 관계를 연구한 결과에 따르면 치매가 두 사람에게 동시에 발병하는 것은 아니었으므로 이에 대한 연구가 추후 필요하리라 사료된다.

치매는 연령이 높을수록 발병률이 높으며 치료비용도 많이 든다. 치매는 한 번 걸리면 회복되기 어려운 아주 치명적인 질병이다. 현재 진행되고 있는 연구는 이를 예방하는 방법과 치매에 걸렸을 경우 진행을 지연시키는 방법으로 구분되어 연구되고 있다. 효과적인 치매 예방을 통해 삶의 질을 향상시키고, 독립된 생활을 보다 오래 할 수 있으며, 사회·경제적 비용을 최소화할 수 있다.

규칙적인 운동은 전반적인 건강 증진에 있어서 가장 중요한 요소이며, 치매를 지연시키는 효과적인 방법일 수 있다. Honolulu-Asia Aging Study에서 하와이에 거주하는 일본계 미국인 2,257명(연령은 71~93세)을 대상으로 규칙적인 운동(걷기)과 치매 위험 감소와의 관련성을 조사하였다. 참가자들은 신체활동이 가능한 사람들로 1994~1996년 그리고 1997~1999년 동안 총 두 차례에 걸쳐 인지능력선별검사(The Cognitive Abilities Screening Instrument)를 이용해 치매 여부를 판단하였다. 결과에 의하면, 규칙적인 걷기를 실천한 노인이 그렇지 않은 노인에 비해 치매의 위험이 낮게 나타났으며, 일정한 시간을 두고 빨리 걷는 것도 치매의 위험을 줄일 수 있는 요인으로 나타났다.

운동과 치매 진행 속도에 대한 연구 자료를 보면 규칙적인 운동을 한 집단이 3회 이하로 운동한 집단에 비해 치매 진행이 지연되는 것을 알 수 있다(그림 2-3 참조). 이 연구는 미국에 거주하는 65세 이상 주민 1,740명을 무작위로 선별하여 1994~1996년 그리고 2001년~2003년까지 평균 6.2년(표준편차, 2.0) 간의 추적검사(follow-up)를 통하여 치매로 진행된 158명을 대상으로 조사하였는데, 규칙적인 운동은 일주일에 최소한 3회 이상으로 정의하였다.

캐나다 건강과 노화 연구소(Canadian Study of Health and Aging)에서도 인지장애의 위험 요소, 치매 그리고 신체활동과의 관계를 조사하였다. 1991~1992년 동안 65세 이상 9,008명의 남·

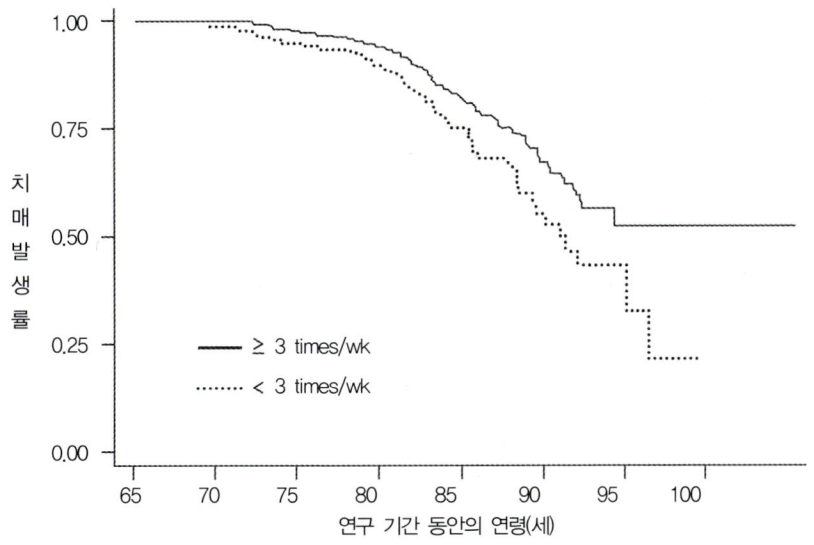

그림 2-3. 치매 발생률에 대한 카플란 마이어 생존 추정

여 참가자를 무작위로 선별하였고, 임상 평가를 활용하여 인지기능을 측정하였다. 이들 중 6,434명은 인지기능이 정상으로 나타났다. 1996~1997년에는 인지기능이 정상인 참가자가 3,894명이었으며, 436명은 인지기능의 장애가 있었지만 치매에 대한 증상은 발견되지 않았고, 285명은 치매 증상을 보였다. 연구 결과에 의하면, 신체활동 집단은 인지기능 감퇴 및 치매의 위험이 낮게 나타났다. 특히, 신체활동이 높은 참가자일수록 인지기능 장애와 치매의 위험이 낮은 것으로 나타났다.

치매를 가진 환자를 대상으로 신체활동 프로그램의 효과에 대한 연구는 운동을 통하여 치매 환자의 인지기능이 향상되었음을 발표한 경우도 있으며, 신체활동이 인지기능을 향상시키는지는 확실하지 않다는 경우도 있다. 향후 신체활동과 인지기능과의 연구는 보다 다양한 조사가 필요하리라 사료된다.

2) 인지기능

신체와 정신을 포함한 인간의 보편적 기능이 높은 수준에 올라 있다면 인지기능도 높게 나타난다. 인지기능은 노인들에게 큰 영향을 미친다. 왜냐하면 나이가 들면서 인지기능이 감소하기 때문이다.

인간의 인지기능은 20대에 최고점에 다다른 후 점차적으로 감소하는 경향을 나타낸다. 노화가 진행되면서 인간은 집중(attention)할 수 있는 능력과 특정한 반응에 대하여 억제(inhibitory)할 수 있는 능력이 감소하게 된다. 이는 청년 참가자들과 노인 참가자들을 대상으로 한 실험을 통해 보다 쉽게 이해할 수 있다. 두 집단에게 자신들이 좋아하는 책을 실험실에서 읽게 하고, 책을 읽는 동안 반복적인 소리 자극을 보내어 이들이 소리 자극에 반응하는 정도를 측정하였다. 연구에 따르면 젊은 참가자들은 반복되는 소리 자극에 대하여 반응을 억제하고 책 읽기에 집중하였지만, 노인 참가자들은 반복되는 소리 자극에 대하여 반응을 억제하지 못하고 주의가 산만해져 있었다. 위의 실험 결과에 의하면, 노화로 인한 억제 기능의 감소는 인지기능의 처리 속도와 기억력에 영향을 미치는 점을 알 수 있다.

노화와 관련된 인지기능은 주로 기억(memory)과 관련이 있다. 기억이란 일정한 정보를 등록(registration)하고 저장(storage)한 뒤, 적절한 시점에 인출(retrieval)하는 능력을 말한다. 인간은 깨어 있는 동안 끊임없이 정보를 받아들이고 받아들인 정보를 기억기능을 통해 유지한다. 기억을 통해 인간은 현재를 과거와 연결시키고 이러한 근거를 바탕으로 미래를 예측한다.

기억의 기능은 4가지로 구분할 수 있다.
- 사건(episodic)의 기억
- 어의적(semantic) 기억
- 절차(procedural)의 기억
- 작업(working)의 기억

나이가 들면서 대부분의 사람들이 기억력의 저하를 경험하게 된다. 이 중 노화와 관련이 있는 기억은 사건의 기억과 어의적 기억이다. 사건의 기억은 치매에서 나타나는 기억의 손실과 유사하다.

노인을 대상으로 신체활동과 인지기능과의 관계를 연구한 자료는 드물다. 그러나 이 둘의 관계를 연구한 자료를 살펴보면, 신체활동이 노인의 인지기능에 긍정적인 영향을 미치는 것을 알 수 있다. 해마(hippocampus)는 뇌의 다른 부위로 신호를 전달하는 역할을 하며, 학습과 기억에 관여하여 감정행동 및 일부 운동을 조절한다. 노화로 인하여 해마의 전반적인 기능이 퇴보되면서 기억 장애도 가져온다. 기억 장애의 발생을 줄이고, 해마의 손실을 줄이기 위한 전략은 현재 과학과 공중 보건에서도 중요한 과제로 떠오르고 있으며, 이를 위한 방안으로 신체활동이 주목을 받고 있다. 그 이유는 신체활동은 비용이 저렴하며, 다른 약물치료에 비해 부작용이 적기 때문이다.

Erickson(2011) 등은 유산소 운동이 해마의 부피와 기억 능력에 미치는 영향에 대한 연구를 하였다. 치매를 가지고 있지 않은 노인 참가자(유산소 운동 집단: 60명, 스트레칭 집단: 60명)들을 대상으로 1년간 운동을 실시한 후 그 변화된 모습을 관찰하였다. 1년 후 해마의 부피를 관찰한 결과 유산소 운동 집단은 해마의 부피가 증가하였으나, 스트레칭 집단은 해파의 부피가 감소되었다. 또한, 기억력 향상에 있어서는 두 집단 모두 정확도에 있어서 유의한 증가가 나타났으며, 반응시간 또한 두 집단 모두 빨라진 것으로 나타났다. 그리고 유산소 운동 집단이 스트레칭 집단에 비해 공간 기억능력이 높은 것으로 나타났다. 이는 해마의 부피와 기억능력 간의 밀접한 관계를 보여줌과 동시에 해마의 부피를 증가시키는 데 유산소 운동이 기여하였음을 의미한다.

규칙적인 신체활동(걷기 포함)은 인지기능 향상에 긍정적인 영향을 미친다. 신체활동 수준이 높을수록 인지기능의 감소가 낮게 나타났다. 또한, 규칙적인 운동은 노화와 관련이 있는 중추신경계의 속도 처리 감소를 지연시키는 데 도움을 주며, 반응시간도 향상시킨다. 또한, 신체활동이 높은 참가자들이 신체활동이 낮은 참가자들에 비해 인지장애에 대한 위험도가 20% 정도 낮다.

The MacArthur Research Network on Successful Aging Community Study에 의하면 인지기능 저하와 지속적인 운동(예: 걷는 속도, 의자에서 일어서기)은 유의한 관계가 있다고 주장한다. 이 연구에서는 노인들을 대상으로 유산소 운동을 실시한 결과 참가자들의 반응시간, 집중 그리고 단기적 기억력이 향상되었다. 하지만 더욱 중요한 것은 유산소 운동과 근력운동을 병행한 참가자들이 운동을 하지 않은 집단에 비해 인지기능이 지속적으로 향상되었음이 밝혀졌다.

해마: 뇌의 다른 부위로 신호를 전달하는 중요한 원심성 신경섬유 역할을 한다. 학습과 기억에 관여하며, 감정행동 및 일부 운동을 조절한다. 또한 시상하부의 기능을 조절하는 역할을 가지고 있다.

인지장애: 정상적으로 생활해오던 사람이 다양한 원인에 의해 뇌기능이 손상되면서 이전에 비해 인지기능이 지속적이고 전반적으로 저하되어 일상생활에 상당한 지장이 나타나고 있는 상태이다. 여기서 인지기능이란 기억력, 언어 능력, 시·공간 파악 능력, 판단력 및 추상적 사고력 등 다양한 지적 능력을 가리키는 것으로 각 인지기능은 특정 뇌 부위와 밀접한 관련이 있다.

몇몇 연구들은 신체적 운동과 정신적 운동을 개별적으로 실시한 경우와 함께 실시한 경우 그 효과에 대한 차이를 연구하였는데, 유산소 운동과 정신운동을 병행한 집단이 유산소 운동 집단과 정신운동 집단에 비해 합리적 기억과 학습 능력이 높게 나타났다.

신체활동과 인지적 기능 사이의 메커니즘은 쉽게 이해되지 않는다. 하지만 몇몇 학자들은 유산소 운동이 인슐린 유사 성장 인자(insulin-like growth factor type 1, IGF-1)의 기능과 신경전달체계의 향상, 뇌의 신경 영양 요인 향상, 뇌의 용적 향상, 혈류 증가에 효과가 있다고 주장한다. 따라서 유산소 운동과 근력운동 그리고 인지기능 운동을 병행할 경우 인지기능의 감퇴와 치매 위험을 감소시킨다.

3. 운동의 사회적 효과

정기적인 사회 활동은 노인들에게 있어 질적인 삶과 수명 연장에 도움이 된다. 은퇴 후 사회와의 관계는 소원해지기 쉽다. 덧붙이자면, 사회적 기능을 유지하지 못하는 가장 큰 원인은 다니던 직장에서 은퇴한 순간부터 시작된다. 따라서 은퇴 후에도 지속적인 사회적 활동이 필요하다. 사회와 단절된 노인들은 신체적·정신적 건강이 감소하고, 음주·흡연율이 증가되며, 나아가 신체활동에 대한 관심이 줄어들게 된다.

가. 사회 활동의 중요성

1960년대에는 노인과 사회와의 관계를 설명하는 데 있어서 분리 이론(disengagement theory)이 주류를 이루었다. 이 이론은 은퇴할 시기가 되면 직장에서 친하게 지내던 동료들과 이별하고, 좋아하던 일도 그만두며, 가깝게 지내던 오랜 친구들과도 죽음을 통한 이별을 해야 한다는 이론이다. 하지만 현재 이 이론은 더 이상 노인과 사회와의 관계에 영향을 미치지 못하고 있다.

1) 사회적 관계의 단절 원인

대도시에 살고 있는 사람들은 좌식생활(예를 들어, TV 시청, 컴퓨터 사용의 증가, 이웃들과의 교류 부족)에 익숙해져 있다. 좌식생활이 고립된 상황과 사회와의 단절을 가져오며, 이로 인하여 사람들은 비만, 심혈관질환 그리고 정신건강 관련 문제가 발생한다. 미국의 건강한 사람 2012(Healthy People 2012)에 따르면, 성인 중 15%만이 신체활동 권장량을 따르고 있으며, 40%의 성인들은 신체활동을 전혀 하지 않는 것으로 나타났다. 이 의미는 대다수의 미국 시민이 신체활동 권장량에 못 미치는 활동을 한다는 것을 알 수 있다.

노인들은 나이가 들면서 골밀도, 근력 그리고 유연성이 감소된다. 신체적 기능의 쇠퇴는 노인 낙상의 원인이 되고 낙상에 의한 결과 상해나 죽음에 이르게 된다. 혼자 살거나 가족 또는 친구의 죽음, 은퇴, 이사 그리고 건강 상태의 악화로 노인들은 사회적으로 고립될 수 있으며, 이러한 현상은 노인들에게 큰 걱정으로 다가온다.

2) 사회적 관계의 중요성

사회 활동을 하지 않는 노인들은 정신적 그리고 신체적인 면에서 약화되기 쉬우며, 사회 참여를 하는 이들에 비해 신체적 감소가 1/3이나 빨리 진행된다. 이는 운동량과는 관계가 없다. 남성 노인의 경우 가까운 친구 및 가족과의 관계가 여성 노인에 비해 낮으며, 이러한 이유로 여성들보다 질병 발생률이 높고, 장수의 기회가 낮다. 따라서 친구 및 가족과의 사회적 관계가 수명 연장의 중요한 요소이다.

노인들은 타인과의 사회적 관계를 통해 직접 혹은 정신적으로 크나큰 지원을 받는다. 타인과의 사회적 관계를 통해 그들 스스로 사회 일원으로 느끼고, 자신감 및 존경받을 만한 사람이라는 것을 인지한다. 가장 큰 도움을 받는 것은 자신의 동반자(남편 및 아내)이며, 그다음이 형제, 자매 순이다.

3) 지속적 생산 활동

생산적인 활동이란 흔히 '돈을 버는 것'이라고 이야기하지만, 생산적인 활동은 '돈을 벌거나 벌지 못하는 일' 모두를 포함한다. 정신분석학자 프로이트는 사랑과 일은 인간의 삶에 있어서 필수 요소임을 지적하였다. 노인들도 프로이트의 주장을 바탕으로 생산적인 활동을 해야 한다. 지속적인 기능을 유지하지 못하는 가장 큰 원인은 다니던 직장에서 은퇴한 순간부터 시작된다. 그 이유는 은퇴 후 노인들의 사회적 활동이 현저히 떨어지기 때문이며, 이러한 문제의 해결 방안으로 은퇴 후에도 지속적인 사회적 활동이 필요하다.

노인들이 사회에 참여하는 방법은 여러 가지가 있다.
① 자원봉사: 많은 비영리 자원봉사자들 중 자신의 재능을 기부하여 타인의 삶에 도움을 주려는 이들이 많다. 자원봉사 장소는 인근 교회, 학교 그리고 공동체 센터가 있다.
② 수강 신청: 지역 대학이나 평생교육원, 복지관 등에서 노인들이 관심을 가지는 수업을 개설해 놓고 있다. 수업은 공예, 요리, 음악, 컴퓨터, 외국어, 여행 등이 있다.
③ 사회집단의 참여: 자신에게 관심이 있는 사회집단을 찾아 새로운 사람을 만나고 친구들과 사회적 관계를 맺어야 한다. 독서, 여행, 영화, 음악활동 집단이 여기에 포함된다.
④ 취미생활: 개개인의 취미에 맞는 사회집단이 많다. 예를 들어 뜨개질, 사진 찍기, 그림 그리기 등이 여기에 포함되며, 지역 노인복지센터에서 손쉽게 정보를 얻을 수 있다.
⑤ 종교생활: 사회적 관계에서 큰 역할을 하는 것은 종교생활이다. 종교집단은 각종 이벤트와 음식 제공, 야유회 등을 통해 노인들을 사회로 끌어들이는 중요한 역할을 한다.

나. 노인 운동과 사회 참여

노인들이 사회 참여를 하기 위한 방법 중 운동은 중요한 역할을 한다. Stead, Wimbush, Eadie & Teer(1997)는 노인들을 대상으로 인터뷰를 통해 운동에 참여하는 이유를 조사하였다. 가장 많이 나온 대답이 정기적인 사회 참여였으며, 다음으로 운동을 통한 기분 전환으로 나타났다. 규칙적인 신체활동에 참여한 노인들은 신체적 에너지와 기동성이 향상되면서 사회적 관계를 할 수 있는 능력이 발생한다.

노인들과 관련한 신체적 효과는 노화로 발생할 수 있는 신체적 약화를 최대한 늦추고, 좌식생활에서 벗어날 수 있게 한다. 그리고 운동을 통한 사회적 관계를 형성하는 것이다.

이 외에 운동의 사회적 효과는 다음과 같다.

① 새로운 친구 맺기: 소규모로 실시하는 운동 그룹에 참여하고, 연령이 비슷한 참가자를 만나 함께 운동을 하면서 친구를 맺을 수 있다.

② 사회와 문화 네트워크 확장: 신체활동을 통하여 사회와 문화 네트워크를 넓힐 수 있는 기회가 된다.

③ 역할의 유지 및 새로운 역할 습득: 신체활동을 규칙적으로 행하는 삶을 살아간다면 주변 환경을 활동적인 사회로 바꿀 수 있으며, 새로운 규칙도 만들어갈 수 있다.

④ 세대 간의 활동 강화: 신체활동은 세대 간 연결 기회를 제공한다. 이때 노화나 나이 듦에 대한 판에 박힌 인식이 줄어들 수 있다.

Ⅲ부
노인 운동 프로그램의 설계

노인 운동 프로그램의 요소로 빈도, 강도, 시간, 종류(FITT)를 학습한다. 또한 지속적인 운동 참여를 위한 동기유발 방법과 노인 운동 프로그램의 설계와 요소를 이해한다.

1장 운동 프로그램의 요소(FITT)

 학습목표

- 노인 운동과 관련된 프로그램의 주요 요소들에 대해 학습한다.
- 노인 운동에 적합한 운동 빈도에 대해 학습한다.
- 노인 운동에 적합한 운동 강도에 대해 학습한다.
- 노인 운동에 적합한 운동 시간에 대해 학습한다.
- 노인 운동에 적합한 운동 종류에 대해 학습한다.

노화에 따라 노인들의 생리적 기능은 감퇴하고, 체력뿐 아니라 순환, 감각, 호흡 등의 기능도 약화되기 때문에 여러 가지 조건을 고려하여 운동 프로그램을 설계하여야 한다. 잘못된 운동방법은 오히려 건강을 악화시키거나 손상을 초래하기 때문에 운동 프로그램은 노인의 특성에 적합하게 체계적이고 계획적으로 이루어져야 한다. 그러기 위해서는 운동 빈도(exercise frequency), 운동 강도(exercise intensity), 운동 시간(exercise duration, time), 운동 종류(exercise type)로 구성된 요인들이 운동 프로그램에 적절하게 적용되어야 하고, 운동의 진행단계에 따라 운동 프로그램 요소들을 구성하고 계획해야 한다.

1. 운동 빈도(exercise frequency)

운동 빈도는 일주일 동안 실행하는 운동의 횟수로, 과거 운동경험과 각 개인의 건강과 체력 수준에 따라 주당 몇 번의 운동을 할 것인가를 결정한다. 운동 빈도는 운동 시작 시의 체력 수준에 의해 좌우되고, 운동 효과를 얻기 위해서는 주 5~6일 운동이 이상적이다. 운동의 효과를 극대화하기 위해서는 계획적인 회복시간을 설정하는 것이 중요하다. 운동 빈도를 높이면 운동 효과는 크지만, 운동 빈도가 너무 높으면 회복 시간이 짧아서 피로가 누적되고 근골격기관의 이상을 초래하는 과훈련 현상(overtraining)이 나타난다. 반대로 운동과 운동 사이의 휴식 기간이 너무 길면 운동의 효과를 상실하게 되는 운동중지 현상(detraining)이 나타나게 된다. 따라서 운동의 긍정적인 효과를 얻기 위해서는 적절한 운동 빈도의 설정이 매우 중요하다. 노인에게 있어서 적절한 운동 빈도는 다음과 같다.

- 유산소 운동은 1주일에 3~5회 실시한다.
- 근력운동은 1주일에 적어도 2회 이상 실시하고, 평균적으로 1주일에 3회를 권장한다. 다음 근력운동까지의 회복 기간이 적어도 48시간이 되도록 하는 것이 좋다. 노인의 경우 모든 주요 근육(다리, 엉덩이, 등, 배, 가슴, 어깨, 팔)을 포함한 운동을 8~12회, 적어도 1세트만 실시해도 근력을 증가시킬 수 있지만, 2~3세트를 실시할 경우 더욱 효과적이다.
- 근력운동은 무게의 양이나 운동 빈도를 점진적으로 증가시키면 강한 근육을 가질 수 있다.
- 가동성이 좋지 못한 노인(낙상의 위험요소를 가지고 있는 노인)은 균형능력을 향상시키고 낙상을 예방하기 위해 1주일에 3일 이상의 운동을 실시한다.
- 유연성 운동은 개인이 운동을 할 때마다 주요 근육과 건을 10분간 스트레칭 한다. 각 동작은 10~30초를 유지하고, 3~4회 반복한다. 주 2~3일 이상 실시한다.
- 운동 능력이 3 METs 이하인 경우 1회 5분 정도 매일 여러 번 실시, 3~5 METs인 경우 매일 1~2회 실시, 5 METs 이상인 경우 주당 최소 3회 이상 실시해도 운동의 효과를 얻을 수 있다(90쪽 MET 참조).

2. 운동 강도(exercise intensity)

운동 강도는 신체에 가해지는 생리적 스트레스 또는 과부하의 정도로, 노인에게 적절한 운동 강도의 설정은 매우 중요하다. 심폐기능에 부담이 되지 않는 범위 안에서 안전성과 유효성 있는 자극을 주도록 해야 한다. 즉, 운동이라는 자극에 대하여 효과를 얻을 수 있는 '유효한계'와 상해 또는 부작용이 발생하지 않는 '안전한계' 사이에서 강도가 설정되어야 한다(그림 3-1).

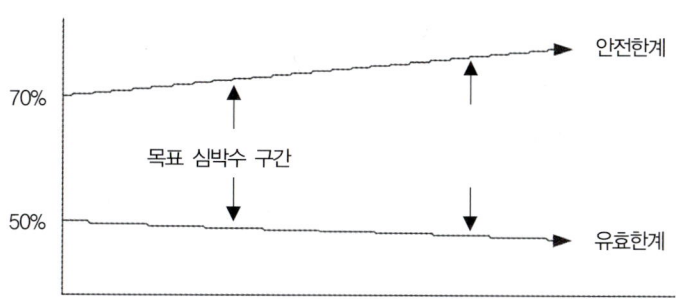

그림 3-1. 운동 강도의 유효한계 및 안전한계의 구간

최근에는 성인 및 노인에게 격렬한 신체활동(vigorous activity for cardio-respiratory fitness)과 함께 다양한 건강상의 이득을 위한 중등도의 신체활동(moderate level of activity)을 함께 권고하고 있다. 중등도 및 격렬한 강도의 신체활동의 예는 〈표 3-1〉과 같다.

표 3-1. 중강도 및 격렬한 강도의 신체적 활동

중강도 (moderate-intensity physical activity / approximately 3~6 METs)	격렬한 강도 (vigorous-intensity physical activity/ approximately > 6 METs)
• 활발한 보행 • 댄스 • 정원일 • 가사일과 집안 허드렛일 • 전통적인 사냥과 모임 • 아이들과 함께하는 활동적인 게임과 스포츠 / 애완견과 걷기 • 일반적인 건물 업무(지붕공사, 페인팅 등) • 적정한 무게(<20kg) 들고 나르기	• 달리기 • 걷기 / 언덕까지 활발한 등반 • 가사일과 집안 허드렛일 • 빠르게 자전거 타기 • 에어로빅 • 빠르게 수영하기 • 경쟁적인 스포츠와 게임(축구, 배구, 하키, 농구) • 무거운 삽질 또는 도랑 파기 • 무거운 무게(>20kg) 들고 나르기

운동 강도를 결정하는 방법으로는 최대산소섭취량(VO_2max), 최대 심박수(heart rate maximum: HRmax), 여유 심박수(herat rate reserve. HRR), 대사당량(metabolic equivalent task: MET), 자각적 운동 강도(Ratings of Perceived Exertion: RPE), 1회 최대반복횟수(repetition maximum: 1RM) 등을 기준으로 하는 방법이 있다. 그러나 노인 운동에 있어서 일반적인 공식에 의한 운동 강도 설정은 한계가 있어 전부 적용하기는 어려운 점을 고려해야 한다.

가. 심박수 이용 방법

운동 강도가 증가함에 따라 나타나는 심박수의 변화는 산소소비량의 변화와 직선적인 정적 관계를 갖기 때문에 심박수를 운동의 척도로 유용하게 사용할 수 있다. 즉, 심박수는 산소소비량의 수준을 대변해준다고 할 수 있다. 운동 강도를 결정하기 위해서는 가스분석기 등의 장비로 최대산소섭취량(VO_2max)과 최대 심박수(HRmax)를 직접 측정하는 것이 정확하지만, 노인에게 직접 측정은 용이하지 않다. 따라서 간접적으로 심박수의 변화를 측정, 목표 심박수(Target Heart Rate: THR)로 운동 강도를 결정한다. 심박수를 이용하여 운동 강도를 구하는 방법은 최대 심박수만 고려

> **격렬한 신체활동(vigorous intensity physical activity):** 1분에 7kcal 이상을 소모하는 운동을 의미함(6.0 METs 이상)
> **중등도 신체활동(moderate intensity physical activity):** 어떠한 활동이든 1분에 3.5~7kcal를 소모하는 운동을 의미함(3.0~5.9 METs)

한 최대 심박수 백분율(%HRmax) 방식과 안정 시 심박수를 고려한 여유 심박수의 백분율(%HRR) 방식이 있다. 그러나 심박수를 기준으로 운동 강도를 설정할 때에는 개인차가 매우 크기 때문에 절대적 기준으로 간주하지 않도록 유의한다.

1) 최대 심박수(HRmax)

최대 심박수를 이용해 목표 심박수(THR)를 구하는 방법으로, 최대 심박수에 목표로 하는 운동 강도의 백분율을 직접 곱해 구하는 방법이다. 그러나 방법은 목표 심박수를 간단히 구할 수 있으나 안정 시 심박수를 고려하지 않았기 때문에 제한성이 있다. 최대 심박수는 운동부하검사를 통해 직접 측정할 수 있으나 노인이나 비만, 질환을 가진 사람들에게는 직접 측정할 수 없으므로 최대 심박수를 예측하는 간접방법을 이용한다. 최대 심박수는 (220-연령)으로 구할 수 있으며, 12~15 bpm의 오차가 있음을 주의해야 한다. 특히 노인의 경우 최대 심박수의 개인차가 매우 크기 때문에 직접 최대 심박수를 측정하지 않았다면 목표 심박수를 정하는 데 주의해야 한다.

$$목표\ 심박수 = (220 - 연령) \times 운동\ 강도(\%)$$

예) 65세 남성의 최대 심박수가 (220-65)=155이고, 최대 심박수의 60~80%의 강도로 운동을 할 때 목표 심박수는?

$$최저\ 목표\ 심박수 = 155 \times 0.6 = 93회/분$$
$$최대\ 목표\ 심박수 = 155 \times 0.8 = 124회/분$$
$$목표\ 심박수 = 93~124회/분$$

일반적으로 심폐지구력을 향상시키기 위한 최적의 운동 강도는 최대산소섭취량 60~80% 범위이고, 건강과 관련된 체력을 향상시키는 데 권장되는 범위는 최대산소섭취량의 50~85% 미만이다. 노인의 경우 일반적으로는 최대 심박수의 60~80%, 최대산소섭취량의 50~60%의 강도가 적절하고, 점진적으로 70% 수준까지 증가시킬 수 있다(표 3-2).

표 3-2. 안전한계 및 유효한계의 운동 강도

운동 강도	유효한계	안전한계
최대 심박수의	60% 이상	80% 이하
최대산소섭취량의	50% 이상	70% 이하

자료: 노인들의 운동. 이양균. 대한의사협회. 48(9). 857-868

2) 여유 심박수(HRR)

Karvornen(1957)의 공식을 이용해 목표 심박수(THR)을 추정하는 방법으로, 여유 심박수는 (최대 심박수 − 안정 시 심박수)에 목표로 하는 운동 강도를 곱한 후, 안정 시 심박수를 더해서 목표 심박수를 결정한다. 안정 시 심박수는 최소 5분 이상 안정한 상태에서 측정한다. 노인들의 경우 안정 시 심박수가 대체로 높게 나타나는 경우가 있기 때문에 최대 심박수보다 여유 심박수를 이용해 목표 심박수를 정하는 방법이 적절하다.

ACSM에서는 성인 및 노인들을 위한 운동 권고에서 여유 심박수 또는 여유산소소비량(maximal oxygen consumption reserve: VO_2R)의 40~85%의 강도를 권장하고 있다. 최근에 여유 심박수의 백분율과 최대산소소비량의 백분율이 일치하지 않고 오차가 있다는 연구 결과가 발표됨에 따라 여유산소소비량을 이용하여 운동 강도를 계산하는 데 이용하고 있다. 여유산소소비량은 최대산소섭취량에서 안정 시 산소섭취량을 뺀 값이다.

$$목표산소소비량 = (최대 강도의 백분율) \times (최대산소소비량 - 안정 시 산소소비량) + 안정 시 산소소비량$$

그러나 앞에서 서술한 바와 같이 운동 중의 산소소비량의 측정이 어렵기 때문에 심박수로 환산하여 강도를 설정한다.

$$목표 심박수 = (최대 심박수 - 안정 시 심박수) \times 운동 강도(\%) + 안정 시 심박수$$

예) 안정 시 심박수가 분당 70회인 65세 노인이 여유 심박수 50~60%의 강도로 운동을 할 때 목표 심박수는?

$$최저 목표 심박수 = (155-70) \times 0.5 + 70 = 113회/분$$
$$최대 목표 심박수 = (155-70) \times 0.6 + 70 = 121회/분$$
$$목표 심박수 = 113~121회/분$$

나. 자각인지도 방법(RPE)

운동 강도를 자각적 판단에 의해 결정하는 것으로, 가장 많이 사용되는 방법은 보그 스케일(Borg Scale)이다(표 3-3).

표 3-3. 자각적 운동 강도

6.	
7. very very light	몹시 가볍다
8.	
9. very light	매우 가볍다
10.	
11. light	가볍다
12.	
13. fairly hard	약간 힘들다
14.	
15. hard	힘들다
16.	
17. very hard	매우 힘들다
18.	
19. very very hard	몹시 힘들다
20.	

눈금 값 범위를 6~20으로 하여 운동 시에 변화되는 느낌, 즉 신체가 느끼는 전반적인 힘든 정도를 나타낸다. RPE척도의 눈금범위는 젊은 사람의 심박수 범위인 60~200 bpm을 기초한 수치이지만, 나이에 관계없이 이 지표를 사용해도 큰 문제는 없다. RPE의 등급척도는 심박수와 비례관계를 보이고 있어 RPE척도에 10을 곱한 값이 심박수와 비슷한 수치가 되도록 설정되어 있다. RPE 12~13은 여유 심박수(HRR)의 40~50%와 동일한 강도로 간주할 수 있다(표 3-4).

표 3-4. %HRR, %HRmax, RPE의 운동 강도 비교(Franklin, 2000)

%Vo$_2$R	%HRR	%HRmax	RPE
40%	40%	64%	12
50%	50%	71%	13
60%	60%	77%	14
70%	70%	84%	15
80%	80%	91%	16
85%	85%	94%	17

자료: 최신 ACSM 지침에 따른 사례연구 중심 운동처방, 대한미디어

다. MET(Metabolic Equivalent Task)

MET란 휴식하고 있을 때 필요한 에너지나 몸에서 필요로 하는 산소의 양을 의미하는 것으로, 1MET는 휴식상태에서 체중 1kg당 1분 동안 사용할 수 있는 산소량으로, 다음과 같다.

$$1MET = 3.5ml/min/kg$$

MET의 개념은 유산소 운동의 강도를 측정할 때 쓰기 편리한 방법으로, 절대적 운동 강도로도 정의된다. 저강도의 신체활동은 1.1~2.9 METs, 중강도의 신체활동은 3.0~6 METs로 쉬고 있을 때보다 3~6배에 해당하는 활동이고, 6.0 METs 이상은 고강도의 신체활동 수준이다(표 3-5). MET의 신체활동의 예는 〈표 3-6〉과 같다.

표 3-5. MET의 강도치 비교

light-intensity(저강도)	1.1~2.9 METs
moderate-intensity(중강도)	3.0~5.9 METs
vigorous-intensity(고강도)	6.0 METs 이상

표 3-6. 운동 강도(METs)

신체활동	METs	신체활동	METs
청소	3.3	트랙(100m, 200m 달리기)과 필드(높이뛰기, 멀리뛰기, 3단 뛰기)	6.0
걷기(2.8~3.2 mph)	3.5		
드럼 치기	3.8	축구	7.0
노인 케어	4.0	조깅	7.0
사이클링(<16 km/hr)	4.0	테니스	7.3
탁구	4.0	에어로빅	7.3
골프	5.0	등산, 암벽 타기	8.0
빨리 걷기(4 mph)	5.0	달리기(1 km/9min)	8.7
계단 오르기	5.0		
배드민턴	5.5		

ACSM에서는 강도가 다른 운동의 혼합효과는 MET를 이용한 방법을 권고하고 있다. MET에 시간을 곱하면 신체활동의 내용과 함께 시간까지 합쳐진다. 예를 들어 시간당 5킬로미터의 속도로 걸으면 3.3 MET의 에너지가 소비되고, 시간당 10킬로미터의 속도로 달리면 10 MET의 에너지가 소비되는데, 여기에 시간을 곱하면 MET-minutes(분)이 된다. 즉 3.3 MET로 30분을 걸으면 3.3 × 30분 = 100 MET-minutes(분)이 되고, 10 MET의 속도로 10분을 달리면 10 × 10분 = 100 MET-minutes(분)이 된다. 따라서 두 가지 신체활동이 거의 동일한 건강상의 이익을 얻을

수 있다.

성인 및 노인이 신체활동을 통해 건강상의 혜택을 얻기 위해서는 일주일 단위로 500~1,000 MET-minutes(분)이 권장된다. 즉 4 MET의 활동을 30분 동안 했다면 4 × 30분 = 120 MET-minutes(분)이 되고, 이는 8 MET의 활동을 15분 한 것과 동일하다. 따라서 하루에 4 MET의 활동 30분과 8 MET의 활동 15분을 했다면 총 합계 240 MET-minutes(분)이 그날의 MET-minutes(분)이 된다. 일주일에 500~1,000 MET-minutes를 위해서는 중등도의 신체활동을 150분 이상, 격렬한 강도의 신체활동을 90분 이상 해야 달성할 수 있다.

운동능력이나 체력이 낮은 노인들의 경우는 개인에 따라 3.0~6.0 METs의 신체활동이 격렬한 강도의 운동일 수 있다. 즉, 각자의 건강 및 체력 수준이 다르기 때문에 이때는 ACSM과 미국심장협회(American Heart Association: AHA)가 최근 노인들을 위한 가이드라인에서 승인한 단순화된 상대적 강도를 이용할 수 있다. 0~10점의 스케일에서 0점은 앉아 있는 상태 정도의 수준이고, 10점은 최대한의 힘을 다한 것을 뜻한다. 여기서 5~6점은 유산소 운동능력의 45~64%(중강도), 7~8점은 65~84%(활발한 강도)를 나타내고, 일반적으로 2분의 중강도 운동은 1분의 고강도 운동에 해당한다.

라. 1RM

최대반복횟수(RM)는 피로해지기 전에 근육군이 특정한 횟수를 들어 올릴 수 있는 최대 부하로, 1RM은 1회에 들어 올릴 수 있는 최대 중량을 말한다. 근력 측정을 위해 1RM 검사가 널리 사용되고 있지만, 부상의 염려로 인해 노인이나 낮은 체력의 사람들에게는 부적합하다. 따라서 1RM 검사는 근력운동을 여러 주 실시한 다음 시도하는 것이 부상 위험을 줄일 수 있다.

노인들의 1RM은 매우 낮기 때문에 초기에는 최대 부하의 65~75%가 적절하고, 적어도 한 세트에 8~12회를 실시하고 더 많은 건강상의 혜택을 얻기 위해서는 2~3세트(단위) 실시한다. 그러나 1RM이 매우 낮은 노인들의 경우에는 1RM의 60~80%로 3~5회 반복수행 하는 것으로도 충분히 자극이 될 수 있고, 근력을 향상시킬 수 있기 때문에 1RM의 40~50%로 시작해서 점증적으로 증가시키는 방법이 권장된다. 또는 운동자각도 12~13 정도의 강도로 시작하여 점차 증가시킨다.

1RM의 측정이 불가능한 경우 1RM을 추정하는 방법도 있다. 최대하무게를 사용하면서 1RM을 추정하는 방법이지만 정확성은 떨어진다. 가벼운 무게를 사용하여 10회 미만의 동작을 반복하는 것으로 이 동작이 얼마나 쉽게 이루어지는가에 따라 지도자는 무게를 추가시키고 다시 동작을 반복한다. 이러한 과정은 단지 10번만 들 수 있는 무게에 도달할 때까지 계속된다. 이렇게 최대반복횟수를 이용하여 1RM을 산출할 수 있다.

최대반복횟수를 이용하여 1RM을 산출하는 공식

$$RM = W_0 + W_1$$

$$W_1 = W_0 \times 0.025 \times R$$

[W_0: 무겁다는 느낌이 드는 중량(10회 미만) / R: 반복 횟수]

예) $W_1 = 50\text{kg}(W_0) \times 0.025 \times 10(R)$

$1RM = 50(W_0) + 12.5(W_1) = 62.5\text{kg}$

3. 운동 시간(exercise duration, time)

운동 시간은 운동 강도의 수준에 의해 결정된다. 강도가 높을수록 운동 지속시간은 짧아지고, 운동 강도가 낮을수록 운동 시간은 길어진다. 그러나 노인들에게 있어 긴 운동 시간은 피로를 유발하거나 각종 부상 위험을 증가시킬 수 있기 때문에 긴 시간의 운동은 피하는 것이 좋다. 노인들을 위한 운동 시간은 다음과 같다.

- 적절한 강도의 신체활동으로 하루에 30분, 주 5일, 주 150분(2시간 30분)과 최소 주 2일의 근력운동
- 격렬한 강도의 신체활동으로 하루 20분, 주 3일, 주 75분(1시간 15분)과 최소 주 2일의 근력운동
- 적절한 강도의 신체활동과 격렬한 강도의 신체활동을 조합하고 최소 주 2일의 근력운동

더 많은 건강상의 혜택을 얻기 위한 운동 시간은 다음과 같다.

- 적절한 강도의 신체활동으로 주 300분(5시간)과 최소 주 2일의 근력운동
- 격렬한 강도로 150분(2시간 30분)과 최소 주 2일의 근력운동
- 적절한 강도와 격렬한 강도의 신체활동을 조합하고 최소 주 2일의 근력운동

- 유산소 운동은 한 번에 적어도 10분 이상 실시하고 점점 늘려나간다.
- 저항운동의 시간은 반복 횟수와 세트에 달려 있기 때문에 권장되는 시간은 없지만, 2~3세트를 권장하고, 적어도 1세트는 실시한다. 저항운동은 주요 근육을 포함한 운동으로 실시한다.
- 낙상을 줄이기 위해서는 균형운동과 중강도의 근력운동을 90분(1시간 30분) 실시하고, 주 1시간 중강도의 걷기운동을 실시한다.
- 만약 만성질환으로 일주일에 150분의 중간도의 유산소 운동을 할 수 없는 경우, 자신의 능력이 허락하는 한도 내에서 가능한 한 신체활동을 활발히 해야 한다.

4. 운동 종류(exercise type)

노인들은 퇴행성 근골격 질환이나 심혈관계 질환 등의 만성질환을 가지고 있기 때문에 운동 종류를 결정할 때 운동의 목적, 체력 수준뿐 아니라 신체적 특성을 고려해야 한다. 특히 대근육군의 리드미컬한 활동인 걷기, 수영, 자전거 타기, 낮은 충격의 유산소 운동 등은 노인의 심폐지구력 증진에 좋은 효과를 가져온다. 일반적으로 노인들을 위한 운동 프로그램은 심폐기능을 향상시키기 위한 유산소 운동뿐 아니라 근력 및 근지구력, 유연성 및 균형을 향상시키기 위한 포괄적인 운동을 권장하고 있다.

가. 유산소 운동

유산소 운동은 신체의 큰 근육군들이 운동에 참여하고 산소이용률이 안정적으로 증가하면서 지속적으로 유지되는 리드미컬한 걷기, 자전거 타기, 달리기 등의 운동을 의미한다(표 3-7). 유산소 운동을 통해 심폐 기능을 향상시키고 신체적 작업능력(physical working capacity)을 증가시킬 수 있다. 유산소 운동 중에서 관절에 가해지는 물리적 스트레스가 적고 심장의 부담과 상해의 위험성이 적은 걷기는 미국에서 노인들에게 의학적으로 가장 추천되는 운동이고 일본의 건강 21에서도 노인 건강을 위해 일상생활에서의 보행수를 늘리는 것을 목표로 하고 있다. 미국보건후생성(DHHS)은 하루 30분씩 일주일에 5일을 걷도록 권장하고 있고, 일본에서는 2010년 70세 이상 하루 목표 보행수를 남자 6,700보 이상, 여자 5,900보 이상으로 두었다.

중강도의 유산소 운동은 자신의 최대 능력의 약 60%에 해당되는 운동으로 모든 유산소 활동에는 다음의 사항이 권장된다. ① 준비운동: 5~10분의 스트레칭과 약 50% 강도의 활동, ② 지구력: 최대 심박수의 약 60~90%로 적어도 20~30분의 지구력 운동, ③ 정리운동: 5~10분의 스트레칭과 약 50% 강도의 활동을 포함한다. 그리고 노인의 경우 낙상의 위험이 있다면 균형운동을 같이 실시한다.

표 3-7. 노인들을 위한 유산소 운동의 예

유산소 운동		
• 걷기	• 댄스	• 수영
• 수중에어로빅	• 자전거 타기	• 잔디 깎기 등의 정원일
• 테니스	• 골프(카트 사용 ×)	

나. 저항성 운동

저항성 운동은 근력을 이용하여 무게나 저항력에 대항하는 운동으로, 저항운동을 통해 근력 및 근지구력, 골밀도, 대사율이 증가한다. 노인들의 근력 및 근지구력을 강화시키기 위한 저항운동의 권고사항은 〈표 3-8〉과 같다.

표 3-8. 목표에 따른 부하와 반복 횟수에 관한 권고사항

목표	부하(%1RM)	반복 횟수
근력	60~80	≤8
파워	40~60	6~10
비대	60~80	6~12
근지구력	≤65	≥12

출처: Reprinted by permission from T. R. Baechle and R. W. Earle, 2000. Essentials of strength training and conditioning, 2nd ed. (Champaign IL: Human Kinetics), 414.

저항운동은 근육 수축 형태에 따라 3가지 범주로 분류될 수 있다. 등장성 운동은 일정한 강도의 부하를 주는 상태에서 관절을 움직여서 거리가 이동되는 운동으로 가장 보편적으로 사용되고 있는 웨이트트레이닝 프로그램의 형태이다. 등장성 운동은 근육의 길이 변화에 따라 단축성과 신장성 수축으로 구분된다. 등척성 운동은 움직일 수 없는 물체에 대해 고정된 관절 각도에서 근육이 수축하는 운동을 포함하는 것으로, 근육의 길이는 변화가 없다. 예를 들어 벽을 밀거나, 손바닥을 맞대고 밀거나, 주먹을 꽉 쥐는 운동으로 근력과 근지구력을 증가시킬 수 있다고 인정되고 있다. 등속성 운동은 근육 수축 동안 움직임의 스피드를 조절하는 기구를 사용하면서 이루어진다. 웨이트 기계를 사용한 운동, 역기 들기, 짐 나르기, 정원 가꾸기 등이 노인들의 근육을 발달시키고 근력을 강화할 수 있는 활동이다(표 3-9).

표 3-9. 노인들을 위한 근력 운동의 예

근력강화운동	
• 밴드, 웨이트 기계, 휴대용 웨이트를 사용한 운동 • 정원 가꾸기(들어 올리기, 채굴 등) • 일부 요가 동작	• 건강체조(움직임에 대해 저항) • 식료품 운반 • 일부 타이치 운동

노인들의 저항훈련 시에는 질환, 영양상태, 운동 진행상황 등을 평가하고 개인에게 맞춘 운동을 하도록 한다. 노인의 저항운동은 운동자각도(RPE) 12~13, 1세트에 8~12회가 권장된다. 노인들의 근력강화운동 시 주의할 점은 첫째, 저항성 운동을 하기 전에 꼭 간단한 준비운동을 해야 한다. 둘째, 적어도 한 세트에 8~12회를 실시한다. 셋째, 완벽하게 8~12회가 가능하다면 무게의 2~5%를 증가시킨다. 넷째, 정확한 동작으로 실시한다. 다섯째, 보통의 호흡패턴을 유지해야 한다. 여섯

째, 다음 저항운동과의 사이에는 48시간의 휴식을 가져야 한다. 마지막으로 가능한 한 친구와 함께 하는 것을 권장한다. 어울려서 하는 운동이 사회적 지지(social support) 효과를 얻을 수 있다.

다. 유연성 운동

유연성은 관절의 가동능력으로, 연령의 증가와 함께 관절의 유연성은 감소하는데 이는 운동능력을 감소시킨다. 운동능력이 감소하면 낙상이나 관절 손상의 위험성이 높아진다. 유연성 운동은 저항운동과 함께하면 자세, 안정성과 균형감각을 향상시켜준다. 유연성이 향상되면 관절의 동작 범위가 증가하고 신체 움직임의 효율성이 높아질 뿐 아니라 자세도 좋아진다. 스트레칭은 근육 이완을 증가시키고 혈액순환을 좋게 한다. 뿐만 아니라 스트레칭을 통해 부드러운 조직의 탄력을 증진시키면 어느 연령에서도 유연성을 개선할 수 있다.

유연성 부족은 노인들의 만성질환 중 하나인 요통 문제와 관계가 깊고, 신체활동능력을 제한하기 때문에 유연성을 향상시키기 위한 운동이 중요하다. 노인들의 규칙적인 유연성 운동은 노화에 따른 유연성 감퇴를 줄이고, 평형성을 개선할 수 있다. 또한 유연성 운동인 스트레칭을 하기 위해서는 특별한 기구나 특별한 장소가 필요한 것이 아니기 때문에 장소에 구애받지 않고 실시할 수 있다. 스트레칭은 대표적으로 정적 스트레칭(static stretching), 탄성 스트레칭(Ballistic stretching), 고유수용성 신경근 촉진법(proprioceptive neuromuscular facilitation: PNF) 등이 있다. 정적 스트레칭은 추가적인 움직임이 근육 자체에 의해 제한되는 지점까지 근육을 스트레칭 하는 것이고, PNF는 수축과 신장을 번갈아 적용하는 방법이다. 탄성 스트레칭은 탄력을 이용한 방법으로 작용근(agonist)을 반복적으로 수축하면 대항근(antagonis)이 짧은 시간 동안 늘어나는 스트레칭으로 손상 가능성이 높다. 노인들에게 있어서 가장 많이 사용되는 방법은 상해 위험이 적은 정적 스트레칭이며, 스트레칭은 가벼운 불편함을 느끼는 정도의 강도가 적당하다. 주 2~3회 이상 규칙적인 스트레칭은 유연성의 효과를 지속시켜준다.

대항근(antagonist): 특정 작용근의 반대작용을 갖는 근육
작용근(agonist): 특정 움직임의 시작 및 실행에 가장 직접적으로 관계되는 근육

2장 지속적 운동 참여를 위한 동기 유발 방법

 학습목표

- 행동 변화 이론을 토대로 건강행동에 영향을 미치는 요인들에 대해 학습한다.
- 사회학습 이론을 이해하고 신체활동과의 연관성을 설명할 수 있다.
- 행동 변화를 위한 동기 유발에 대해 학습한다.
- 목표 설정에 있어 단기적 목표와 장기적 목표에 대해 학습한다.

이 장에서는 행동 변화 이론을 토대로 노인들의 건강행동에 영향을 미치는 요인들에 대해 알아볼 것이다. 행동 변화 이론을 적용하면 효과적인 운동 프로그램을 계획할 수 있다. 행동 변화 이론은 심리적, 사회적, 제도적 또는 지역사회 등을 기반으로 형성되며, 행동 변화의 시도는 단순한 것에서부터 복합적인 것까지 다양하게 적용할 수 있다.

1. 행동 변화 이론

운동을 하지 않는 노인들을 대상으로 규칙적인 신체활동을 유도하기 위한 이론적 연구는 점점 더 광범위하게 진행되고 있으며, 건강행동을 촉진시키기 위한 중재의 필요성도 중요시되고 있다. 따라서 행동 변화 이론은 노인들의 행동에 대한 중재를 통해 개선해나가는 안내 역할을 한다.

행동 변화를 연구하는 데 있어서 접근법은 다양하다. 신체활동 변화에 대한 근본적인 원인을 파악하는 데 관심을 가지는 경우도 있으며, 신체활동에 개입하여 변화시키는 중재에 초점을 맞추는 경우도 있다. 하지만 대부분의 이론들은 개인이나 작은 집단에 대한 프로그램의 중재에 관여하거나 행동에 대한 설명으로 발전되어왔으므로 이러한 이론들이 인구 집단의 행동에 대한 이해나 공동체를 대상으로 한 넓은 범위에서의 해석에는 한계가 있다.

행동 변화 이론 중 이 장에서는 5가지 이론에 대해 알아볼 것이다. 신체활동에 있어서 사회과학 연구 및 행동과 관련된 주요 이론들에 대한 기본적인 구성요소를 〈표 3-10〉을 통하여 요약하고자 한다.

표 3-10. 행동 변화 이론 및 모형에 대한 요약

이론(모형)	정도(level)	기본 구성요소
학습 이론	개인	• 강화 • 계시 • 조성
건강 신념 모형	개인	• 지각된 개연성 • 지각된 심각성 • 지각된 이익 • 지각된 장애 • 행동의 계기 • 자아효능감
범이론적 모형	개인	• 고려 전 • 고려 • 준비 • 행동 • 유지
사회인지 이론	개인 상호 간	• 상호 결정론 • 자아효능감
계획된 행동 이론	개인 상호 간	• 행동을 향한 태도 • 주관적 규범들 • 인지된 행동 제어

가. 학습 이론

학습 이론이란 학습이 형성되는 요인이 무엇인가를 설명해주는 이론이다. 다시 말해 행동들이 지속 또는 중단되는 원인을 설명해주는 이론을 통틀어 '학습 이론'이라 한다. 노인체육에서의 학습이론은 좌식생활(sedentary lifestyle)에서 활동적인 생활방식(active lifestyle)으로의 지속 또는 중단되는 원인을 설명해주는 이론으로, 행동의 변화는 복잡한 행동의 패턴과 새로운 학습에 의한 결과에 있다. 일반적으로 작은 행동의 변화들이 모여서 복잡한 행동의 변화를 줄 수 있다.

이 이론은 행동 변화의 원리를 복잡한 행동의 형태가 작은 부분에서 갈라져서 발생했음을 주장한다. 예를 들어, 30분 동안 매일 지속적으로 걷는 행동은 10분 동안 매일 걷는 작은 부분에서 시작되었다고 설명한다.

마지막 목표를 향한 행동 단계들은 부분적인 성과에 대한 보상(rewards)을 통한 강화(reinforcement)가 우선적으로 필요하고, 이를 점진적으로 늘려나가는 것이 중요하다. 예를 들어, 매주 5분 더 걷기 등과 같이 점진적인 증가는 복잡한 행동의 패턴에서 주어진 목표를 향해 모양(shaping)을 갖추는 것이다.

만족(TV 시청), 습관적 행동(집과 가까운 곳에 주차하기), 환경에 영향을 받은 행동(엘리베이터 사용) 등 기존의 비활동적인 행동 양상을 바꾸거나 맞서서 개선시켜 새로운 패턴인 신체활동에 변화를 주는 것은 어려운 일이다. 강화(reinforcement)는 개개인의 동기 유발을 통하여 지속적으로 행동을 수행할 수 있는지에 대한 결과이다.

신체활동을 포함한 대부분의 행동들은 미래의 보상에 대한 기대와 강화를 통한 명확하고도 복잡한 계획에 따라 유지되고 학습된다. 미래의 보상 또는 인센티브는 신체적 결과물(보기 좋음), 외적 보상(타인의 칭찬과 용기, 선물)과 내적 보상(성취감에 대한 경험과 개인의 목표를 성취한 것에 대한 만족감)으로 구분할 수 있다. 비록 외적 보상인 타인의 칭찬과 용기 등이 노인의 행동 변화에 긍정적인 영향을 미치는 것은 사실이나, 이러한 외적 보상은 행동을 장기적으로 변화시키고 유지시키기에는 좋은 방법이 아니다.

나. 건강 신념 모형

건강 신념 모형은 건강 행위를 연구하기 위한 이론 중 하나이다. 이는 건강 행위의 변화, 유지 그리고 개입(intervention) 등을 연구하기 위한 틀로 사용되고 있다. 건강 신념은 건강 행위가 일어나기 직전의 마음상태를 나타낸다.

건강 신념 모형은 1950년대에 사회심리학자인 호흐바움(Hochbaum), 로젠스톡(Rosenstock) 그리고 케겔스(Kegels)가 미국 공중보건 사업에서 질병에 대한 예방과 발견을 위한 프로그램에 사람들이 참여하지 않은 이유를 파악하기 위해 개발하였다. 당시 건강 신념 모형을 고안한 학자들은 사람들이 독감에 걸리지 않기 위해서는 예방주사를 맞으면서도 건강 행위에 있어서는 예방적 행동을 하지 않는다는 점을 인식하였다. 질병은 누구나 걸릴 수 있으며, 질병으로 인한 피해가 심각하다는 인식과 예방적 행동을 위한 조치 방법에도 큰 어려움이 없다는 것을 인식한다면 예방적 행동을 할 것이라 가정하였다. 이들은 결핵 예방을 위해 우선적으로 실시하는 것이 흉부 X선 촬영이며, 흉부 X선 촬영을 결정하는 요인이 무엇이지에 대해 조사하였다. 이후 시간이 지나면서 건강 신념 모형은 건강관련 문제(성인들의 유방암 검사와 성인의 성적 건강행동)에 대한 부분까지 범위가 확대되었다.

건강 신념 모형을 좀 더 깊숙이 들여다보면 지각된 이익과 장애를 평가하고, 후유증의 심각성을 인식하여 그들 스스로 자신감이 생겨 행동으로 옮길 수 있다는 신념에 대한 관계로 설명할 수 있다.

노인들의 신체활동에 대한 행동 변화를 건강 신념 모형에 기반을 두어 설명하면 다음과 같다. 신체활동을 통한 이익과 실천의 장애를 파악하고, 비신체활동으로 인한 질병과 질환을 인식하며, 이를 행동으로 옮길 수 있다는 자아효능감이 있다면 행동 변화를 보다 쉽게 할 수 있다.

건강 신념 행동의 구성요소는 6가지로 구분된다.

1) 지각된 개연성

지각된 개연성은 질병이나 질환에 걸릴 위험이 있거나 건강을 잃을 수 있다는 개인의 주관적 지각(통찰력)을 말한다. 개인이 질환이나 질병에 걸리기 쉬운 정도의 느낌은 넓고 다양하다.

예를 들어, 노인들의 경우 자신들이 실천하는 삶의 방식이 건강을 해치는 행위가 아니라고 생각하는 이가 많다. 하지만 의사나 다른 건강 전문가들이 이들의 행동을 관찰하면 노인들 중 상당수는 고지방 섭취, 비만, 낮은 신체활동, 질병의 원인이 될 만한 중요한 행동들을 하고 있다. 흥미로운 사실은 대부분의 노인들은 의사 또는 전문가의 의견을 듣기보다는 친척/친구 그리고 책/잡지 등을 통한 정보에 더 많이 의존하며, 규칙적인 신체활동의 중요성뿐만 아니라 골다공증, 치매에 대한 심각성을 과소평가하고 있는 이들도 많다.

2) 지각된 심각성

지각된 심각성은 질병 또는 질환의 심각성에 대한 개인의 느낌을 말한다. 여기서 심각성에 대한 느낌은 넓고 다양하다. 어떤 이는 심각성에 대한 평가를 할 때 의학적인 결론들(죽음, 장애)과 사회적 결론들(가족의 삶, 사회적 관계)에 대해 생각할 것이다. 좌식생활을 하는 노인들은 스스로 건강한 행동을 하고 있다고 생각하는 사람이 많지만, 실제로 조사를 해보면 심혈관질환 관련 질병의 원인이 될 만한 행동을 하고 있다.

건강 신념 모형의 활용은 대중적 위험과 개인적 행동 및 특성에 기반을 둔 개인적 위험을 구분할 수 있어야 한다. 다양한 상황과 관련된 부정적인 결과뿐만 아니라 실질적인 위험 요인과 지각된 위험 요인 사이에는 밀접한 관련이 있다. 그러므로 개인의 건강행동과 대중의 위험 요인들을 구분하는 것이 중요하다. 나아가 개인의 지각된 개연성과 심각성에 기반을 둔 중재안을 발전시켜야 한다. 하지만 현재 노인의 신체활동과 지각된 심각성에 대한 자료나 연구는 희박하다.

3) 지각된 이익

지각된 이익은 질병/질환의 위험(또는 질병/질환의 예방)을 줄이기 위해 사용된 예방적 행동들이 효과가 있음을 뜻한다. 질병 또는 질환의 예방에 대한 개인행동은 지각된 개연성과 지각된 이익 사이의 평가와 고려에 의존한다. 만약 개인의 지각된 이익이 평가 이상으로 나왔다면 건강 행위에 대한 추천을 수용할 것이다.

만약 노인들이 건강 증진 교육을 받은 후 지각된 이익이 평가 이상으로 나왔을 경우 이들은 행동 변화를 강하게 실천할 것이다. 특히 금연, 스트레스 관리, 다이어트, 운동 등의 영역에서도 행동의 변화가 발생할 것이다. 지각된 이익에는 신체기능의 향상뿐만 아니라 즐거움, 강한 성취감, 만끽까지 포함된다. 나아가 신체활동 참가 노인은 그렇지 않은 노인에 비해 건강관련 물품인 영양제나 운동 프로그램 참여에 돈을 더 많이 소비한다.

4) 지각된 장애

노인들의 경우 신체활동에 의한 결과가 아무리 많은 이익이 발생하더라도 그 행위를 수행하는 데 드는 비용이 비싸거나 장소를 이동해야 하는 불편함이 있다면 행위를 실천할 가능성은 낮아진다. 지각된 장애는 건강행동의 변화에 강한 영향을 미친다.

노인들이 신체활동을 하는 데 발생하는 장애 요인들은 주로 시설의 접근성, 관심 부족, 고통 등이 있다. 그리고 신체적 행동 변화를 위해서는 개개인에게 맞는 프로그램 개발이 필요하다. 지각된 장애를 줄이기 위한 건강 신념 모형의 실질적 활용은 프로그램 조정, 인센티브 강조, 잘못된 정보를 바르게 알려주는 방법 등이 있다.

신체활동을 실천하기 위해서는 다차원적인 프로그램(유산소, 근력, 균형 그리고 유연성 운동)에 참여하도록 권하며, 행동 변화를 위한 강한 틀(사회적 지지와 자아효능감)과 프로그램의 선택, 개개인의 목표 설정, 긍정적 강화 그리고 위험 요인에 대한 관리 등이 필요하다.

만약 노인들을 위한 운동 프로그램이 공동체 또는 가정에 기반을 둔다면 지속적으로 성공할 가능성이 높다. 운동 프로그램이 거주지와 가까운 곳에서 개설되고, 대중교통 이용에 불편함이 없다면 참가율은 증가할 것이다. 앞서 설명했듯이 장애 요인들을 파악하고, 개인별 특성에 맞는 해결책을 마련하는 것이 노인들의 신체활동 참여에 중요한 역할을 한다. 또한 내적 그리고 외적인 보상이 장애를 감소시키는 데 밀접한 관련이 있다. 이러한 연구는 앞으로 필요하며, 신체활동 프로그램은 가정, 공동체, 시설에서 할 수 있으나 장소에 따른 노인들의 성향을 우선적으로 파악하는 것도 중요하다.

5) 행동의 계기

행동의 계기는 추천된 건강한 행동을 수용하기 위해 결정을 내리는 과정에서 계기가 필요함을 뜻한다. 다시 말해 운동전문가나 의사들이 노인들의 특성에 맞는 운동을 추천하면 이들은 결정을 내려야 하는데, 이러한 행동에 대한 결정을 내리는 데 중요한 역할을 하는 것이 바로 계기(cues)라고 할 수 있다. 이러한 행동의 계기는 내부적(예: 가슴 통증, 숨쉬기 어려움 등) 계기와 외부적(예: 타인의 권고, 가족 구성원의 질병, 신문 기사 등) 계기로 구분할 수 있다.

6) 자아효능감

자아효능감은 행동 변화와 성공적 수행을 위한 개개인의 능력에 대한 자신감의 정도를 나타낸다. 개개인은 인지된 장애를 극복하기 위해 스스로의 능력에 대한 자신감을 가지고 있어야 성공적인 행동의 변화를 가져올 수 있다. 그리고 강한 신념을 통한 명확한 행동은 긍정적인 결과를 가져온다.

강한 자신감은 행동의 착수 또는 시작을 보다 쉽게 할 수 있도록 도와주며, 지속적이며 반복적인 노력에도 영향을 미친다. 그리고 노인들의 자신감 형성과 행동의 변화는 정신적 건강, 신체적 건강, 나이, 성별에 영향을 받는다. 나이가 많은 노인에 비해 젊은 노인의 운동 참여도는 높으며, 운동에 대한 자아효능감도 높다. 따라서 자아효능감은 노인들의 신체활동 참여에 강한 영향을 미친다. 운동 프로그램을 시작하는 초기 단계에 자아효능감은 중요한 영향을 미치며, 강한 자신감은 노인들의 웰빙에도 중요한 역할을 한다.

7) 결론

건강 신념 모형에 의하면 행동에 대한 신호(예: 걷기 위해 노트에 필기를 하고 상기하는 행동)가 행동의 형태를 유도하고 유지하는 데 중요한 역할을 한다. 특히, 활동적인 삶으로의 행동 변화를 위해서는 개개인의 자아효능감과 할 수 있다는 자신감이 무엇보다 중요하다. 건강 신념 모형을 이용하면 비신체활동으로 인한 위험도 파악할 수 있으며, 노인들이 이러한 위험들을 능가하는 주요 효과들이 있음을 인지한다면 행동 변화를 통한 신체활동을 할 가능성이 높아진다.

다. 범이론적 모형

범이론적 모형은 행동이 변화되는 과정과 전략을 제시한다. 개개인의 행동 변화를 준비단계에서부터 건강한 행동을 실천하는 유지단계까지 모두 5단계로 구분한다. 5단계는 고려 전(precontemplation), 고려(contemplation), 준비(preparation), 행동(action) 그리고 유지(maintenance) 단계이다.

1) 고려 전 단계

가까운 미래(6개월 안)에 건강행동을 시작하려는 의도가 없거나 변화의 필요성을 못 느끼는 단계이다. 하지만 대중매체나 주변 사람들을 통해 행동의 변화로 인해 발생하는 장점에 대해 생각하며, 타인으로부터 부정적인 행동의 결과를 감성적으로 받아들이는 과정이 고려 전 단계이다. 이 단계의 사람들은 전형적으로 변화에 의한 장점들을 과소평가하며, 단점들을 과대평가하는 경향이 있다. 또한 자신이 잘못된 편견을 가지고 있음을 인식하지 못한다.

고려 전 단계에 있는 대상에게 행동의 변화를 줄 수 있는 가장 효과적인 방법은 타인이 도와주는 것이다. 고려 전 단계의 사람들과 알고 있는 주변 사람들이 격려하면, 건강하지 못한 행동의 변화로 발생하는 다양한 이익들에 대한 고려(생각)를 더 많이 하고, 행동 변화에 대한 결정을 내리는 데도 마음속으로 더 깊게 생각하게 된다.

2) 고려 단계

고려 단계는 참가자들이 6개월 안에 건강한 행동을 시작하려는 의도가 있음을 뜻한다. 행동 변화로 발생하는 이익들에 대하여 고려 전 단계의 사람들은 일반적으로 과소평가를 하는 경향이 있지만, 고려 단계 사람들은 과소평가가 점진적으로 상승하면서 단점과 장점이 동등한 관계를 가지게 된다. 또한, 조금씩 행동 변화의 장점들에 대해 인식한다. 행동 변화로 발생하는 이익에 대한 평가의 양면성이 고려 단계에 있는 사람들의 행동 변화를 지연시키는 원인이 되기도 한다. 만약 고려 단계에 있는 사람들이 건강한 행동을 실천하는 사람들의 영향을 받아 학습하거나 행동의 변화를 일으킨다면, 이들이 가지고 있는 단점 또한 줄일 수 있다.

3) 준비 단계

30일 안에 행동의 변화를 시작할 준비가 되어 있음을 뜻한다. 준비 단계에 있는 사람들은 건강한 행동이 그들 삶의 중요한 부분으로 작용할 것이라 믿으며, 이러한 믿음이 변화의 시작 단계라 할 수 있다. 예를 들어, 준비 단계의 사람들은 주위의 친구나 가족에게 자신들이 행동의 변화를 원한다고 이야기한다. 이들은 믿을 만한 친구로부터 도움을 구하거나, 어떠한 행동을 해서 변화할 것인지에 대한 구체적인 계획을 주위 사람들에게 이야기한다. 또한, 건강한 행동을 할 경우 가지는 느낌이 어떤지 생각을 하게 되는데, 이러한 여러 가지 행동들이 변화를 조장시키는 방법이다. 언제 행동을 시작하며, 혹시나 시작한 행동들이 실패하면 어떻게 되는지가 이들에겐 가장 큰 걱정이다. 준비 단계에 있는 이들은 준비를 더욱 철저히 하면 할수록 보다 쉽고 지속적인 행동을 실천할 수 있음을 배운다.

4) 행동 단계

행동 단계의 사람들은 지난 6개월 안에 행동을 변화시켜왔으며, 지속적으로 실천하기 위해 더욱 더 노력하는 모습을 보인다. 행동 단계 사람들은 행동 변화 전 단계로 갈 수 있다는 두려움과 싸워서 이겨야 하며, 변화된 행동을 보다 강하게 실천할 수 있는 방법에 대한 학습도 필요하다.

행동 단계에 있는 사람들은 다양한 상황에서 발생할 수 있는 건강하지 못한 행동들을 피할 수 있는 방법들을 배우게 된다. 건강하지 못한 행동에서 보다 긍정적인 방향으로 대체할 수 있는 방법을 찾으며, 변화를 위해 자기 자신에게 보상을 하거나, 건강하지 못한 행동을 할 수 있는 사람이나 상황들을 피하려고 하는 모습을 관찰할 수 있다.

5) 유지 단계

유지 단계란 6개월 이상 지속적인 행동의 변화를 실천하고 있는 경우를 말한다. 유지 단계의 사람들이 고려해야 할 일은 스트레스나 다른 외부적 또는 정신적인 자극으로 인하여 지속적인 행동의 변화를 그만둘 수 있는 경우가 손쉽게 발생함을 인지해야 한다. 유지 단계에 있는 사람들은 믿을 만한 사람들과 이야기를 하거나 지지를 받고, 건강한 행동을 실천하는 사람들과 시간을 보내거나, 건강하지 못한 행동에 의지하는 대신 건강한 행동을 통해 스트레스를 이길 수 있는 방법을 모색해야 한다.

6) 결론

범이론적 모형은 자신의 행동 변화를 지속적으로 유지하기 위해 이전 단계로 되돌아갔다가 다시 다음 단계로 전진하는 과정이 반복된다. 따라서 변화의 과정은 직선적(linear) 단계를 통해 발생하는 것이 아니라 나선형(spiraling) 또는 순환적(cyclical) 단계를 통해 발생한다. 이는 스스로의 행동 변화에 대한 효과가 얼마나 적시(단계)에 최적의 방법(과정)으로 실천하느냐에 달려 있다.

이 이론은 사람들이 어떤 단계에 있는지 우선적으로 파악한 후 단계에 맞는 행동 변화를 위한 개입이 필요함을 설명한다. 예를 들어, 행동 변화에 대해 고려하지 않고 있는 사람(고려 전)에게는 직접적인 행동의 실천을 주장하기보다 행동 변화로 인한 긍정적인 효과가 무엇인지에 대한 인식을 심어주는 것이 중요하다.

라. 사회인지 이론

1) 사회인지 이론의 배경

1950년을 시작으로 사회학자들은 상자 안에 있는 동물들의 행동을 연구하는 대신 사회적 맥락(contexts)에서 인간 행동을 연구하기 시작하였다. 사회인지적 접근은 사회학습 이론으로 알려져 있다. 1970년 후반부터 학자들은 '사회인지'라는 용어를 사용하였고, 이 용어의 정의는 괄목할 만한 결과를 가져왔다.

사회인지 이론은 두 가지 주된 양상이 있다.
① 인지(사고) 과정을 이해하기 위해서는 개개인의 성격(personality)을 분석해야 한다.
② 인간은 사회적 관계와 스스로의 사고를 통해 형성된다.

이 이론을 소위 말하는 '사회인지'라 한다.

심리학자 밴두라(Albert Bandura)가 사회인지 이론의 선구자적 역할을 하였다. 또한, Bandura의 사회인지 이론은 건강 증진 및 행동 변화와 밀접한 관련이 있다. 이는 인간 행동의 변화와 예측 그리고 이해라는 기본적인 구조를 제공하기 때문이다.

2) 상호 결정론

상호 결정론은 Bandura에 의해 제안된 이론으로, 개인의 건강 행위와 밀접한 관련이 있다. 상호결정론은 인간 행동의 변화와 예측 그리고 이해라는 기본 구조로 구성되어 있고, 인간의 행동 변화는 환경(environmental)의 영향, 개인(personal)의 내적 요인 그리고 행동(behavior)이라는 요인에 영향을 받는다.

상호 결정론에는 3가지 요인이 서로 영향을 주면서 행동의 변화가 발생한다.
① 개인(personal): 인지적 능력, 신체적 특성, 신념과 태도
② 행동(behavior): 운동 반응, 정서적 반응, 사회적 상호작용
③ 환경(environment): 물리적 환경, 가족과 친구, 사회적 환경

앞선 언급했듯이 인간의 행동은 각 요인(변인) 간의 상호작용에 의해 행동 변화가 발생한다. 그리고 사회적 상황에서 발생하는 모델링과 조금만 노력하면 성공할 수 있다는 학습자의 신념, 즉 지각된 자기효능감이 행동 변화에서 중요하다.

행동은 개인과 환경에 영향을 주며, 개인과 환경 역시 행동에 영향을 준다. Bandura의 이론을 보면 인간은 능동적인 개인, 그 사람의 행동 그리고 환경과의 상호작용을 통하여 행동의 변화가 발생한다는 상호 결정론(reciprocal determinism)을 제안하였고, 개인, 행동, 환경 사이의 관계는 양방향적(bidirectional)이라고 설명하였다(그림 3-2 참조).

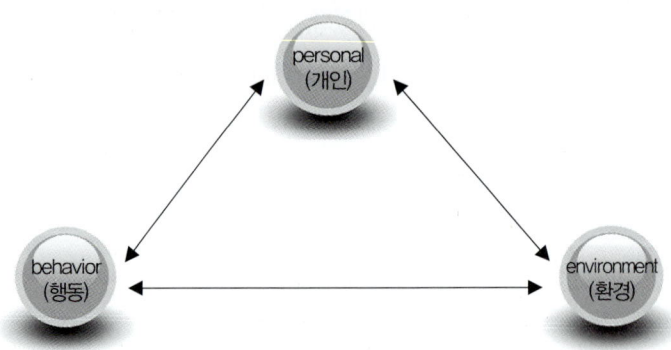

그림 3-2. Bandura의 상호결정론

사회심리학자들은 환경적 기능이 인간 행동에 영향을 미친다고 주장한다. 환경적 기능은 사회적(social) 환경과 물질적(physical) 환경으로 나눌 수 있는데, 사회적 환경은 친구, 가족 구성원을 뜻하며, 물질적 환경은 방의 크기, 주변 온도 또는 특별한 음식의 사용 등을 뜻한다.

행동은 단순히 환경의 영향에 의해 변화되는 것은 아니다. 환경적 기능(역할) 또한 개인 행동의 결과로 나타나는 것도 아니다. Bandura(1999)에 의하면, 개인의 결정, 행동, 환경적인 요인들이

서로 다이내믹한 관계를 가지는 것이 필요하다고 주장하고 있다. 이 3가지 요인들은 정형화된 패턴이 있는 것이 아니다. 다시 말해 부분적으로 각각의 요인들이 사회구조적 통제와 참여, 상황, 활동의 정도에 따라 영향을 주고받는다.

3) 자아효능감

사회인지 이론에서 가장 중요한 개념은 자아효능감이다. Bandura의 사회인지 이론 중 하나인 자아효능감은 행동의 변화 또는 행동 변화를 위한 동기 유발과 밀접한 관련이 있다. Bandura와 심리학자들은 개인의 행동 변화와 관련한 중요한 결정은 정서적 자기반응(affective self-reaction), 분석적 사고의 질(quality of analytic thinking), 목표, 자신감에 대한 자신의 신념에 근거한다고 말한다.

자아효능감은 "그들의 삶에 영향을 주는 큰 사건들을 해결할 수 있는 능력을 생산할 수 있는 가능성에 대한 개개인의 믿음"이라고 정의하였다. 쉽게 말해 자아효능감은 특별한 상황 속에서 성공할 수 있는 그들만의 능력에 대한 개개인의 믿음이라 할 수 있다. 이러한 믿음은 사람들의 느낌, 생각, 동기 유발, 행동을 어떻게 하느냐에 따라 결정된다.

자신감이 충만한 사람은 놀라울 정도의 능력으로 어려운 일을 포기하기보다는 어떻게든 헤쳐 나가는 능력을 발휘하며, 효능감에 대한 감각이 높으면 개인의 관심을 발달시키며, 어려운 일에도 전념할 수 있다. 사람들은 스스로 높은 목표에 도전하고, 이러한 목표를 달성하기 위해 전력을 다한다. 그들은 실패에 직면해서도 노력을 아끼지 않으며, 실패나 실망으로부터 효능감에 대한 감각을 다시 살려낸다. 그리고 끊임없는 노력을 통해 목표 달성에 최선을 다한다. 이때 스트레스나 억압은 줄어들게 된다.

사회인지 이론에서 자아효능감에 긍정적인 영향을 미치는 4가지 요인이 있다.

첫째, 강한 효능감을 만드는 가장 효과적인 방법은 경험(experience)을 통한 것이다. Bandura는 사람들이 실패에 대한 경험을 할 때 자신이 처한 어려움을 극복하려고 노력한다. 실패에 대해 경험한 이후 사람들은 성공을 어떻게 하는지, 실패로부터 빨리 벗어나는 방법에 대해 알게 된다.

둘째, 다양한 경험을 통한 강한 효능감은 사회적 모델(social model)로부터 만들어진다. 특히, 타인이 엄청난 노력으로 성공한 사례를 본다면 사람들은 그들의 업무를 수행하는 데 강한 자신감을 가진다. 반면에 타인이 엄청난 노력을 하였음에도 불구하고 실패한 모습을 볼 경우 성공을 하기 위한 스스로의 능력 또한 상실하게 된다.

셋째, 사회적 설득(social persuasion)은 자아효능감을 발달시키는 또 다른 방법이다. 다른 구성원들로부터 받은 격려의 말은 힘든 목표를 성취하는 데 도움이 되며, 자기 스스로의 목표 달성에 대한 의심을 극복하는 데도 도움이 된다.

마지막으로, 긍정적 사고(positive mode)는 자아효능감에 있어서 중요한 역할을 담당한다. 예를 들어, 어떤 사람이 대중 앞에서 발표하는 것을 불안해한다면, 자아효능감의 정도는 급속도로 감소할 것이다. 이러한 상황에선 신체 쇠약 현상(피로, 가려움, 고통 등)을 겪을 수 있다.

자아효능감은 정서적·신체적 반응의 강도를 바꾸는 것이 아니라, 어떻게 그들이 상황을 이해하고 해석하는지가 중요하다. 따라서 자아효능감은 특별한 상황에서 성공할 능력에 대한 믿음이다. 이러한 믿음은 개인의 느낌, 사고, 동기 유발 그리고 행동을 통해 형성된다. 효능감에 대한 감각이 강할수록 개개인의 성취와 인간의 웰빙은 높아진다. 자신감이 충만한 사람은 자신이 가진 임무를 포기하기보다는 놀라운 능력으로 어려운 일을 감당할 수 있다. 효능감이 강하면 개인의 관심을 발달시키며, 어려운 일에 전념할 수 있다.

4) 사회인지 이론과 노인의 신체활동

사회인지 이론 중 환경적 요인을 이용하여 노인들의 신체활동 증진에 대한 정책을 세우고, 대대적인 홍보(캠페인)를 계획하는 나라들이 많다. 호주의 경우 배우자, 가족, 동료의 지원, 안전한 걷기 장소 제공, 가까운 주거지역에 운동센터의 건립 등을 추진하여 노인들의 신체활동 참여에 효과적인 결과를 가져오고 있다. 하지만 현재까지 사회인지 이론을 활용한 노인들의 신체활동 참여에 관한 연구는 드물다.

5) 자아효능감과 노인의 신체활동

Albert Bandura가 주장한 사회인지 이론의 한 부분인 자아효능감은 노인들의 신체활동과 밀접한 관련이 있다. 특히 자아효능감이 높은 노인일수록 규칙적인 신체활동을 실천하는 능력이 강하다. 또한, 신체활동을 통해 발생하는 다양한 장애를 극복하고, 지속적으로 실천하면 이익이 발생한다는 긍정적인 사고와 즐기면서 운동을 할 수 있다.

자아효능감에 있어서 행동 변화에 대한 기대, 기대에 대한 결과, 그리고 결과에 대한 가치들은 운동을 지속적으로 유지하는 데 중요한 역할을 한다. 그리고 노인들이 건강행동을 실천할 수 있다는 인식이 다른 노인들보다 높을 경우 죽음 또는 질병의 위험을 줄이기 위한 건강행동의 변화를 보다 성공적으로 실천한다.

마. 계획된 행동 이론

계획된 행동 이론은 신념(beliefs)과 행동(behavior) 사이의 관계에 대한 이론이다. 계획된 행동 이론은 행동을 수행하기 위해 개인의 의도(intention)에 의존한다. 의도는 개인의 태도(행동의 결과에 대한 가치나 신념)와 주관적 규범들(일반적인 사회적 압력 또는 개인의 행동에 대하여 타인이 어떻게 생각하는지에 대한 신념) 그리고 인지된 행동 제어(perceived behavioral control)에 영향을 받는다.

심리적 변인인 '행동을 향한 태도'와 '주관적 규범들' 그리고 자기 자신의 행동을 제어할 수 있다고 인지하는 '인지된 행동 제어'가 사람들이 행동을 하려는 의도에 영향을 미친다. 인지된 행동 제어는 행동에 직접적인 영향을 준다. 또한, 행동을 향한 태도와 인지된 행동 제어와도 서로 밀접한 관련이 있다(그림 3-3 참조).

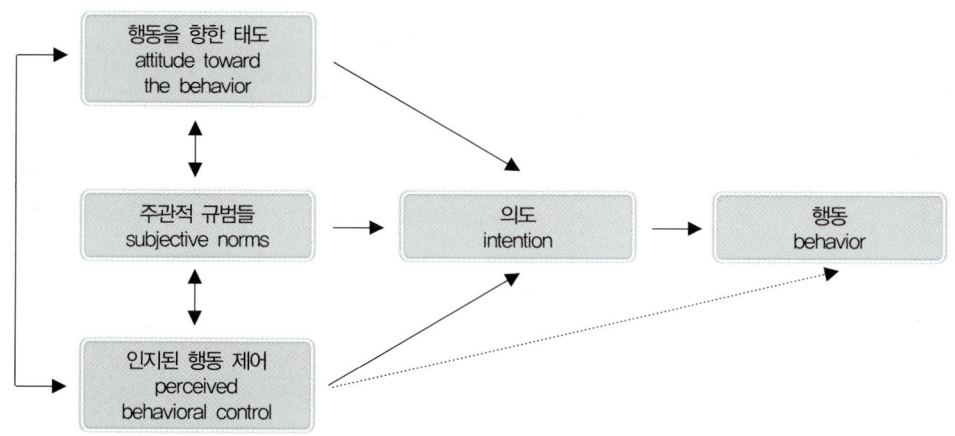

그림 3-3. 계획된 행동 이론 모형

인지된 행동 제어는 행동을 수행하기 위한 자아효능감에 대한 느낌 또는 할 수 있다는 개개인의 지각을 뜻한다. 이는 Bandura의 자아효능감(행동의 수행을 위한 자기 자신의 능력에 대한 개인의 인지)의 개념과 유사하다.

'행동을 향한 태도'는 어떤 행동을 할 때 그 행동의 결과가 긍정적 또는 부정적 결과를 가져올 것이라는 개인적 '평가'와 그 행동으로 나타날 결과가 얼마나 '가능성'이 있는지에 따라 결정된다. 그리고 '주관적 규범'은 그 행동에 대해 자신이 중요하게 여기는 '타인들의 태도'와 자신이 타인들의 뜻에 따르려는 '동기'에 의해 결정된다.

예를 들어, 노인이 친구를 만나러 대문 앞을 나오다가 얼음이 있는 바닥을 보지 못하고 넘어져 낙상을 당했다고 가정해보자. 이 노인은 낙상으로 인한 대퇴부 상해가 괜찮아질 것이라고 생각해 병원 가는 것(행동을 향한 태도)에 부정적인 태도를 보였다. 하지만 주위의 가족, 친구 그리고 사회복지사가 다친 부위를 보면서 반드시 병원에 가야 한다고 압력(주관적 규범)을 줄 경우, 행동을 향한 태도와 주관적 규범 사이에서 갈등을 일으키게 된다. 이때 행동에 대한 의도가 뒤섞여서 건강을 보호하려는 행동을 할 것인지는 예측하기 어렵다. 하지만 대퇴부의 상해로 인해 앉아 있는 것이 불편하고, 요추(허리)까지 통증이 발생하여 일상생활에 지장이 초래되자 자신의 태도를 바꾸어 병원에 가려는 의도가 발생하여 마침내 의사를 만나려는 행동을 한다. 즉, 노인들이 자신의 건강을 보호하려는 행동을 할 것인지 예측하려면 그 행동을 향한 태도가 긍정적이고 주관적 규범이 강하게 작용하는지 여부를 우선적으로 파악하면 된다.

계획된 행동 이론은 다양한 행동을 비교적 간단한 요인들로 설명할 수 있다는 장점이 있어서 많은 학자들에 의해 널리 사용되고 있다. 하지만 한계점도 있다. 사람들이 어떤 행동을 하려는 의도가 있어서 행동을 실행할 능력이나 자원이 부족하면 행동으로 연결되기 어렵다. 예를 들어, 노인이 규칙적인 신체활동을 실천할 의지가 있으나 신체적 장애나 질병으로 실행에 옮기기 어려운 경우도 있으며, 경제적 어려움으로 실행에 옮기기 힘든 부분도 있다. 따라서 사람들은 자신이 자원과 기회를 더 많이 가졌다고 믿을수록 자신의 행동을 변화시킬 수 있다고 믿는다.

인지된 행동 제어는 개인이 원하는 행동적 결과를 성취하는 것이 얼마나 쉽고 어려운가에 대한 신념을 뜻하며, 이는 과거의 행동 경험과 장애를 극복할 수 있는 자신의 능력에 대한 인지를 뜻한다.

인지된 행동 제어는 특정한 행동을 쉽게 제어하여 행동의 변화를 줄 수 있다고 믿는 사람들은 그렇지 않은 사람들에 비해 행동을 수행하려는 '의도'가 높다고 가정한다. 예를 들어, 노인들의 경우 자신이 신체적으로 건강하고 신체활동을 할 수 있다고 믿으면 운동 프로그램에 참여할 의도가 높아지지만, 질병이나 질환 또는 경제적 어려움이 운동 참여에 장애로 작용하거나 운동 시설이 자신의 집과 가깝지 않은 거리에 있다고 판단할 경우, 운동 프로그램 참여에 대한 의도는 낮아지게 된다. 다시 말해 행동을 향한 태도와 주관적 규범 이외에 인지된 행동 제어가 어느 정도인지 파악하면 그 사람이 건강을 보호하려는 행동을 할 것인지 보다 쉽게 예측할 수 있다. 인지된 행동 제어는 자아효능감과 같이 행동의 변화에 영향을 준다. 따라서 개개인은 행동을 수행할 수 있는지에 대한 능력을 반드시 인지해야 하며 참여, 재원, 기술의 변화가 행동 제어 과정에 중요한 역할을 하는 것도 인지해야 한다.

2. 동기 유발 및 목표 설정

가. 동기 유발

1) 동기 유발의 정의

동기 유발은 행동을 설명하기 위해 사용된 이론적 구조이다. 다시 말해 우리의 필요, 바람, 행동 등을 하는 이유를 말한다. 동기 유발은 반복되는 행동을 계속해서 하거나 새롭게 시작하는 데 영향을 미치는 동인이라 정의할 수 있다. 이는 노인 운동 프로그램의 성패에 중요한 역할을 한다.

2) 운동 참여의 이유

규칙적인 운동으로 발생하는 효과는 명확하며, 모든 연령에 적용할 수 있다. 하지만 노화와 질병으로 인한 노인의 신체적 활동 감소는 노인들에게 있어서 운동이 무엇보다 중요한 사항으로 인식된다. 규칙적인 신체활동은 노인들의 심혈관질환이나 기존에 가지고 있는 질병을 관리하고, 신체적·정신적 기능을 향상시키는 데 효과적이다. 또한, 낙상으로 발생할 수 있는 부상을 예방하며, 독립적인 생활의 연장도 가능하게 해준다. 현재 노인들에게 신체활동의 유지 및 운동 습관을 기르기 위해 필요한 동기 유발이 무엇인지가 주요 관심사로 떠오르고 있다.

노인들은 의사의 권고, 신체적 기능 손상 회복, 유산소 기능 향상, 하체와 상체의 근력 향상, 낙상 예방을 위한 균형성 향상 그리고 유연성 향상 등 다양한 이유로 운동 프로그램에 참여한다.

신체활동을 하지 않는 생활습관을 가진 노인들에게 행동의 변화를 줄 수 있는 동기가 무엇인지를 조사해보면, 대부분의 노인들은 자신이 실질적으로 느끼고 경험한 것을 토대로 이야기하기보다는 보건교육의 내용을 포함한 타인의 권고에 의한 동기라고 이야기하는 경우가 많다. 한 예로, 신체활동에 참여한 원인을 심장병, 고혈압, 당뇨병 예방 등 보건교육의 내용을 토대로 이야기할 수 있다. 하지만 보다 구체적인 동기 유발의 원인을 찾는다면, 손자와 좀 더 오랜 시간 놀아줄 수 있는 체력을 기르기 위해, 잠을 보다 편안히 자기 위해, 대변을 규칙적으로 보기 위해 등 다양한 원인이 동기 유발의 촉진제라 할 수 있다. 따라서 동기 유발에 대한 원인을 파악하는 데 있어서 좀 더 시간을 두고 노인들과 상의하는 것이 중요하다.

18세부터 64세까지의 성인들은 일주일에 최소 150분(주 5일 30분) 이상 적당한 강도의 운동을 하도록 권장한다. 하지만 대부분의 노인들은 이러한 권장량에 못 미치는 활동을 하고 있다. 또한 이들의 운동 양상은 걷기가 대부분을 차지한다. 신체활동에 있어서 걷기가 효과적인 것은 사실이다. 근력운동도 병행하는 것이 중요한데, 65세 이상 노인들의 10~12% 정도가 주 3회 이상 근력운동을 하는 것으로 알려져 있다.

다음의 보기는 근력운동에 참여하는 이유를 나열한 것이다.
① 기쁨: 어떤 노인은 근력운동 프로그램을 정말로 즐긴다. 이들은 유산소 운동보다 무게가 많이 나가는 기구를 이용한 운동을 좋아하며, 운동 후의 성취와 변화된 신체 모습을 보는 것을 좋아한다.
② 건강과 운동의 효과: 근력운동은 골밀도와 근육량을 증가시킨다. 이 운동은 노인 참가자들을 강하고 활기차게 만들며, 억압이나 스트레스 완화, 수면장애를 줄일 수 있다. 또한, 심혈관질환의 증상 완화에 도움이 된다.
③ 외모의 변화: 근력운동은 지방을 줄이고 몸을 단단하게 만든다. 그리고 체중 조절에 도움을

준다.
④ 사회 참여: 친구, 가족, 친구 그리고 동료와 함께 운동하면서 서로 이야기를 할 수 있는 기회가 된다.
⑤ 설렘: 노후에 근력운동을 시작하는 이들은 새롭고 흥분된 활동을 하기 위해서다. 예를 들어 윈드서핑, 카약, 파라세일(특수 낙하산을 매고 달리는 보트에 매달려 하늘로 날아오르는 스포츠) 등의 스포츠는 참가자들을 설레게 한다.

3) 참여 프로그램의 적절성

노인 참가자가 개인적으로 관심이 있거나 이전에 운동을 한 경험이 있는 프로그램을 찾는다면 이들은 고려 단계에서 참여(운동 참여) 단계로 손쉽게 이동할 수 있는 동기가 유발될 것이다. 운동 프로그램은 신체적·심리적·사회적 필요에 가장 적절한 것을 선택해야 한다. 예를 들어, 에어로빅 운동은 여러 가지 면에서 운동 효과가 있지만, 프로그램 동작을 하는 데 있어 목욕, 옷 입기, 화장실 사용하기, 걷기 등과 같은 기본적인 활동을 하는 데 어려움이 있는 노인들에게 이 프로그램은 적절하지 않다.

어떤 프로그램이 노인들에게 적절한 것인지 결정하기 위해서는 신체적 기능의 범위가 어느 정도인지 파악하는 것도 중요하다. Spirduso(1995)는 노인의 기능적 능력을 5가지 영역으로 구분하였다(표 3-11 참조).

표 3-11. 노인의 기능적 능력

신체적 의존(physically dependent)
- 스스로 옷 입기, 샤워하기, 화장실 사용하기, 걷기 등과 같이 기본적인 활동의 모두 또는 조금도 실행하기 어려운 개인을 말한다.
- 노인들의 기본적인 생활을 타인에게 전적으로 의존한다.

신체적 허약(physically frail)
- 기본적인 활동의 수행은 가능하나 독립적 삶을 위해 필요한 모든 활동이나 다소의 활동을 수행하기에는 어려운 노인을 일컫는다.
- 일반적으로 심신을 쇠약하게 만드는 병을 가지고 있거나 일상생활을 하는 데 있어 신체적으로 도전해야 하는 경우를 뜻한다.

신체적 독립(physically independent)
- 독립적인 삶을 사는 이들을 말하며, 일반적으로 심장병 등 심신을 쇠약하게 만드는 병이 없는 이들이다.
- 대부분 건강이나 신체적 상태가 저조하거나 질병이나 상해 후 신체적으로 허약해지기 쉬운 이들을 나타낸다.

신체적 적합(physically fit)
건강, 즐거움 그리고 웰빙을 위해 최소한 일주일에 2회 이상 운동을 하거나 규칙적인 신체적 활동을 요하는 직업이나 취미를 가진 이들을 뜻한다.

신체적 우수성(physically elite)
- 레크리에이션 활동이나 신체적 활동을 요하는 직업, 노인 스포츠경기에 참여하여 경쟁한다.
- 매일 운동하는 이들을 뜻한다.

　노인의 기능 정도를 앎으로써 이들 개개인의 수준에 맞는 가장 적정한 프로그램을 소개해줄 수 있다. 이러한 필요성은 어떤 종류의 프로그램이 개인에게 적절한 것인지 결정을 내릴 수 있게 한다. 예를 들어, 에어로빅 관련 운동 프로그램인 경우 나이가 많은 허약한 체질과 누군가의 도움을 필요로 하는, 독립적으로 움직일 수 없는 노인들에게는 맞지 않다.

　학자들은 행동의 변화 또는 새로운 행동 유형으로의 이동은 단계가 있음을 주장한다. 이는 고려 전 단계, 고려 단계, 준비 단계, 행동 단계, 유지 단계 그리고 종료 단계로 구분된다. 고려 단계에서 행동 단계로 옮기기 위한 동기 유발은 개인마다 차이가 있으므로 사회적·심리적·신체적인 상황을 우선적으로 파악하고, 개개인이 명확하게 각각의 단계 중 어떤 단계에 속하는지 구분해야 한다.

　운동에 대한 메시지(권유의 말)는 개인의 신념과 관련이 깊다. 하지만 우선적으로 개개인이 가진 어려움이 무엇인지 파악하는 것도 중요하다. 운동 프로그램에 대한 메시지는 운동을 전혀 접하지 못한 사람들에게 전할 때에는 수준과 상황에 맞게 설명해야 할 것이다. 예를 들어, 운동을 접하지 못한 이들에게는 운동/체력 등에 초점을 맞추기보다는 운동이 관절염에 효과적이며, 낙상을 예방하고, 독립적인 생활과 즐거움을 주는 데 도움이 된다는 형식으로 설득해야 한다.

　이러한 메시지(권유의 말)는 노인들이 운동을 즐겨하거나 그렇지 않은가에 따라 적절한 방법으로 풀어나가야 한다. 만약 운동 프로그램의 참여가 노인들에게 긍정적인 경험으로 다가간다면 지속적인 동기 유발이 발생할 것이다.

4) 성공적인 동기 유발 계획 수립

　첫째, 동기 유발을 성공적으로 발전시키기 위한 전략에서 운동지도자의 역할이 중요하다. 개개인의 동기 유발에 성공적인 역할을 하는 운동지도자는 친근한 태도와 관심 있는 모습으로 참가자 개개인이 가지고 있는 차이점(단계)을 파악하고 있어야 한다. 참가자의 이름 외우기, 수업 시작 전 서로 인사하기, 새로운 참가자들을 기존의 회원들에게 소개시켜주기, 규칙적으로 참가한 수업자 중 불참한 경우를 체크하는 것이 참가자의 동기 유발에 효과적인 방법이다. 특별한 단체에 속해 있다는 소속감이 노인들에게는 운동 프로그램에 지속적으로 참여할 수 있는 동기 유발의 중요한 열쇠로도 작용한다.

　둘째, 노인들에게 운동을 지도할 경우 규칙을 정하는 것도 성공적 전략이라 생각한다. 왜냐하면 공동체 속에서 지도자의 일관성 있는 행동이 목적을 명확하게 이해하고, 관계를 지속적으로 유지해 나갈 수 있는 동기 유발의 힘으로 작용하기 때문이다. 규칙을 정하는 데 있어서 타인의 지지나 사회적 네트워크와의 연결도 중요하며, 단순, 반복, 의식적 동기 유발 기술들이 규정의 준수에 영향을 미친다. 나아가 건강 전문가에 의해 작성된 비디오나 서면화된 지도안을 집단 운동 프로그램에 적용할 경우 규정화되지 않은 집단에 비해 노인들은 더욱더 쉽게 자극을 받아 운동에 참여한다.

마지막으로, 65세 이상 74세 미만의 사람들 중 건강 상태가 양호한 이들을 집단 근력운동 프로그램이나 균형운동 프로그램에 참여시키는 것이다. 이러한 참여는 개개인이 얻을 수 있는 운동의 효과뿐만 아니라 타인들과의 만남의 장으로서도 큰 역할을 하기 때문이다. 연령이 비슷한 사람들이 모여서 이루어진 집단운동은 정신적 자극을 증대시킬 뿐만 아니라 삶의 만족에도 영향을 미친다. 예를 들어, 사회적 관계에서의 즐거움이 노인들에게 있어 집단운동 수업에 지속적으로 참여할 수 있는 주된 이유 중 하나가 될 수 있다. 따라서 수업의 형태는 이러한 관계를 형성하는 활동으로 이루어져야 한다. 수업의 형태는 참가자 전원이 지도자를 보도록 하거나 둥근 모양으로 자리를 배정하거나, 참가자가 서로의 얼굴을 보고 운동할 수 있도록 한다. 상대방의 얼굴을 마주보면서 하는 운동은 서로 신뢰를 맺는 데 효과적이다.

5) 동기 유발의 장애 요인

노인들의 경우 현실적인 어려움들이 운동을 실천하는 데 방해 요인이 된다. 때로는 운동 참여에 대한 어려움보다는 변하려고 하는 개인의 능력에 대한 신념(자아효능감)이 중요한 역할을 하기도 한다. 특별한 행동을 향한 개인의 태도나 행동(운동)이 특별한 결과(예: 근력과 유연성 향상)에 영향을 주며, 이러한 결과를 획득하길 바라는 신념에 의존한다.

운동지도자는 비현실적인 슈퍼모델 같은 몸매를 지속적으로 묘사하여 운동의 효과에 대한 결과를 노인들에게 보여주는 경우도 있다. 하지만 격렬한 신체활동을 할 수 없는 노인들에게는 오히려 부정적인 영향을 미친다. 이러한 메시지는 노인들 스스로 '운동을 아무리 열심히 해도 나는 슈퍼모델 같은 몸매를 만들 수 없다'는 결론을 내리게 한다.

노인들이 운동 프로그램에 참여하면서 대화를 하지 않을 수 있다. 예를 들어, 허약하고 의존적인 노인들을 위한 프로그램들은 신체적 기능 향상보다는 사회적 기능에 초점을 맞추어야 한다. 하지만 프로그램 참여를 통하여 신체적 기능 향상에 실패할 경우 이들은 말을 하지 않고 스스로 '향상(변화)하기에는 너무 늦었어. 그러니 단순히 즐기는 게 좋겠어'라고 생각할 것이다. 운동을 통한 변화된 모습을 기대하거나 기능 향상을 강화시키기 위한 목적들은 허약한 노인들에게 긍정적인 영향을 미칠 수 없다는 느낌을 가지게 만든다.

신체적 그리고 사회적 요인들도 운동 참여에 장애 요인이 된다. 대중교통 이용이 편리하고 걸어서 쉽게 이용할 수 있는 곳에 위치한 프로그램들은 운전을 더 이상 할 수 없는 노인들에게 환심을 살 수 있는 이점이 있다. 반면, 멀리 떨어진 곳에 위치한 시설들은 노인인구가 밀집한 지역이 있는 경우 유리하다.

움직임이 불편한 노인들에게는 시설의 접근성 또한 중요하다. 주차장이 건물과 멀리 떨어져 있거나 계단을 이용해서 운동 시설로 들어가야 한다면 노인들의 경우 프로그램 참여에 어려운 점이 발생한다. 주차장과 계단에 눈이나 얼음이 있다면 운동 장소의 접근성에 있어서 장애 요인이 된다.

노인들은 심리적인 장애를 받는 경우도 있다. 프로그램이 개설되는 시설의 환경에서 '몸을 아름답게' 또는 '근육을 크게' 등과 같은 글이나 표시들은 노인들이 주된 대상이 되는 환경에는 적합하지 않다. 처음으로 운동을 시작하는 노인들의 경우 이러한 형태의 시설을 이용하길 꺼려할 수 있다.

6) 결론

적절한 프로그램을 개발하기 위해서는 개개인의 신체적 기능과 필요로 하는 것들이 무엇인지 우선적으로 파악해야 한다. 운동에 대한 신념과 심리적 그리고 신체적 장애 요인을 파악하고 난 후 적절한 운동 프로그램을 설계해야 한다. 마지막으로, 운동 프로그램을 지속적이며 효과적인 방법으로 계획하기 위해서는 참가자들이 긍정적인 경험을 가질 수 있도록 신경 써야 한다. 신체적 움직임을 우선시하기보다는 사회적 관계를 조장하고, 참가자들이 좋아하는 음악을 틀어주어 흥미를 유발하는 방법은 프로그램을 성공적으로 이끌어내기 위한 좋은 방법이다. 따라서 노인을 위한 운동 프로그램의 목표는 신체적 기능 향상, 자아효능감 그리고 질적인 삶의 유지 또는 향상에 초점이 맞추어져야 할 것이다.

나. 목표 설정

분명한 목표가 있는 사람은 목적에 한 발 앞으로 다가가기 위해 마음으로 동기 유발을 한다. 그리고 목표는 구체적이고, 현실적이며, 중요하다고 판단될 때 가장 유용하게 사용된다. 목표 설정은 단기적 목표와 장기적 목표로 구분하여 설정해야 한다. 성공은 정말 중요하다고 판단되는 목표의 설정과 깊은 관련이 있다. 목표를 적어보고, 규칙적으로 검토하는 것도 필요하다.

운동을 지속적으로 실천하는 데 있어 동기 유발은 명확하게 길을 안내하는 도우미 역할을 한다. 만약에 노인들이 어디로 가야 하는지에 대한 목표가 설정되어 있지 않다면 목적한 데로 가기는 어렵다. 노인들의 삶에 있어서 행동 변화에 대한 수용과 목표 설정은 신체활동을 증가시키고 운동 프로그램 참여를 지속적으로 할 수 있는 중요한 역할을 한다.

일반적으로 노인들에게 신체활동을 권유할 계획이 있다면 이들에게 새로운 신체활동을 시작하라고 권유하기보다는 먼저 목표를 설정해야 한다고 이야기한다. 노인들은 5~10분 정도는 쉽고 재미있게 신체활동을 할 수 있다. 매일 최소 30분 정도의 신체활동을 권한다면 노인들은 실천에 옮길 수 있을 것이다. 만약 30분 동안 실시하는 신체활동을 지속적으로 할 수 없는 경우에는 시간을 나누어 실시하는 것도 가능하다고 알려줘야 한다. 즐겁게 활동하는 것이 행동 변화와 운동 프로그램을 지속적으로 실천하는 데 도움이 된다.

"하루에 20분, 일주일에 3일, 5주 동안 운동한 후에 나는 호흡에 큰 어려움이 없이 계단을 3회 이상 오르내릴 수 있을 것이다."라는 예시에서 알 수 있듯이, 구체적 목표는 개별화되고 노인들의 신체적 능력에 맞게 설정되어야 한다. 또한 노인들의 신체적 기능의 한계와 신체적 평가에 따른 결과에도 초점이 맞추어져야 한다.

도전에 대해 이야기할 때 목표를 분명히 밝히는 것이 중요하다. 성취하고자 하는 것이 무엇인지, 계획을 수행하기 위해 어떻게 할 것인지 우선적으로 파악해야 한다. 구체적인 목표는 긍정적인 변화를 만들고 성공에 이를 수 있는 중요한 방법이다.

목표의 설정은 단기적 목표와 장기적 목표로 나누어 설정하고, 이러한 목표는 S-M-A-R-T로 보다 세부적인 방법으로 작성되어야 한다.

① S: Specific(구체적인)
② M: Measurable(계측 가능한)
③ A: Attainable(이룰 수 있는)
④ R: Relevant(적절한)
⑤ T: Time based(시간에 근거한)

1) 단기적 목표의 설정

자기 스스로 만든 단기적 목표 3가지 중 최소 두 가지를 파악해서 계획표에 적어라. 목표가 더 있다면 계획표 안에 적어라(표 3-12 참조). 각각의 목적에는 S-M-A-R-T(S: 구체적인, M: 계측 가능한, A: 이룰 수 있는, R: 적절한, T: 시간에 근거한)에 대한 구체적인 방법이 있어야 한다.

이러한 단기적 목표는 여러분의 일상생활 속에서 규칙적인 프로그램을 실천할 수 있는 동기부여에 도움이 된다. 예를 들어, 근력 운동의 목표를 관절염 예방, 균형 향상, 체중 조절 등 장기적인 목표로 손쉽게 세울 수 있다. 목표의 세부 내용은 다음과 같다.

① 단기적인 목표를 구체적(specific)으로 세워야 한다.
② 목표는 계측(measurable)이 가능해야 한다(프로그램은 시작했는가, 하지 않았는가?).
③ 목표는 주치의가 인정할 정도로 성취 가능성(attainable)이 있는 것으로 해야 한다.
④ 목표는 장수와 건강한 삶을 위해 적절한(relevant) 것으로 해야 한다.
⑤ 목표는 시간에 근거를 두어야 한다(time based)[5일 동안 운동관련 책을 읽는다. 다음 5일 동안 운동 스케줄을 잡고, 필요한 장비를 산다. 2~3일 안에 운동 프로그램을 시작한다 등].

표 3-12. 단기적 목표의 설정

단기적 목표
최소 두 가지 이상 단기적인 목표에 대하여 서면으로 작성하여야 한다. 신체활동을 규칙적으로 하기 위해 다음 주 혹은 2주 후에 실천할 계획을 작성하여야 한다.
1.
2.
3.

목표 설정과 시간 계획은 자기 스스로의 의사에 달려 있다. 노인들은 균형 및 체중 조절을 위한 근육량 증가, 골다공증 예방 및 골밀도 증가, 당뇨병 치료 및 관절염으로 인한 통증 완화와 같이 건강 증진과 관련된 장기적인 목표에 초점을 맞추길 원한다. 또는 노인들의 목표가 테니스나 볼링을 치거나, 창문을 닦거나 청소를 하는 것일 수 있다. 자신이 세운 목표의 성공은 목표 성취를 위한 강인한 바람이 중요하다. 세부 목표의 설정은 좀 더 많은 활동을 하는 데 도움을 준다. 이는 운동을 시작하는 시점과 조금씩 실천하는 방법을 알려준다.

2) 장기적 목표의 설정

스스로 만든 장기적 목표 3가지 중 최소 두 가지를 파악하여 계획표에 적어라. 목표가 더 있다면 계획표 안에 적어라(표 3-13 참조). 장기적 목표에 대한 계획된 활동을 하면서 점점 더 쉽다고 생각되는가? 예전에 해보고 싶었는데 해보지 못한 일들이 포함되어 있는가? 이러한 목표의 설정은 성공에 이르는 데 즐거움과 목표의 진전에도 도움을 준다. 그리고 S-M-A-R-T의 기술 사용을 잊으면 안 된다.

〈보기〉
① 나는 3개월 동안 주 2~3회 운동을 할 것이며, 5kg의 무게로 운동을 할 것이다.
② 운동 12주 후 엘리베이터 대신 계단을 이용할 것이다.

표 3-13. 장기적 목표의 설정

장기적 목표
최소한 두 가지 이상 장기적인 목표에 대하여 서면으로 작성하여야 한다. 지금부터 6개월, 1년 또는 2년 이내에 자신이 어떤 모습으로 변해 있는지 초점을 맞추어야 한다. 신체활동에 대한 목표 설정은 일상생활의 부분에서 만들어야 한다. 진행 경과에 대해 모니터하고, 성공에 대해 축하해야 한다.
1.
2.
3.

③ 걸어서 상점에 갈 것이다.
④ 나 스스로 청소기를 사용해서 청소를 할 것이다.
⑤ 골프를 칠 것이다.
⑥ 관절염으로 인한 고통과 근육이 결리는 현상을 줄일 것이다.

3) 성취에 대한 축하

삶의 변화를 위해서는 노력해야 한다. 그리고 지속적인 동기 유발은 자기 스스로의 성취에 대해 적절한 보상 또는 축하를 해주는 것이 중요하다. 이것이 목표 설정과 성공을 가시화시키는 중요한 요인이 된다. 이는 장·단기적 목표를 수행할 때 보상을 확실히 해주는 것을 뜻한다. 예를 들면, 다음과 같은 구체적인 목표를 정하는 것이 중요하다.

① 새로운 신발이나 옷을 산다.
② 친한 친구와 영화를 보거나 하이킹을 간다.
③ 주말에는 나들이를 간다.
④ 스스로를 새로운 운동 기구처럼 대우한다.
⑤ 유명한 레스토랑에서 식사를 한다.
⑥ 영화, 연극, 공연 등의 티켓을 예매한다.
⑦ 마사지, 매니큐어, 페디큐어 등을 한다.
⑧ 춤, 요가, 공예 등과 같은 수업에 등록한다.

4) 목표 설정 계획표

정말로 중요하다고 생각되는 문제에 대한 성취는 목표 설정에 따라 그 성패가 갈린다. 목표를 스스로 작성하고 어디서부터 어떻게 할 것인지에 대하여 지속적으로 고쳐나가는 것도 중요하다.

5) 목표의 구체화

자기 스스로를 믿는 것—목표 성취와 한계를 극복하는 신념—이 성공의 열쇠이다. 자신을 믿는 가장 강력한 방법 중 하나는 목표의 구체화(visualization)이다. 목적 달성과 목표를 향해 노력하는 자신의 변화된 모습을 상상하는 것도 손쉬운 방법이다. 주어진 활동에서 단계별로 성취를 이루어내는 세밀한 과정까지 구체화시키는 것이 중요하다.

운동의 경우 근육 사용에 대한 구체화된 방법들과 이를 조화롭게 형성하는 것이 중요하다. 스트레스를 받는 상황에서 오는 근심을 피하는 것에서부터 경쟁 속에서 임무를 완수하는 것까지 목표의 구체화는 인생의 많은 부분에서 유용하게 사용된다.

근력운동에서도 구체화는 매우 유용한 방법임을 알 수 있다.
① 목표의 설정은 구체화되어야 한다(예: 골프장 걷기 등).
② 앉거나 쉴 수 있는 편안한 장소를 찾아야 한다.
③ 방해가 되는 모든 것들은 사전에 제거해야 한다(예: TV 또는 휴대폰 끄기).
④ 눈을 감고 편안한 느낌을 가진다. 생각을 방해하는 마음에서 자유로워진다.
⑤ 지금 골프 코스에 있다고 상상한다. 보고, 듣고, 냄새를 맡으며 그 장소를 마음속으로 그려본다. 따뜻하고, 햇살이 비치고, 시원한 바람이 불어오는 완벽한 날을 상상한다.
⑥ 목표를 달성했을 때의 즐거움과 기쁨을 느낀다.
⑦ 각각의 홀을 돌면서 동료들과 골프 치는 모습, 재미있었던 경기, 신선한 공기, 경관, 햇살 등 모든 즐거운 일들을 상상한다.
⑧ 마지막으로, 즐거운 기분으로 코스를 마무리하는 상상을 한다.

6) 반복하기

"나는 1960년부터 규칙적인 운동을 시작하였다. 나의 친한 친구가 가까운 곳에 위치한 체육관에서 근무하는 개인 트레이너를 소개해주었고, 개인 트레이너가 어떻게 근력 훈련을 하는지 지도해주었다. 내 나이는 현재 83세이다. 아직까지 내 몸은 건강하다. 매일 아침 일어나면 10~15분간 운동을 한다. 스트레칭 운동 후 근력 훈련을 한다. 저녁이 되면, 오전과 같은 방법으로 15분간 운동을 한다. 나는 보통 한 달에 네 번 정도 공연을 하는 전문 드럼 연주자이다. 운동은 나의 근육을 강하게 유지시키며, 드럼 연주를 지속적으로 할 수 있게 해준다." 이처럼 운동은 지속적이며 반복적으로 실시되어야 한다.

7) 신체활동에 대한 계획 적기

어떤 사람들은 운동과 신체활동에 대한 계획을 서면으로 작성하면 지속적인 활동에 도움이 됨을 알고 있다. 계획을 서면으로 작성하는 것은 신체활동을 계획하고 실천하는 방법 중에서 가장 효과적이다. 운동을 실행하면서 친구 또는 가족 구성원들이 함께 참여한다면 지속적으로 운동하는 데 도움이 된다. 목표는 구체적이고 현실에 기반을 두고 세워야 한다.

각각의 운동 또는 활동은 아래와 같은 부분이 포함되어야 한다.
- 무슨 활동을 할 것인가?
- 왜 활동하고 싶은가?
- 언제 활동할 것인가?
- 어디서 활동할 것인가?

8) 의사와 운동 또는 신체활동에 대해 이야기하기

대부분의 노인들 중 적당한 활동 또는 안내를 받아 처방된 운동을 하는 이들에게는 건강상 큰 문제가 발생하지 않는다. 사실, 거의 대부분의 노인들은 안전하게 운동하는 방법을 알고 있으며 건강상 도움이 되는 운동을 선택해서 실천하고 있다. 하지만 신체활동량을 빠르게 증가시킬 수 있는 운동이나 격렬한 신체활동을 시작하기를 원하거나 활기가 넘치는 운동에 익숙하지 않다면 의사와 상담을 하는 것도 중요하다. 또한, 건강상 문제가 있다면 반드시 의사와 상의해야 한다.

상담의 의미는 운동이 위험하다는 뜻이 아니다. 의사들이 운동을 권하지 않는 경우도 드물다. 그러나 의사들은 최근 둔부/요통 수술을 한 사람들, 통제 불가능한 건강상의 문제들, 심장질환 또는 당뇨, 관절염 등을 가진 사람들에게 보다 안전하게 운동할 수 있는 방법을 제시할 수 있다.

꾸준한 건강관리를 위해 의사와 신체활동에 대해 이야기하는 것도 중요하다. 건강 상태가 양호하다면 최소한 1년에 한 번 정도는 운동에 대한 이야기를 해야 한다. 건강 상태가 나빠지거나 호전될 때에는 더 자주 이야기를 해서 운동 프로그램을 조절할 필요가 있다. 주치의는 위험을 줄일 수 있는 최적의 운동을 소개해줄 수 있다. 다음은 의사와 상의해야 할 몇 가지 질문들을 나열하였다.

① 운동 또는 신체활동을 피해야 하는지에 대한 여부를 묻는다. 질병 또는 수술은 운동방법에 영향을 미친다. 예를 들어, 요부 또는 척추 수술을 한 경우, 운동을 피하거나 조절할 필요가 있다. 또한, 다리에 혈전이 발생하면 활동을 제한해야 할 것이다. 주치의가 회복을 위해 점진적으로 신체활동을 늘리는 방법에 대해 이야기해줄 것이다.

② 가슴 통증이나 혈압, 관절의 통증, 어지럼증, 숨 가쁨 현상 등 설명하기 힘든 증상이 있으면 의사와 상의해야 한다. 이러한 문제들이 진단되거나 치료되기 전까지 운동을 연기해야 할 것이다.

③ 예방 치료는 최근 검사 결과를 가지고 사용해야 한다. 예를 들어, 65세 이상 여성은 골다공증 검사를 규칙적으로 해야 한다. 체중 부하 운동(걷기, 역도)은 골다공증을 가진 사람들에게 도움이 된다.

④ 당뇨나 관절염 등 만성질환자들은 운동이 신체활동이 미치는 영향에 대해 알고 있어야 한다. 예를 들어, 관절염이 있는 사람은 운동을 할 때 관절이 붓거나 염증이 발생할 경우 활동을 제한해야 한다. 당뇨가 있는 사람은 운동 시작 전 음식 섭취량이나 약물 사용 등을 계획하여 실천해야 한다.

⑤ 만약에 의학적 상황을 제어할 수 없는 경우에는 의사와 상의해야 한다. 왜냐하면 혈압 또는 당뇨가 제어가 안 될 경우 어떻게 안전하게 운동을 할 수 있는지가 중요하기 때문이다.

3장 노인 운동 프로그램의 설계와 요소

 학습목표

- 노인 신체활동 권고지침에 대해 알아본다.
- 노인 신체활동 프로그램의 개요 및 구성에 대해 학습한다.
- 노인의 신체활동 특성과 건강과의 관련성에 대해 알아본다.
- 노인 운동 실시에 따른 주의사항에 대해 알아본다.

노인들에게 있어 규칙적인 신체활동은 심혈관질환 위험을 감소시키며, 연령에 상관없이 신체활동을 시작하는 것은 건강 증진에 효과적이라고 알려져 있다. 또한 이러한 규칙적인 신체활동은 혈압, 콜레스테롤 또는 혈당 조절에 있어서 긍정적인 영향을 미치며 사망률 또한 감소시킨다고 알려져 왔다. 그러나 아직까지도 노인들의 신체활동 지침 및 프로그램 개요, 구성에 대해서는 인식이 부족한 상태이다. 이 장에서는 노인 신체활동 및 운동 프로그램의 설계, 운동 프로그램의 요소에 대해 알아볼 것이다.

1. 노인 신체활동 권고 지침

규칙적인 신체활동으로 보내는 시간은 연령이 증가할수록 감소되며, 이러한 감소는 65세 이후에는 좌업생활의 증가와 더불어 급격하게 감소하는 경향으로 바뀌게 된다. 골격근에 의한 몸의 움직임, 즉 신체활동은 셀 수 없을 정도의 많은 건강상의 이점을 얻을 수 있음에도 불구하고 미국인의 경우 75세 이상 노인 중 3분의 1 이상이 신체활동에 참여하고 있지 않으며, 우리나라의 경우는 2012년 국민체력실태조사에 따르면 70세 이상 노인들의 50% 이상이 규칙적인 신체활동에 참여하지 않는다고 보고하였다.

규칙적인 신체활동은 낙상에 취약한 사람들에게 안전할 뿐만 아니라 낙상률을 약 30%까지 감소시키며, 노인들이 주요 관심사 중 하나인 기억, 인지 및 실행 기능을 유지하는 데도 유용하다.

규칙적인 신체활동은 치매 이환율이 감소된다고 보고하였다.

이 장에서는 우선 노인들을 위한 규칙적인 신체활동의 지침에는 어떠한 것들이 있는지 주요 기관들의 가이드라인을 살펴보고자 한다.

가. 미국 스포츠의학회(American College of Sport Medicine: ACSM)

2007년 미국 스포츠의학회(American College of Sport Medicine: ACSM)과 미국 심장협회(American Heart Association: AHA)에서 발표한 고령자를 위한 신체활동 지침서에 의하면 하루 30분, 주 5회, 총 150분 중강도[≥ 3 metabolic equivalents(METs)] 유산소적 활동과 근력 운동을 실시하는 것은 만성질환과 심혈관 질환 및 근골격계 질환의 위험률을 감소시키는 것으로 보고하고 있다.

중강도 신체활동은 공중보건학(public health)적으로 세계적으로 가장 널리 이용되고 있는 운동단위이며, 규칙적인 신체활동은 생리학적 노화 기능 및 산화 스트레스, 면역기능을 개선시키는 것으로 보고 있으며, 염증인재[예: tumor necrosis factor(TNF)-α, interleukin(IL)-1β]는 저하시키고 항산화(예: IL-10) 기능은 상승시켜 고령자의 노화 관련 질환과 밀접한 관계를 가지는 것으로 알려져 있다.

1) 기초체력 증진을 위한 유산소 운동의 권고

운동 그룹을 4분위 하여 노인, 규칙적 운동을 위한 노인 혹은 평균 이상의 기초체력을 위한 활동군, 숙련된 활동 혹은 평균 이상의 기초체력을 위한 활동군, 규칙적 운동을 위한 노인 혹은 평균이상의 기초체력을 위한 활동군의 각 권장대상에 맞는 유산소성 운동 분류별 제안을 하였다. 모든 노인군은 지구성 유산소 활동을 분비하는 최소한의 스킬을 요구하는 혹은 기초체력단련을 하는 워킹, 레저 자전거 타기, 수중활동, 느린 템포의 댄스 등 다소 낮은 강도의 일반적으로 하기 쉬운 동작과 강도의 운동을, 2그룹에서는 고강도의 활동을 하기 위해 필요한 최소한의 활동인 조깅, 달리기, 조정운동, 에어로빅, 스텝운동, 따른 템포의 댄스 등을 권장하였다. 3그룹에서는 중·고강도의 지구성활동 예를 들어 수영, 스케이트, 장거리달리기 등을, 4그룹은 레크리에이션 스포츠, 라켓 스포츠, 축구, 농구, 하이킹 등을 노인들의 체력 증진을 위한 유산소 운동으로 권고하였다.

운동 그룹	운동 분류	권장 대상	예
1	지구성 유산소 활동을 위한 최소한의 권장활동, 혹은 기초체력 단련	모든 노인	워킹, 레저 자전거 타기, 수중활동, 느린 템포의 댄스
2	고강도의 활동을 하기 위해 필요한 최소한의 활동	규칙적인 운동을 위한 노인 혹은 평균 이상의 기초체력을 위한 활동	조깅, 달리기, 조정운동, 에어로빅, 스텝운동, 빠른 템포의 댄스
3	중·고강도의 지구성 활동	숙련된 활동 혹은 평균 이상의 기초체력을 위한 활동	수영, 스케이트, 장거리 달리기
4	레크리에이션 스포츠	규칙적 운동을 위한 노인 혹은 평균 이상의 기초체력을 위한 활동	라켓 스포츠, 농구, 축구, 하이킹

출처: ACSM's Exercise for Older Adults, 2013

2) 운동수준에 따른 FITT Framework

노인의 신체활동량에 따른 빈도, 강도, 시간에 관한 권고를 ACSM에서 제시하였는데, 운동 빈도는 3~5회 공통적으로 적용하였으나, 신체활동이 많은 사람과 적은 사람에 따라 운동 강도 및 빈도 등에 차이를 두어 적용할 것을 제안하였다. 또한 운동 수행 시의 필요 보수에 대해서도 기준량을 제시하였다.

일상신체활동 수준	빈도 운동(일/주)	강도 RPE(10포인트)	시간 분/일	보수 활동(운동세션) 중의 최소 보수
좌업생활/일상신체활동 운동습관이 거의 없음	3~5	저-중강도 (RPE 3~6)	20~30	3,000~3,500
생활에 필요한 최소한의 신체활동 수준	3~5	저-중강도 (RPE 3~6)	30~60	3,000~4,000
간헐적 신체활동 수행	3~5	중-고강도 (RPE 6~8)	30~90	>3,000~4,000
일상신체활동 습관/규칙적 중·고강도 운동수행	3~5	중-고강도 (RPE 6~8)	30~90	>3,000~4,000
높은 빈도의 신체활동 습관/규칙적 고강도 운동수행	3~5	고강도	30~90	>3,000~4,000

출처: ACSM's Exercise for Older Adults, 2013

나. 신체활동 가이드라인 자문위원회(Physical Activity Guidelines Advisory Committe: PAGAC)

미국 신체활동 가이드라인 자문위원회에서는 노인 인구집단을 위한 권고사항들을 보고하였다.

① 연령 증가에 따라 발생하는 체력 및 운동수행능력의 감소를 고려하여 노인들의 건강을 유지하고 낙상 및 기능성 손실 위험을 감소시키는 데 중점을 둔다.
② 노인들은 자신의 체력수준 또는 많은 시간 동안 신체활동 수행능력을 변화시키는 문제를 가지고 있기 때문에 노인을 위한 가이드라인에서는 대상자에게 적당한 강도 조절을 고려하여 실시하여야 한다.
③ 일주일 동안에 걸쳐 축적될 수 있는 전반적 활동량이 중요하며, 평형성과 근육강화 훈련을 실시하는 것 또한 노인에게 중요한 운동법이다.
④ 신체활동은 주당 3회 30분간 수행되어야 하며, 최소 주당 2회 걷기 운동을 권장한다.

다. 국립노화연구소(National Institute on Aging: NIA)

국립노화연구소는 「운동과 신체활동: 국립노화연구소 제공 당신의 일상생활 안내」라는 책자를 통하여 일주일의 대부분의 날 또는 매일 최소한 30분간 지구성 운동을 점진적으로 증가시킬 것을 권고하였으며, Borg scale(운동자각도)의 13 수준으로 운동할 것을 권장하였다. 준비운동과 마무리운동은 스트레칭과 함께 실시하라고 보고하였으며, 마지막으로 근육감소증 혹은 그로 인한 신체적 허약을 예방하기 위해 주 2회 근력 강화 트레이닝을 권고하고 있다.

라. 세계보건기구(World Health Organization: WHO)

세계보건기구의 노인을 위한 신체활동 프로그램 목적은 기동성을 유지하고 심혈관질환을 감소시키며, 골다공증으로 인한 골절과 낙상을 예방하고, 제2형 당뇨병의 치료, 우울 및 불안을 감소시키는 것이다. 세계보건기구의 식이, 신체활동과 건강에 관한 세계 전략에서 노인을 위해 신체활동량은 '2007 ACSM & AHA 지침'에 의해 제안된 내용을 동일하게 반영하고 주3일 20분의 고강도 신체활동을 하거나, 운동량이 이에 상응하는 중강도 및 고강도 신체활동을 해야 한다. 또한 노인을 위한 근력강화운동 및 유연성 운동 또한 권장하고 있다.

2. 노인 신체활동 프로그램의 개요 및 구성

가. 미국 스포츠의학회(American College of Sport Medicine: ACSM)

1) 발행연도: 2010년

2) 목적: 연령 증가에 따른 기능저하를 근력/체력의 향상으로 완화시키고, 신체적으로 독립된 생활을 할 수 있도록 개인의 신체기능을 향상시키기 위함

3) 출처: ACSM's Guidelines for Exercise Testing and Prescription, 8th Edition

구성요소	빈도	강도	시간	유형
유산소 운동	최소한 고강도로 주 3일 또는 중강도로 주 5일	RPE 10점 도구 상·중강도: 5~6 고강도: 7~8	최소 30~60분. 10분씩 간헐적 가능	골격계에 낮은 스트레스를 주는 활동
저항운동	최소 주 2회	RPE 10점 도구 상·중강도: 5~6 고강도: 7~8	8~10개 운동 각 10~15회 반복	주 근육을 사용하는 운동으로 계단 오르기 등
스트레칭 운동	최소 주 2회	중강도: 5~6	-	각 주 근육군의 지속적인 정적 스트레칭

4) 고려사항

① 중강도 활동의 경우, 1주에 총 150~300분이어야 하고, 고강도일 경우 주당 총 75~150분의 수준으로 유지하는 것이 효과적이다.

② 만성적 건강문제를 가진 노인들의 경우 최소한의 활동량을 초과하는 것만으로도 심신기능의 증진에 효과를 얻을 수 있다.
③ 낙상의 위험성이 있는 노인들은 평형성 운동 수행을 필요로 한다.

나. 신체활동 가이드라인 자문위원회(Physical Activity Guidelines Advisory Committee: PAGAC)

1) 발행연도: 2008년

2) 목적: 낙상 발생률 감소

3) 출처: www.health.gov/paguidelines

구성요소	시간	빈도
중강도 걷기 활동	각 30분/세션	주 2~3회
근력강화운동	각 30분/세션	주 3회
평형성 운동	근력강화 프로그램의 일부분으로 시행	주 3회

다. 국립노화연구소(National Institute on Aging: NIA)

1) 발행연도: 2009년

2) 목적: 노인들의 건강 및 독립성 개선

3) 출처: www.nia.hih.gov/Healthinformation/Publication/ExerciseGuide

구성요소	빈도	강도	시간	유형
유산소 운동	5~7회	운동자각도 13	30분까지 점진적으로 증가	걷기, 수영, 조깅
저항운동	최소 2회 연속적으로 금지	운동자각도 15~17	한 운동당 2세트 8~15회 반복	근육군을 대상으로 저항성 밴드, 웨이트 기구를 사용한 운동
스트레칭 운동	최소 3회 근력 및 지구력 운동 후	최소 저강도~ 불편함을 느낄 정도	10~30초간	슬건, 종아리근, 발목, 삼두박근, 손목
평형성 운동	-	탁자 또는 의자를 잡고 시작	-	족저굴곡, 고관절 굴곡 및 슬관절 신전

4) 고려사항

① 더운 환경에서 운동을 할 경우 탈수되지 않도록 수분을 충분히 공급

② 저체온 또는 지나치게 열에 노출되지 않도록 옷 입기

마. 세계보건기구(World Health Organization: WHO)

1) 발행연도: 2008년

2) 목적: 건강증진 및 유지

3) 출처: www.who.int/dietphysicalactivity/factsheet_recommendations/en/index.html

구성요소	빈도	강도	시간	유형
유산소 운동	중강도: 주/5회 고강도: 주/3회	중강도 신체활동 30분 또는 고강도 20분	30분까지 점진적으로 증가	
저항운동	중강도: 주/5회 고강도: 주/3회	주 2회 근력강화 훈련	한 운동당 2세트 8~12회 반복	
스트레칭 운동	중강도: 주/5회 고강도: 주/3회	최소 3회 근력 및 지구력 운동 후	10~30초간	
평형성 운동	낙상 위험이 있는 노인	-	-	

4) 고려사항

이 가이드라인은 노인에게 적절한 신체활동 유형 및 강도에 대한 고려가 있어야 한다는 것이 주목된다.

바. 질환 상태에 따른 신체활동 프로그램

1) 암

① 발행연도: 2009년

② 목적: 암 치료 중인 환자의 근력과 지구력, 기능수준의 유지와 암에서 회복된 사람의 이전 수준까지의 신체적·심리적인 기능 회복에 잠정적 도움을 주기 위함

③ 출처: 만성질환과 장애를 가진 사람을 위한 ACSM 운동관리, 제3판

구성요소	빈도	강도	시간	유형
유산소 운동	최소 격일제	중강도 정도로 하되 증상에 따라 활동 제한	15~40분/회	걷기, 자전거, 수중에어로빅
저항운동	2~3일/주	1RM의 50% 강도로 3~5회, 10~12회 증가시켜 2~3세트	20~30분	자유부하 운동, 기계, 밴드, 서킷운동

구성요소	빈도	강도	시간	유형
스트레칭 운동	5~7일/주	불편하지 않은 지점 이하로 스트레칭 유지	20~60초 유지	스트레칭
평형성 운동	매일	–	–	일상활동, 보행 및 균형 훈련

④ 고려사항
- 시작의 강도가 낮은 사람은 점진적 운동이 필요하다.
- 치료나 의학적인 상황 변화에 따른 빈도 조절이 필요할 수 있다.

2) 심장질환

① 발행연도: 2010년

② 목적: 안전하고 효과적인 운동과 신체활동 프로그램을 시행하기 위해

③ 출처: ACSM's Guidelines for Exercise Testing and Prescription, 8판

구성요소	빈도	강도	시간	유형
유산소 운동	4~7일/주	HRR 40~80%, RPE 11~16	총 20~60분	대근육 그룹을 통한 율동적 운동
저항운동	2~3일/주	1RM 60~80% (상지 30~40%/ 하지 50~60%)	8~10가지 운동, 세트당 8~12회 반복 2~4세트	각각의 대근육 사용을 시작으로 소근육 점진적 증가

④ 고려사항

신체활동과 관련이 있는 건강문제 발생에 대한 위험을 감소시키고자 할 경우 최소한으로 권고된 활동량을 초과하는 수준으로 실시한다.

3) 골다공증

① 발행연도: 2010년

② 목적: 골밀도를 유지 혹은 증진시키고, 질병 진행을 예방하기 위해

③ 출처: ACSM's Guidelines for Exercise Testing and Prescription, 8판

구성요소	빈도	강도	시간	유형
위험 요인을 보유한 대상				
유산소 운동	3~5일/주	–	유산소 운동과 저항 운동 각 30~60분	체중부하운동
저항운동	2~3일/주	1RM의 60~80% (8~12 반복) 80~90%(5~6 반복)	유산소 운동과 저항 운동 각 30~60분	웨이트트레이닝

구성요소	빈도	강도	시간	유형
골다공증을 가지고 있는 대상				
유산소 운동	3~5회/주	중강도 (40~60% 예비심박수)	유산소 운동과 저항 운동 각 30~60분	체중부하운동
저항운동	2~3회/주	1RM의 60~80% 8~12회 반복	유산소 운동과 저항 운동 각 30~60분	웨이트트레이닝

④ 고려사항

- 운동은 관절이나 신체에 통증을 유발하거나, 보유한 통증을 악화시키지 않아야 한다.
- 척추에 급하거나 강한 충격 부하, 뒤틀림, 구부림 등 압박이 가해지는 것을 피해야 한다.

4) 당뇨병

① 발행연도: 2010년

② 목적: 혈당 조절과 인슐린 민감성 향상

③ 출처: ACSM's Guidelines for Exercise Testing and Prescription, 8판

구성요소	빈도	강도	시간	유형
유산소 운동	3~7일/주	RPE 10~16 HRR 50~80%	최소 10분부터 점차적으로 늘림 (20~60분)	체중에 부하를 주지 않는 신체활동
저항운동	최소 2일/주	10~15회 피로감이 있을 때까지, 1RM의 60~80% 8~12회 반복	8~10회 반복 2~3세트	대근육 운동

④ 고려사항

- 제2형 당뇨병 환자의 경우 최소 1,000kcal/주 소비할 수 있는 신체활동을 하도록 권고한다.
- 운동 참여 전 모니터링과 관리를 필요로 한다.
- 목표가 체중 감소의 경우보다 높은 칼로리(2,000kcal 이하)를 소모할 수 있도록 조정한다.
- 운동 전·후에는 혈당 관찰을 하는 것으로 권장한다.

5) 뇌졸중

① 발행연도: 2004년

② 목적: 뇌졸중 이후 재활의 개선을 위해

③ 출처: Circulation 109(16): 2031~2041

구성요소	빈도	강도	시간	유형
유산소 운동	3~7일/주	40~80% 최대 여유 심박수	회당 20~60분	대근육 운동
저항운동	2~3일/주	-	10~15회 반복 1~3세트	웨이트트레이닝
유연성 운동	2~3회/주	-	각 동작당 10~30초 정지	스트레칭
신경근 운동	2~3회/주	-	-	협응력과 균형 운동

④ 고려사항
- 간헐적 훈련 프로토콜 필요함
- 운동 참여 방해가 되는 우울증과 운동 시의 피로도를 수시로 관찰

3. 건강한 노인을 위한 신체활동 방안

일반적으로 노인의 신체활동은 건강증진, 생활의 활력과 만족감 증대, 정신적·신체적 자신감 증진, 사회적 활동을 증대시킨다. 또한 그러한 활동으로 동료를 만들 수 있는 기회 증진 등의 측면에서 여러 가지 순기능을 가지고 있다. 신체활동은 다른 연령대와 달리 신체·심리·사회적으로 기능 저하를 가지고 있는 노인들에게 더 많은 효과를 줄 수 있음을 시사한다. 노인에게 일상적인 신체활동은 앞서 기술한 것과 같이 심혈관 질환 및 근골격계 질환과 암 등 각종 만성 건강상태의 위험요인의 감소와 관련이 있다.

여기에서는 노인의 건강증진을 위한 신체활동의 의의를 이해하기 위하여 노인에게 가장 일반적인 활동단위인 걸음수와 중강도 운동 강도를 이용하여 대상의 신체활동 특성에 관하여 설명한다.

가. 노인의 일상 신체활동의 특성

일상 신체활동의 특징을 논함에 있어서 어떠한 작업률의 활동도와 그 상대적인 강도는 연령수준에 따라 결정된다고 인식하는 것이 중요하다. 따라서 노인의 경우 전형적인 일상에서 수행하는 신체활동의 강도는 저강도(< 3 METs), 중강도(3~6 METs) 그리고 고강도(> 6 METs)의 3단계로 크게 나눌 수 있다(그러나 일반적으로 보통의 생활수준을 유지하는 노인의 경우 고강도의 활동은 거의 나타나지 않는다. 또한 아래 그림에서 나타난 것처럼 심신기능이 허약한 노인의 경우 무리한 강도의 활동은 상해의 위험이 높아질 수 있다).

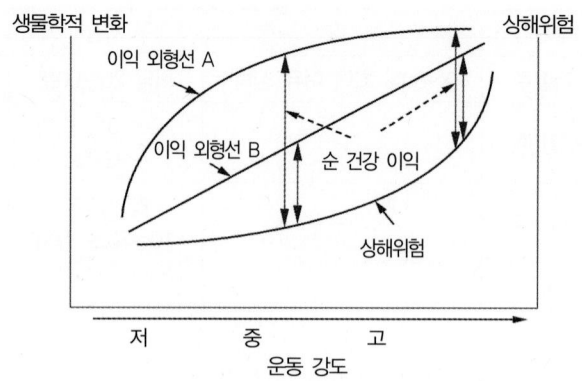

그림 3-4. 운동 강도에 따른 생리학적 변화와 상해의 위험

일반적으로 중강도의 운동은 개인의 산소섭취 예비 능력의 50%(최대산소섭취량의 50~60%)에 해당한다. 그 기준으로 보행을 예로 들면, 노인의 경우 성별 혹은 개인차는 청년 혹은 중년에 비하여 그다지 크게 나타나지 않으며, 자신의 최대 보행 속도의 60% 전후 또는 보통 보행 속도의 110~115%로 걸을 수 있는 것이 중강도의 적절한 운동에 해당된다.

이러한 두 종류의 보행 속도(최대 혹은 보통)는 5m 혹은 10m(1.5m의 가속·감속구간을 포함하여 8m 혹은 13m)를 가능한 한 빨리 혹은 평소 편안한 속도로 이동하는 데 걸린 시간으로 계산하여 산출할 수 있다.

또한 적절한 운동 강도의 보행 임계값에 해당하는 보수는 남녀 모두 1분에 대략 100보 정도를 걷는 것에 해당한다.

나. 일상 신체활동의 양과 질

하루에 평균 약 2,000보의 보행습관을 나타낼 경우 중강도의 활동은 거의 나타나지 않는다. 2,000보를 초과하면 약 1,000보 늘어날 때마다 중강도 활동 시간이 6,000보까지 약 2.5분씩, 6,000보부터 12,000보까지의 경우 1,000보 늘어날 때마다 약 5분씩 12,000보부터 18,000보까지는 약 7.5분씩 그리고 18,000보 이상은 약 10분씩 중강도의 활동시간이 늘어난다.

즉 하루에 4,000보 미만의 신체활동 수준을 가지는 사람은 중강도 시간도 5분 미만으로 적으나, 10,000보 이상 걷는 사람은 중강도 활동 시간이 30분 이상의 습관을 가지는 경향이 있다.

일반적으로 일상 신체활동은 연령이 증가하면서 점차 감소하는 것으로 알려져 있다. 그러한 경향은 은퇴 이후에도 지속적으로 감소하며, 나이와 활동량 사이에는 반비례관계가 나타난다.

이처럼 신체활동 패턴이 노화에 따라 변화하는 정도는 개인의 생활환경 혹은 집에서 보내는 시간, 좌업생활 등의 생활패턴과 수면장애, 질병 혹은 퇴직, 배우자의 사망 같은 라이프 이벤트 등 다양한 원인에 따라 결정된다.

다. 노인의 일상 신체활동과 건강

노인의 신체적 및 심리사회적 건강에 관한 변수의 대부분은 일상 신체활동의 양과 질 모두와 관계가 있다.

남성의 건강을 위한 신체활동 권장량은 중강도의 활동 시간과 더 밀접한 관련이 있는 반면 여성의 신체활동 특성은 대부분 의식적인 중강도의 활동을 포함하는 보행이라기보다는 오히려 가사, 장보기 등 저강도의 일상 동작을 많이 반영하고 있어 운동습관이 없는 노인여성의 대부분은 낮은 강도의 가사에 장시간의 활동을 소비하는 것을 알 수 있다.

따라서 노인에게 있어 비록 저강도의 신체활동밖에 나타나지 않더라도 정기적으로 신체활동을 할 수 있도록 중재하는 것은 추후 운동습관 유지를 위하여 중요한 전략이다.

노인에서 우울·불안 등의 심적 상태와 QOL(삶의 질) 저하의 예방 등 정신 및 심리사회적 건강을 유지하려면 다음과 같은 일상 신체활동의 최소 기준을 만족하는 것이 필요하다.

남녀 모두 하루에 4,000~5,000보 또는 중강도 활동시간 5~7.5분 이상의 활동수준을 유지하는 것이 필요하다.

특히 우울증 증상이 있는 사람의 경우 활발한 옥외 활동 혹은 외출습관을 가지지 않으며, 4,000보에도 미치는 못하는 활동 양과 대부분의 경우 매우 낮은 강도의 부수적·우발적인 신체활동 패턴을 가진다. 물론 보행과 운동 강도, 외출 빈도의 관계에 대해서는 아직 정확한 데이터가 나와 있지는 않지만, 적어도 노인에게 빈번한 야외 활동은 일반적으로 중강도의 활동을 축적하는 데 필요한 중요한 요소이며, 이러한 활동이 정신건강과 관련이 있는 것으로 보고되고 있다.

골다공증, 근육감소증, 체력(주로 다리 근력 및 보행 속도)의 저하 예방 등 심혈관계 및 근골격계의 기능을 반영하여 신체적 건강을 유지하려면 남녀 모두 1일 7,000~8,000보 이상 및/또는 1일 중강도 활동 시간 15~20분 이상이 필요하다. 이는 정신적·심리적 건강을 유지하기 위한 일상 신체활동 수준보다 훨씬 높은 수준을 필요로 한다.

바꾸어 말하면, 노인에게 근골격계 및 체력 등의 건강 상태와 관련된 신체활동 역치 수준은 1일 7,000~8,000보 이상 및/또는 1일 중강도 활동 시간 15~20분 이상이다. 즉, 하루에 적어도 총 15~20분의 적당한(시속 약 5㎞ 상당) 중강도의 신체활동이 필요하다.

위에서 논한 것처럼 운동처방의 기본 개념에는 대상의 신체기능을 파악하여 운동 강도와 빈도를 설정하는 것이 중요하다. 기능저하 가능성이 높으며, 운동습관이 없는 노인의 경우 우선은 좌업생활을 줄이고, 외출이나 사회활동을 통하여 일상 신체활동을 늘려나가 심신의 기능을 증진시키며, 운동에 대한 관심이 높아지는 것을 고려하여 점진적으로 운동습관을 유지시켜나가는 대상 특성을 고려한 프로그램의 구성이 운동의 습관화를 위해서는 필요하다(그림 3-5).

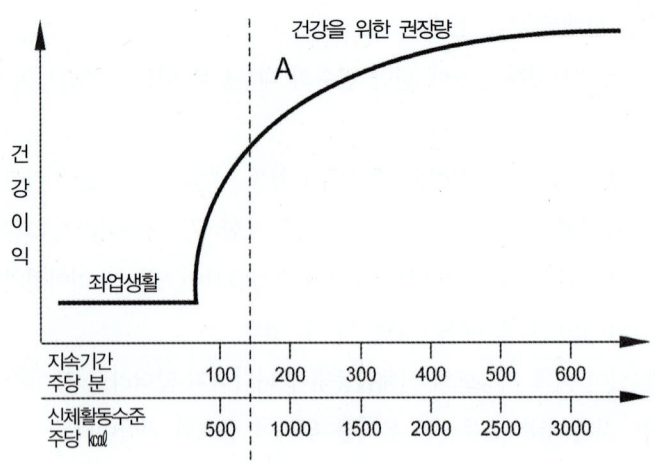

그림 3-5. 좌업생활 및 신체활동의 용량-반응과 건강증진

라. 노인의 일상 신체활동에 영향을 미치는 제 요인

적당한 수준의 신체활동을 지속적으로 실시하는 것은 노인에게 있어 활력 있는 수명을 연장시키는 데 필요하다. 따라서 인간의 신체활동 증감에 영향을 미치는 인자에 대해 충분히 파악하고 적절히 대처하는 것이 중요하다.

낙상 등의 두려움이 증가하는 경험 또는 배우자 사망 등의 상심을 초래할 수 있는 라이프 이벤트를 계기로 신체활동은 일시적으로 감소하는 경향이 있다. 반면 가족과 친구들의 격려와 권유, 스포츠 시설 및 지도자와의 교류 등 동기 부여가 될 수 있는 사회적 지원에 의해 신체활동이 증가할 수 있다.

한편, 일상 신체활동의 변화는 기분이나 심적 상태와 같은 일반적인 내적 요인뿐만 아니라 외부 영향, 특히 강수량, 일조량 그리고 기온의 범위도 관련이 있다.

일반적으로 심혈관계 질환의 발생률과 그로 인한 사망률이 정점인 겨울은 일상 신체활동의 양과 질 모두 낮게 나타난다. 여기에는 추위 등에서 오는 신체적 불편함이나 노면 동결에 의한 낙상 공포 등 여러 가지 환경적 요인 또한 작용한다. 여름에는 일상 보행은 대략 연평균 저강도의 신체활동이 증가하는 경향이 있었지만, 이것은 중강도의 활동이 감소함으로써 나타나는 특성으로 생각할 수 있다.

이러한 계절의 변화는 신체활동에 따른 체온 조절의 표현이며, 체내에서의 대사에 의한 열 생산을 억제하고 열평형(열 생산과 방출의 균형)을 유지하기 위해 중강도의 운동이 선택적으로 감소한 것으로 생각된다.

또한 평균 기온이 상승하는 과정에서 5월 또는 6월에는 저강도의 신체활동이 높게 나타나며, 반대로 기온이 떨어지는 11월에는 중강도의 활동이 가장 높게 나타나는 것이 일반적이다.

따라서 나이와 성별은 물론 계절이나 지역에 따라서도 신체활동 권고 지침(기준이나 목표, 처방 등)을 수정하고, 1년 단위 또는 생애에 걸쳐 적절한 신체활동 수준을 유지하는 것이 중요하다.

4. 노인 운동 실시에 따른 주의사항

우리나라 노인의 경우 아직까지는 운동을 하더라도 체육시설을 이용하기보다는 집 주변의 공원이나 산책로 등지에서 하는 경우가 많고, 운동경비의 지출 없이 집 주변의 공원이나 산책로를 이용하는 수준의 노인의 체육활동은 참여 종목에서도 매우 제한되어 있으며, 운동 참여의 흥미나 운동효과를 크게 기대하기 어려운 한계가 있는 실정이다.

우리나라의 경우 노인의 스포츠 참여 종목 가운데 참여율이 5%를 상회하는 운동, 즉 등산, 맨손체조, 조깅(산책 포함) 등에만 제한적으로 참여하는 데 비해 호주 노인은 조깅(산책 포함) 이외에 에어로빅, 골프, 론볼(lawn bowls/잔디볼링), 수영 등 시설을 이용하거나 조직화된 형태의 종목에 참여하는 경향이 이를 뒷받침하고 있다. 따라서 앞으로 노인의 신체활동 습관화를 통한 효과적 건강증진을 위해서는 스포츠 시설에서의 사회 활동적이면서 조직화된 프로그램 개발을 통한 적극적 참여와 대상 간의 교류 및 상해 예방이 무엇보다 중요하다.

최근 점차적으로 스포츠에 관심을 가지는 노인들이 많아지고 있다. 이는 건강 증진의 효과적인 방법이지만, 한편으로 스포츠가 원인이 되는 부상 또는 질병도 많이 볼 수 있다. 여기에서는 노인 운동 지도 시 유의사항에 대하여 설명하고자 한다.

가. 일반적 권고사항

노인의 경우 대상에 따라 차이가 있으나, 중·장년에 비하여 신체활동 능력이 떨어지는 것으로 알려져 있다. 특히 일상생활이 가능한 노인 중에서도 운동을 시작하기 전에 당뇨병, 심혈관 질환, 심각한 자율신경병이나 말초신경병증, 증식성 망막증으로 인해 운동의 금기사항이 있는지 확인하는 것이 중요하다.

일반적으로 운동을 실시할 때 아래 사항에 유의한다.

① 운동은 천천히 시작하고 여유 있게 진행
② 준비운동, 정리운동을 충분히 실시
③ 심하게 근육을 긴장시키거나 경쟁적인 운동은 피한다.
④ 부상 혹은 낙상 방지를 위해 운동에 적합한 복장을 갖추는 것
⑤ 운동의 순응도를 증가시키기 위해 운동 및 일상 신체활동 증진의 필요성과 효과에 대해 강조하고 이전의 생활습관과 조화를 이루면서 운동을 하도록 권장한다.

나. 운동 시 확인하여야 할 주의사항

① 낙상, 사고의 위험성 최소화(내적·외적 요인의 제거)
② 피로하지 않는 범위 내에서 팔과 다리를 많이 사용
③ 대상의 욕구, 건강 상태, 장비와 시설, 개인의 기호나 가용시간 고려
④ 관절부위 및 활동근육에 무리를 주지 않는 운동을 선택하여 1시간 정도 지속할 수 있는 적절한 강도로 지속적 활동 실시
⑤ 단시간에 큰 힘을 발휘하는 것 같은 무산소 운동과 민첩성을 필요로 하는 운동은 바람직하지 않음
⑥ 사고의 위험성을 최소화하기 위하여 몸 상태를 확인하며, 운동의 강도 조절
⑦ 운동 전후에 가벼운 몸 풀기 실시(예: 가벼운 보행, 스트레칭 등)
⑧ 노인의 경우 갈증을 느끼지 못할 때가 많으므로 운동 시 혹은 운동 후 수분공급에 주의를 기울임
⑨ 매일 몸 상태를 체크하며, 상태에 따라 운동량 조절
⑩ 운동할 때 단련 부위를 의식하며 실시하는 것이 중요
⑪ 운동에 의한 피로가 축적되지 않도록 충분한 휴식을 취하며, 충분한 휴식과 영양섭취 필요

다. 운동 후 주의사항

① 땀을 흘릴 정도 이상의 운동을 한 경우에는 반드시 정리운동을 한다.
② 본운동이 끝난 다음 곧바로 완전히 운동을 중지해버리면 구역질, 현기증, 냉한, 저혈압, 서맥 등의 혈관성 미주신경반사에 의한 증상을 일으켜 중대한 사고를 초래할 수 있다.
③ 운동 후 안정 상태에 들어가기 위해서는 5분 정도 걷거나 느린 속도로 뛰는 것이 좋다.
④ 운동 후 샤워는 피부를 깨끗이 하고 혈액순환을 왕성하게 하여 몸속 노폐물의 배설을 촉진한다. 그러나 운동 직후의 냉수 샤워나 뜨거운 샤워는 체내의 급격한 온도 변화를 가져오므로 금하는 것이 좋으며, 샤워나 목욕은 10분 정도의 휴식을 취한 후에 심박수가 안정 시의 정상 상태로 돌아오기를 기다렸다가 약간 미지근한 물로 하는 것이 좋다.
⑤ 운동 후 음식을 바로 섭취하면 위장에 부담을 주므로 운동의 강도에 따라 적어도 10~20분 정도의 시간이 지난 뒤 식사를 한다.
⑥ 수면은 피로회복에 가장 좋으며 수면이 부족하면 피로회복도 늦어지고 신체 조절이 어려울 수도 있으므로 운동량이 많은 날은 충분한 수면을 취한다.
⑦ 운동 혹은 운동시설에서 운동을 실시하기 전 대상의 생체정보를 체크할 수 있는 환경이라면 대상자 스스로 운동을 할 수 있는지 전문가 혹은 임상의와 협의하여 프로그램을 운영할지를

결정하기 위하여 아래 사항을 검토할 필요가 있다.

⟨운동 전 혹은 운동 시의 유의사항(Anderson의 권고 기준으로부터 응용)⟩

- 운동을 하지 않는 편이 나은 경우
    - 휴식 맥박수 120/분 이상
    - 확장기혈압 120mmHg 이상
    - 수축기혈압 200mmHg 이상
    - 현재 협심증을 앓고 있음
    - 1개월 이내에 심근경색 병력이 있음
    - 울혈성 심부전의 소견
    - 심방 세동 이외의 현저한 부정맥
    - 운동 전 안정 시에 이미 동계, 호흡곤란이 있음

- 도중에 운동을 중단해야 할 경우
    - 중강도의 호흡곤란, 현기증, 구역질 협심통증 등의 출현
    - 맥박수가 1분간 140 이상이 되는 경우
    - 부정맥이 1분간 10회 이상 출현
    - 빈맥성 부정맥
    - 서맥의 출현
    - 수축기혈압이 40mmHg 이상 또는 확장기혈압이 20mmHg 이상 상승했을 때

- 운동을 일시 중단했다가 회복을 기다리고 재개하는 경우
    - 맥박수가 운동 전에 비하여 30% 이상 증가했을 때
    - 맥박수가 120/분 초과
    - 1분간 10회 이하의 부정맥(심실 조기 수축) 출현
    - 가벼운 호흡곤란의 출현

IV부
노인 질환별 운동 프로그램 설계

노인에게 흔한 비만, 고지혈증, 고혈압, 심장질환, 당뇨병, 호흡계질환, 골·관절질환 그리고 치매질환의 특성과 운동 프로그램 계획 실천을 이해한다.

2013년 65세 이상 우리나라 노인인구는 약 580만 명으로 전체 인구의 11.5%를 차지하고 있는 것으로 나타났다. 국민건강보험통계연보에 따르면, 2013년 국민건강보험 진료비는 약 51조 원으로 전년 대비 6.5% 증가하였는데, 이것은 매년 노인인구의 증가와 함께 지속적으로 증가해오고 있는 실정이다. 2013년의 노인 진료비는 약 19조 원으로 전체 진료비에서 차지하는 비율이 35.5%로 2006년보다 2.5배 증가하였다. 이는 국민 1인당 진료비보다 3배 높은 것으로 나타났다.

표 4-1. 65세 이상 노인인구 및 진료비의 변화

구 분	2006년	2007년	2008년	2009년	2010년	2011년	2012년	2013년
전체 인구(천 명)	47,410	47,820	48,160	48,614	48,907	49,299	49,662	49,999
65세 이상 인구(천 명)	4,073	4,387	4,600	4,826	4,979	5,184	5,468	5,740
(%)	(8.6)	(9.2)	(9.6)	(9.9)	(10.2)	(10.5)	(11.0)	(11.5)
65세 이상 진료비(억 원)	73,504	91,190	107,371	124,236	141,350	153,893	164,494	180,852
(증가율, %)	(21.0)	(24.1)	(17.7)	(15.7)	(13.8)	(8.9)	(6.9)	(9.9)
노인 1인당 연평균 진료비(천 원)	1,805	2,079	2,334	2,574	2,839	2,968	3,076	3,219
전체 1인당 연평균 진료비(천 원)	599	679	726	813	895	941	967	1,022

* 전체 인구와 65세 이상 인구는 연도 말 기준

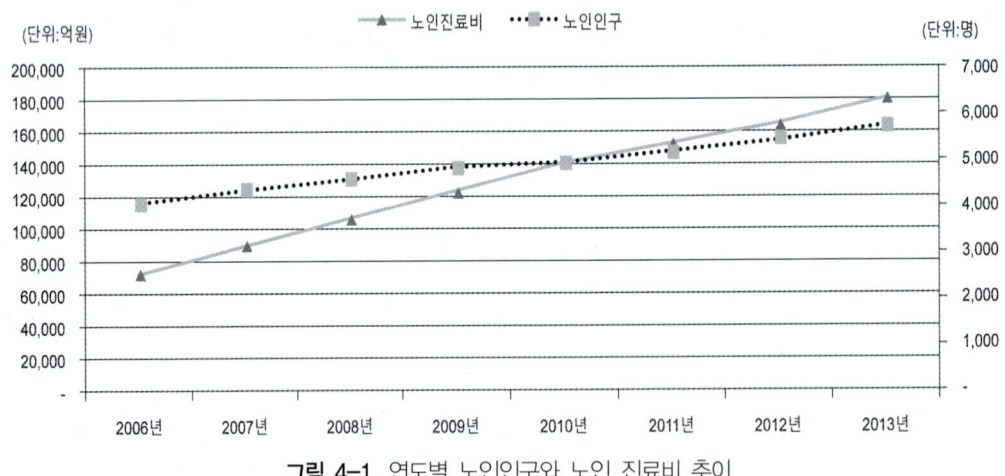

그림 4-1. 연도별 노인인구와 노인 진료비 추이

또한 전체 우리나라 국민 중 27.5%가 진료를 받은 것으로 나타난 주요(11대) 만성질환은 〈표 4-2〉에 나타난 바와 같다. 가장 많이 진료를 받은 질환은 고혈압, 신경계질환, 정신 및 행동장애, 당뇨병, 간질환 등의 순으로 나타났다.

아울러 주요 만성질환 중에서 2013년 기준으로 전년도에 비하여 증가율이 가장 높았던 질환은 만성신부전증으로 9.4%가 증가하였으며, 다음은 악성신생물이 7.8%로 높게 증가하였다.

표 4-2. 2013년 주요 만성질환의 진료 현황

질환별	진료 인원(천 명)	진료비(억 원)
합계	13,753	172,880
고혈압	5,512	23,344
정신 및 행동장애	2,469	24,928
호흡기결핵	79	954
심장질환	1,224	13,790
대뇌혈관질환	837	18,852
신경계질환	2,587	13,266
악성신생물	1,111	42,098
갑상선 장애	1,286	2,364
간질환	1,497	6,432
만성신부전증	151	13,419
당뇨병	2,317	13,434

* 국민건강보험통계 자료(2014)

이와 같은 우리나라 주요 만성질환들은 국가 의료비 증가에 주요 요인인 것으로 인식되고 있는데, 이러한 의료비는 노인인구의 지속적인 증가와 함께 계속 증가될 것으로 예측되고 있다. 이러한 주요 만성질환들은 운동 및 신체활동을 통하여 상당 부분 예방 또는 증상을 완화시킬 수 있는 것으로 지금까지 많은 국내외 연구들에서 보고되어왔다.

그러나 우리나라 국민생활체육참여실태보고서에 따르면, 일주일에 1회 이상, 1회 30분 이상 운동 참여율이 2012년 43.3%에서 2013년에 약 2.2% 증가한 45.5%로 나타났는데, 이는 프랑스 등 유럽 5개국의 평균 참여율이 62%에 이르는 것에 비하면 매우 낮은 수준이다.

특히 우리나라 60대 이상 노인들의 경우 45.4%가 전혀 운동을 하지 않는 것으로 나타났으며, 더구나 70대 이상의 연령에서는 이러한 운동 불참률이 50% 이상으로 더 높아진 것으로 보고되었다.

따라서 이 장에서는 우리나라 주요 만성질환들 중에서 비만, 심혈관계 질환, 대사성 질환, 호흡계 질환, 근골격계 질환, 신경계 질환 및 기타 질환에 대하여 운동지도자들이 기초적으로 숙지하고 노인들을 위한 운동 프로그램을 어떻게 구성하고 실행해야 하는지에 관하여 개략적으로 소개하고자 한다.

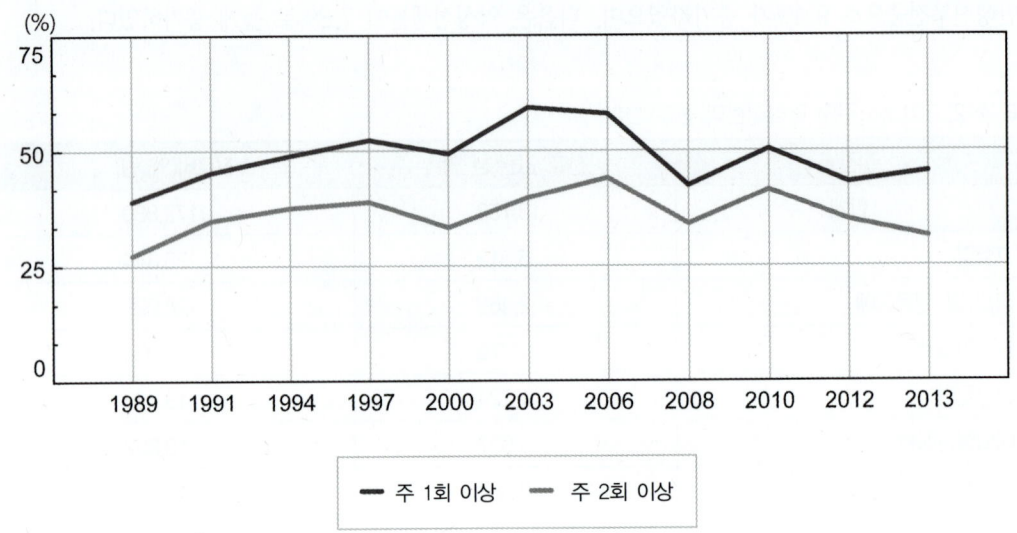

그림 4-2. 연도별 국민생활체육 참여 추이

1장 비만 질환과 운동 프로그램

 학습목표

- 우리나라 노인과 관련된 만성질환에 대하여 이해한다.
- 비만과 만성질환 그리고 운동처방 프로그램에 대하여 이해한다.
- 심혈관계 만성질환과 운동처방 프로그램에 대하여 이해한다.
- 대사성 및 호흡계 만성질환과 운동처방 프로그램에 대하여 이해한다.
- 근골격계 만성질환과 운동처방 프로그램에 대하여 이해한다.
- 신경계 만성질환과 운동처방 프로그램에 대하여 이해한다.

1. 개요

비만증(obesity)이란 비만에 기인한 또는 비만과 관련하여 건강상 장애를 유발하거나 임상적으로 합병증이 예측되는 경우로서 의학적으로 체지방 감량이 요구되는 상태를 말한다. 한마디로 비만이란 지방조직이 과도하게 체내 및 피부 밑에 축적된 상태이다. 일반적으로 "체질량지수(BMI)가 25 이상으로 체중을 감량하면 건강 상태가 증진될 수 있는 상태 또는 질병 발생이 유발되기 쉬운 고위험 수준의 체지방을 지닌 경우"를 비만증이라고 진단한다.

2012년 기준으로 작성된 OECD 건강자료 분석에 따르면, 우리나라는 국민 3명 중 1명이 비만이라는 31.5%로 나타났다. 물론 이러한 수치는 OECD 국가들의 평균인 56.8%에 비하면 매우 낮은 수준이지만, 비만은 만병의 근원이라 할 수 있기 때문에 매우 염려스러운 일이 아닐 수 없다. 인체의 체지방률을 산출하는 방법은 여러 가지가 있지만, 현재 국제적으로 가장 널리 이용되고 있는 평가방법 중의 하나가 바로 체질량지수(BMI) 산출법이다. 체질량지수는 다음과 같이 산출할 수 있다.

- 체질량지수(BMI)=체중(kg)을 키(m)^{2}로 나눈 값이며, BMI 값이 25 이상이면 비만이라 한다.
- 예를 들어, 어떤 사람의 키가 165cm(1.65m)^{2}이고, 체중이 75kg이라면 산출식은 다음과 같다.
  $75 \div (1.65)^2 = [75 \div (1.65 \times 1.65)] \Rightarrow (75 \div 1.65) \div 1.65 = 27.5$
- 각종 질병 발생 및 합병증 유발이 가장 낮은 BMI 값은 22.2인 것으로 인식된다(그림 4-3).
- 따라서 BMI 22를 표준체중 또는 이상체중으로 설정하는 것이 권장되고 있다.

표 4-3. BMI에 의한 비만 판정기준

BMI	WHO 기준
<18.5	저체중
18.5 ≦ 25	정상 범위
25 ≦ 30	비만 전기
30 ≦ 35	I도 비만
35 ≦ 40	II도 비만
40 ≦	III도 비만

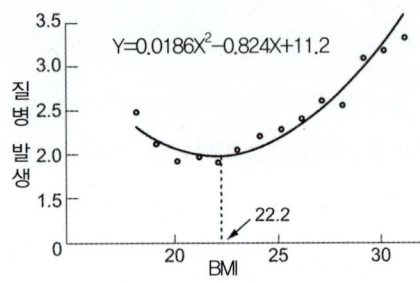

그림 4-3. 체질량지수(BMI)와 질병 발생 관계

〈그림 4-3〉에 나타난 바와 같이 BMI와 질병 발생의 관계를 보면, BMI 값이 22.2를 나타낼 때 질병 발생 추정 값이 가장 낮은 것으로 나타났다. 그리고 22.2를 전후하여 증가하는 것뿐만 아니라 값이 감소(18 이하)하는 경우에도 질병 발생 추정값이 증가되는 것을 알 수 있다. 따라서 BMI 값으로 보는 건강 상태는 20~25 범위가 최적이라고 할 수 있다.

또한 최근에는 생체전기저항법(bioelectrical impedence)에 의하여 신체성분(body composition)을 분석할 수 있는 장비가 널리 보급되었기 때문에 인체의 체지방과 근육량 등을 비롯한 체성분 요소들을 쉽게 측정해낼 수 있게 되었다. 〈표 4-4〉에 15세 이상 성인들의 체지방률에 의한 비만 판정기준을 제시하였다. 일반적으로 20대의 연령기준으로 여성은 23~25%, 남성은 13~15%의 체지방률을 정상 범위로 인정하고 있다. 그러나 체지방은 연령이 증가됨에 따라 증가하는 것으로 보고되어왔기 때문에 고령자들의 정상범위 값은 20대 연령기준의 값보다는 다소 상향 값으로 평가하여야 할 것이다.

표 4-4. 비만의 판정기준

	경증 비만	중정도 비만	중증 비만
남 성	20~24%	25~29%	30% 이상
여 성	30~34%	35~39%	40% 이상

2. 비만의 일반적 특성

가. 하체 비만

하체 비만은 주로 상복부보다 하복부와 엉덩이, 허벅지에 피하지방이 많이 분포하는 것으로 흔히

'서양배 비만' 또는 '여성형 비만'이라고도 한다. 이러한 하체 비만의 경우에는 카테콜아민의 자극에 의한 지방분해 반응성이 낮기 때문에 운동 등으로 쉽게 감소되지 않는 특성을 보인다.

나. 상체 비만

상체 비만은 내장형 비만과 피하지방형 비만으로 분류할 수 있는데, 이를 분류하기 위해서는 우선 배꼽 위치에서 복부 CT촬영을 하고, 복강 내에 분포하는 내장지방(visceral fat)과 피하지방(subcutaneous fat) 간의 면적비율(V/S)을 산출해야 한다. 그 면적 비율이 0.4 이상을 넘으면 내장형 비만으로 판정한다. 남녀 모두 복부내장의 지방면적이 100㎠ 이상이면 내장형 비만이라고 한다.

내장형 비만은 비만에 따른 질병 발생뿐만 아니라 각종 합병증과도 관련성이 매우 높은 위험한 비만 형태이다. 즉, 내장형 비만은 피하지방형 비만보다 여러 가지 합병증을 동반하기 쉽고, 당뇨병 이외에 고지혈증 등의 지질대사 이상이나 고혈압과의 관련성도 상당히 높다. 그러나 상체 비만의 경우에는 하체 비만 특성과는 달리 카테콜아민에 대한 반응성이 높기 때문에 훨씬 더 체지방이 잘 감소되는 것으로 인식되어왔다.

3. 비만 질환의 치료 형태

비만을 개선하기 위하여 적용되고 있는 가장 기본적인 방법들은 식이요법, 운동요법, 행동요법, 약물요법, 수술요법이라 할 수 있다. 이 중 재발이 반복되는 심한 고도 비만 및 생명유지와 관련된 위험한 경우를 제외하고, 약물요법과 수술요법보다는 일반적으로 식이요법 및 운동요법이 병행되는 생활습관 개선을 가장 우선으로 실행해야 한다.

4. 운동 프로그램의 적용대상

기본적으로 운동 프로그램의 대상이 되는 것은 단순성 비만이다. 다른 어떤 질환으로 인하여 비만이 발생된 경우를 증후성 또는 이차성 비만이라고 하는데, 단순성과 증후성을 구별하기 위해서는 전문의의 진단이 필요하다. 따라서 비만인들은 전문의의 진료를 통하여 합병증 유무까지 진단받는 것이 권장된다. 일반적으로 다음의 사항들을 지닌 경우에는 운동 프로그램 적용이 심각히 고려되어야 한다. ① 잘 조절되지 않는 고혈압 환자, 당뇨병 및 간 기능 질환자, 신장 기능 질환자 등의 경우, ② 심혈관질환의 증상을 확실히 보이고 있는 경우, ③ 급성 감염증을 지닌 경우, ④ BMI가 35 이상을 나타내는 경우 등이다. 또한 합병증을 지닌 비만자의 경우, 투약 종류 등에 따라 운동처방이 금기시되는 경우도 있다.

5. 운동처방 프로그램의 구성개념

비만에 대한 운동처방 프로그램은 될 수 있는 한 지질대사가 촉진되는 운동생리학적 이론을 바탕으로 하여 운동 강도, 운동 지속시간, 운동 빈도를 설정해야 한다. 비만 개선을 위한 운동 프로그램의 경우, 총량 개념으로서 소비 에너지를 크게 하는 것이 바람직하다(그림 4-4). 그러나 과체중 또는 비만자들은 가능한 한 단위시간당 에너지소비량은 적어도 장시간 지속할 수 있도록 하는 것이 권장된다. 다음과 같은 사항들을 고려하는 것이 필요하다.

① 전신운동: 운동에 의해 소비하는 칼로리는 운동에 참가하는 근육군이 많으면 많을수록 커진다. 따라서 국소적 운동보다 큰 근육들을 사용하는 전신운동이 바람직하다.
② 장시간 지속운동: 에너지소비량은 운동시간에 비례하는 것이므로 단시간 지속할 수밖에 없는 운동보다는 장시간 지속할 수 있는 운동 형태가 바람직하다.

구체적으로는 워킹, 가벼운 조깅, 사이클링, 천천히 하는 수영 등의 유산소 운동이 비만에 유효한 운동들이다. 이러한 운동들은 비만자들이 운동으로 인하여 발생할 수 있는 근골격계 통증들을 억제시켜주기 때문에 권장되는 것이다.

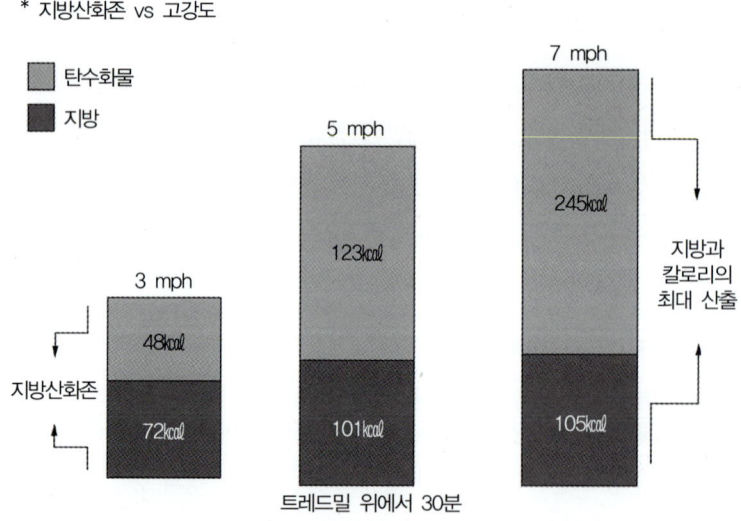

그림 4-4. 운동 강도와 지방연소 칼로리의 관계

가. 운동 강도

1) 점진적 운동부하검사를 통한 운동 강도 설정

혈중젖산농도 측정에 의한 젖산역치(lactate threshold) 또는 호기 가스분석에 의한 최대산소섭취량(VO_2max)의 50~60% 수준의 강도 혹은 무산소성 역치(anaerobic threshold)를 기준으로 운동 강도를 설정할 수 있다. 운동부하검사가 곤란한 경우에는 보다 간편하게 할 수 있는 체력 테스트 기능이 내장된 자전거 에르고미터를 이용할 수 있다.

2) 예측 최대 심박수를 통한 운동 강도 설정

최대 심박수의 50% 전후(60~70대는 110회/분)를 목표로 한다. 연령과 상관이 높은 최대 심박수를 기준으로 운동 시 목표 심박수(Training heart Rate: THR)를 처방한다. 연령 예측 최대 심박 수 = 220 - 연령, 이 연령 예측 최대 심박수와 안정 시 심박수를 이용하여 운동 시의 목표 심박수를 산출하는 방법으로, 카보넨(Karvonen) 공식이 있다.

카보넨 공식: {(220 - 연령) - 안정 시 심박수} × 운동 강도 + 안정 시 심박수

예를 들면, 나이가 60세이고, 안정 시 심박수가 80박/분인 사람이 50% 강도의 수준으로 유산소 운동을 하려는 경우, 목표 심박수는 {(220 - 60) - 80} × 0.5 + 80 = 120박/분이 된다.

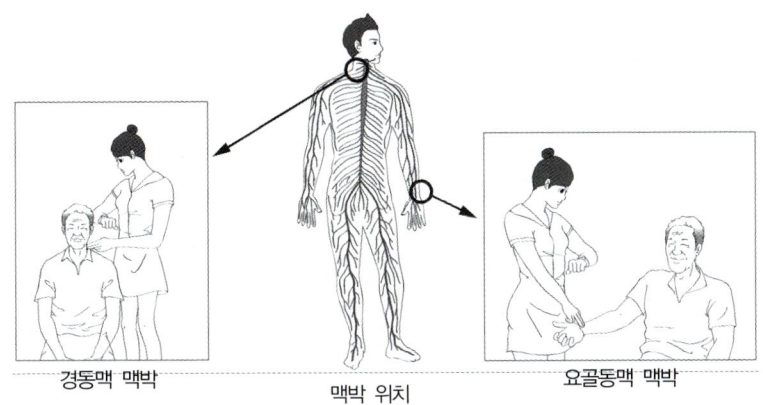

경동맥 맥박   맥박 위치   요골동맥 맥박

그림 4-5. 맥박수 측정부위

3) 자각적 운동 강도(rate of perceived exertion: RPE)

지질대사에 유효한 운동 강도인 자각도(RPE)에 따르면 '쉽다'에서 '다소 힘들다'의 범위가 권장된다. 그러나 고혈압 또는 심혈관질환 약물복용자인 경우에는 심박수(HR)의 상승을 억제하는 약물을 복용하고 있는 경우가 흔하기 때문에 심박수를 기준으로 운동 강도를 설정하는 것은 매우 위험하다. 따라서 그때는 반드시 자각도(RPE)를 적용해야 한다(표 4-5).

일반적으로 고령자 또는 저체력자들의 경우 '노래 또는 말할 수 있는지'에 따라서도 운동 강도를 추정할 수 있다. 즉 달리면서 노래를 부를 수 있다면 그 운동 강도는 지나치게 약하고, 달릴 때 숨이 차서 대화가 곤란하다면 그 운동 강도는 중강도 이상이라고 생각해도 된다. 어느 정도 숨은 차지만, 달리면서 대화할 수 있는 수준의 운동 강도가 적당하다. 또한 고강도 운동에서는 지방질보다 당

질이 에너지원으로서 주로 사용하게 된다(그림 4-6a). 40대 이상의 연령에서 최대산소섭취량의 50~60% 수준의 운동 강도는 자각도로 '다소 쉽다'에 해당하는 '11~12' 정도의 수준이다. 맥박수로는 대략 분당 110~120회 정도이다.

장시간에 걸친 운동에서는 처음은 지방보다 탄수화물(당질)이 많이 사용되지만(그림 4-6b), 운동 시간이 지속되면서 점차 지방질 사용이 주도적으로 바뀌어간다.

표 4-5. 운동처방을 위한 운동 강도의 설정방법 간의 상대적 비교표

자각도(RPE)			최대 산소섭취량	추정되는 맥박수		
운동 느낌	기타 느낌	척도	%VO₂max	분당 맥박 수		
				40대	50대	60대
최고로 힘들다	심장이 터질 것 같다	19~20	100%	175	165	155
너무 힘들다	거의 100%에 도달한 느낌이며, 말도 안 나오고 숨도 못 쉬겠다.	17~18	90%	165	155	145
힘들다	운동 지속이 어렵고, 그만두고 싶고, 목이 탄다.	15~16	80%	150	145	135
약간 힘들다	불안과 긴장감이 느껴진다. 땀이 흠뻑 난다.	13~14	70%	140	135	125
조금 약하다	운동을 오래 할 수 있을 것 같다. 땀이 나기 시작한다.	11~12	60%	130	125	120
약하다	땀이 나는지 어떤지 모르겠다.	9~10	50%	115	110	110
상당히 약하다	기분은 좋은데, 약한 느낌이 든다.	7~8	40%	105	100	100
가장 약하다	가만히 있는 것보다 움직이는 게 낫다.	5~6	30%	95	90	90

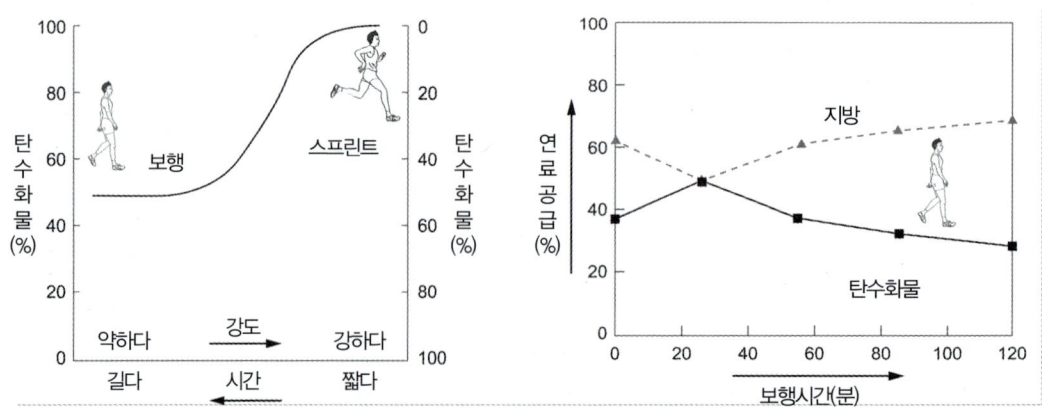

그림 4-6. 운동 지속에 따른 에너지원의 동원 변화

나. 운동 지속시간

1회 운동 시간은 20분 이상으로 한다. 비만 해소를 위해서는 운동 시간을 최소 20분 이상 길게 하는 것이 지방을 연소하는 데 효과적이다. 이유는 혈중 포도당을 사용하는 근육에서의 소비와 함께 운동시간이 길게 지속되면 체내에 축적된 지방도 연소하게 되므로 체중 감소로 연결되기 때문이다. 운동 시작 후 대략 20분 정도까지는 주로 당질을, 그 후에 서서히 지방질을 에너지원으로 사용하게 된다. 같은 운동을 계속하는 것만으로는 운동에 대한 흥미가 떨어질 뿐만 아니라, 특정 부위에 대한 과도한 사용으로 상해도 발생할 수 있다. 따라서 20분으로 구성된 몇 종류의 운동 종목을 편성하여 총 운동 시간을 증가시킨다.

주 3~4회를 하루걸러 실시한다. 운동은 칼로리를 소비할 뿐만 아니라, 운동 후에도 기초대사량(basal metabolic rate)을 상승시키는 작용(Excess Postexercise Oxygen Consumption; EPOC)이 있다(그림 4-7). 그러나 일반적으로 운동에 의한 효과는 대략 48시간 정도밖에 지속하지 않기 때문에 운동은 하루 간격으로 적어도 주 3회 이상 실행하는 것이 권장된다. 더구나 비만 해소를 목적으로 운동요법에 의한 소비 칼로리를 증가시킨다는 생각을 한다면, 주 4~5회 정도 실시하는 것이 바람직하다.

감량효과를 높이기 위해서는 가능한 한 운동 빈도가 높은 쪽이 유리한 것은 당연하지만, 실제 운동지도 시에는 대상자의 일상생활에서의 변화를 서서히 그러나 확실하게 일어나도록 무리 없는 설정이 필요하다.

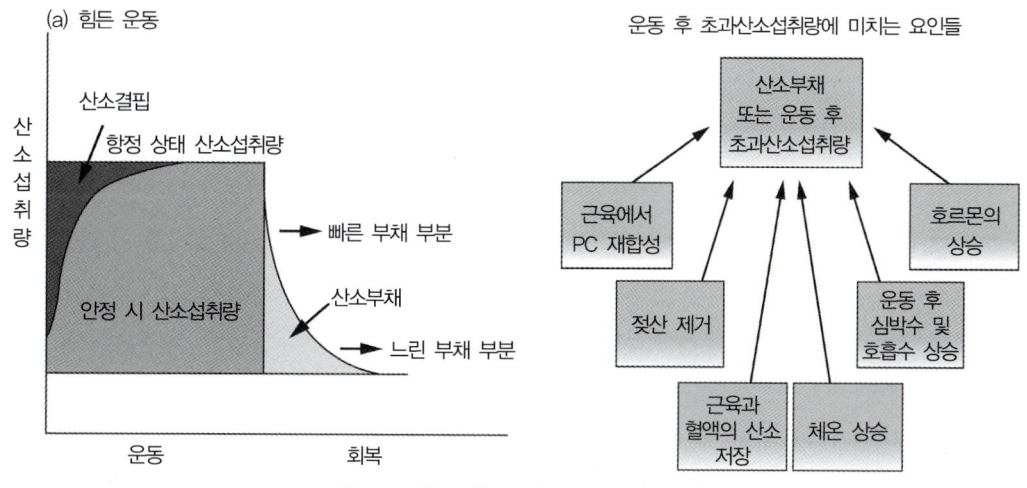

그림 4-7. 운동 후 초과산소섭취량(EPOC)

6. 운동 프로그램 실시에 있어 주의할 점

비만은 이미 뭔가 대사 이상을 포함하고 있는 경우가 많기 때문에 운동처방에 있어서는 의료검진을 시행하고, 신체활동의 제한이나 금기사항 유무를 확인하지 않으면 안 된다. 비만자는 운동경험이 부족하기 때문에 운동 초기에는 특히 상해 발생 등의 위험성이 높다. 따라서 초기 운동종목은 몸무게로 인한 관절 통증과 손상을 예방하고, 충격이 적은 자전거 에르고미터, 수중보행 등 안전한 운동종목을 선택해야 할 것이다.

7. 운동의 효과

가. 일반적인 효과

① 운동하는 근육을 통하여 대량의 에너지를 소비하고, 식사량을 줄여서 비만개선 효과를 극대화할 수 있다.
② 운동에 따라 말초 조직들의 인슐린 감수성이 개선되고, 당과 지질대사도 개선된다.
③ 식사요법 단독에 비해 운동요법의 병용으로 근육조직의 손실이 적고, 주로 과잉의 지방조직이 선택적으로 감소한다.
④ 식사로 인한 열 발생(diet-induced thermogenesis: DIT)을 증가시킨다.
⑤ 적당한 운동과 식염의 제한에 따라 가벼운 고혈압도 개선된다.
⑥ 운동의 지속은 최대산소섭취량, 폐활량 증가 등 소위 체력의 증강에 유용하다.
⑦ 근력운동은 뼈의 칼슘 상실을 방지하며, 근력과 근지구력을 증가시킨다.
⑧ 정신적인 측면에서도 자기효능감과 신체 이미지 등이 높아지고, 스트레스 해소에도 유용하다.

나. 피하형 비만과 내장형 비만의 운동효과

피하형 비만자와 내장형 비만자에 대하여 영양과 운동을 병행한 24주간 비만교실을 수행한 경우, 체지방의 감소율은 피하형에서는 피하지방, 내장형에서는 복강 내 지방 감소가 높게 나타났다. 피하지방의 감소는 섭취량에 의존성이 높고, 내장지방의 감소는 운동량에 의존성이 높은 것으로 인식되었다. 실제로는 개인의 영양과 운동 상태를 파악하고, 두 가지 모두를 고려한 균형 잡힌 운동처방이 중요하다.

다. 운동요법과 식사요법 병행 효과

운동요법을 행하지 않고 식사감량을 행하면, 지방조직 자체는 줄지 않고 제지방량(LBM)만 감소하며, 인슐린 감수성이 저하한다. 따라서 운동요법과 식사요법을 병행하는 것이 안전하고 건강하게 체중감량이 이루어질 수 있다(표 4-6, 그림 4-8). 실제로 운동에 의한 에너지소비 자체는 그렇게 크지 않다. 오히려 적당한 운동이 식욕을 자극하여 섭취 에너지가 증가하는 것에 주의해야 한다. 적어도 체지방 감량을 위해서는 중강도 이상에서 최소 30분 이상 지속하여야 식욕 감퇴를 유도할 수 있을 것이다.

8. 비만 프로그램의 실제

비만자에 대한 실제의 운동 프로그램 처방은 ① 의료검사 ② 목표 설정 ③ 운동 내용의 설정 ④ 실제 운동지도 ⑤ 운동(감량)효과의 판정 같은 순서로 진행되어야 한다.

표 4-6. 체중조절 프로그램의 효과

	식사제한 운동 프로그램	절식
체중	↓	↓
체지방	↓	→
제지방량(LBM)	→	↓
인슐린 감수성	↑	↓

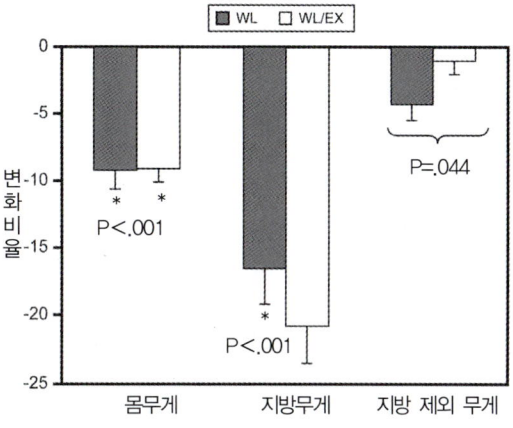

그림 4-8. 고령자의 운동과 절식에 의한 신체조성 변화
* WL: 절식군; WL/EX: 절식 + 운동

표 4-7. 비만자 운동 프로그램을 위한 의료검사 사항

① 문진: 현재 병력, 과거의 병력, 비만 발생 시기, 운동습관의 유무 등
② 진찰: 내과적 진찰, 정형외과적 진찰(뼈, 관절 등)
③ 형태 계측: 신장, 체중, BMI, 신체둘레, 체지방률, 혈압, 맥박 수
④ 흉부 X선: 선 자세로 정면 및 측면
⑤ 혈액검사: CBC 8종, 지질프로파일, 간기능, 신장기능, 혈당 등
⑥ 요 검사: 당, 케톤체, 단백, 잠혈
⑦ 폐 기능검사: 폐활량, %폐활량, 일초량, 일초율
⑧ 심전도: 안정 시 심전도, 운동부하심전도
⑨ 호기가스분석
⑩ 기타

가. 운동 프로그램 지도원칙

운동습관이 없었던 사람이 대부분이기 때문에 처음부터 운동량을 무리하게 채우려 하지 말고, 서서히 운동량을 늘려가는 것이 바람직하다. 목표 심박수 범위에서 운동이 진행되고 있는지를 스스로 확인할 수 있도록 맥박측정 방법을 숙지시킨다.

감량을 하는 경우에 올바른 처방을 행하고 있어도 일정 기간이 지나면 반드시 감량 정체시기가 나타난다. 그러나 이것은 적응현상 때문이고, 이 경우 좌절하지 않도록 정체하는 것의 의미를 충분히 이해시켜야 한다. 가족이나 동료와 같이 수행하는 집단요법(단지 감량을 겨루는 동료가 아니고, 서로 격려할 수 있는 동료)을 진행하면 더 긍정적인 효과를 거둘 수 있다.

기본적으로 체중은 매일 측정하도록 지도한다. 체중 변화를 그래프화하고, 체중의 변화를 확인하도록 한다. 심폐지구력 향상에 따라 적정 운동 강도를 변경시켜야 하기 때문에 운동 강도는 정기적으로 확인·변경하도록 한다. 효과 평가를 위해서는 체지방률 등의 메디컬 체크 항목을 정기적으로 측정한다.

나. 미국 스포츠의학회(ACSM)의 권장 프로그램 5

ACSM에서는 감량 프로그램으로 다음과 같은 사항들을 권장하고 있다.

① 정상 성인의 경우 하루 1,200kcal 이하의 칼로리 섭취량을 하여서는 안 된다. 영양소 요구량을 충족하는 적당한 혼합식을 하도록 한다.
② 사회문화적 배경, 일상습관, 기호, 가격, 구입 및 조리방법 등을 고려하여 섭취하기 쉬운 식품들로 구성한다.
③ 케톤혈증 같은 대사장애를 일으키지 않도록 점차적으로 감량 밸런스(하루 감량 500~1,000kcal 범위)를 고려한다.
④ 최대 주당 1kg의 감량을 목표로 한다.
⑤ 영양부족을 일으킬 수 있는 식습관은 피한다.
⑥ 하루 300kcal 이상 소비하는 운동 프로그램에 참가한다. 운동종목은 보행과 같이 낮은 강도의 장시간 운동이 최선의 방법이다.
⑦ 달성된 저체중을 유지하기 위해서는 새로운 식습관과 신체활동을 계속 유지하여야 한다.

다. 비만 프로그램 처방 실제 임상사례

24주간 비만 프로그램 사례

- 65세 여성
- 운동 프로그램 전: 체중 57.0kg, BMI 27.1, 체지방 36.1%
- 감량 목표: 11kg → 월 약 2kg 감량 목표
  하루 섭취 칼로리 감량 목표: 320kcal
  하루 운동소비 칼로리 목표: 100kcal(주당 700kcal)
- 운동 프로그램 처방
  - 운동 빈도: 주 2회 센터운동 + 자택에서의 걷기운동
  - 운동내용

① 운동센터에서의 운동
  - 자전거 에르고미터 30분
  - 상지 에르고미터 20분
  - 트레드밀 30분
  - 수중보행 30분+스트레칭 30분
  합계 약 350kcal

② 자택에서의 운동: 거의 매일 자택 주변 걷기 30분
  - 운동 강도: 최대산소섭취량의 대략 40~60%, THR = 93~105회/분

• 최종결과: 체중 46.0kg(11kg 감량), BMI 21.8, 체지방 26.7%

따라서 위와 같은 사례를 볼 때, 6개월간의 비만교실에 의해 체중, BMI, 체지방률은 유의하게 감소하여 감량효과가 인정되었다(그림 4-9A).

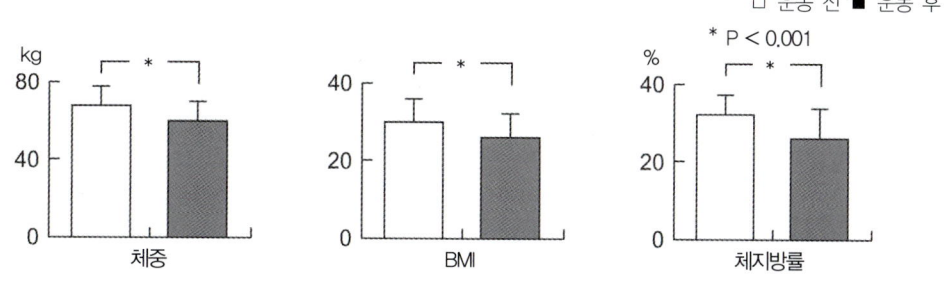

그림 4-9(A). 체중감량에 있어 신체조성 변화

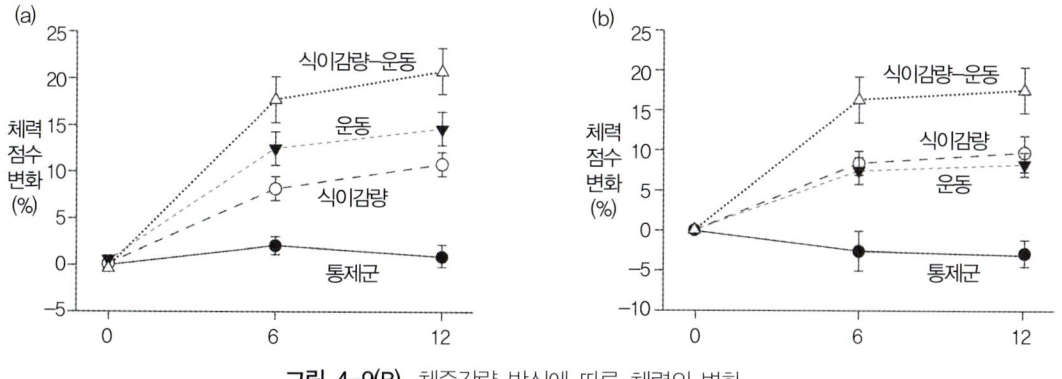

그림 4-9(B). 체중감량 방식에 따른 체력의 변화

* PPT: physical performance test

또한 일반적으로 신체조성의 변화와 함께 심폐지구력, 근지구력, 유연성, 평형성, 민첩성 같은 체력요소들이 향상되는 것으로 나타났다(그림 4-9B). 운동과 식이감량을 병행하는 집단에서 가장 향

상도가 높은 것으로 나타났다. 최대산소섭취량의 경우에는 운동보다 체중에 더 많은 영향을 받는 것으로 인식되었다.

9. 고도비만 및 합병증이 있는 비만자의 운동 프로그램

가. 고도비만자에 대한 운동 프로그램 처방

BMI가 35 이상인 고도비만자에 대해서는 먼저 식욕억제제 투여나 초저 칼로리 섭취 식이요법을 행한다. 일반적으로 BMI 30 이하부터 운동요법을 적용한다. 고도비만자의 경우는 순환기 및 호흡기 질환이나 기타 질환을 합병하고 있는 경우가 많기 때문에 특히 주의해야 한다. 그리고 운동 프로그램을 시작해도 단순성 비만자와 마찬가지로 낮은 운동부하의 운동을 시행하고 점진적으로 운동량을 증가시켜가야 한다.

나. 합병증을 지닌 비만자에 대한 운동 프로그램 처방

당뇨병, 고혈압, 고지혈증, 고요산혈증(통풍), 변형성 관절질환 등에 대해서는 운동 프로그램의 효과가 큰 것으로 인정되어왔다. 그러나 합병증이 있는 비만자의 운동처치에 대해서는 먼저 전문의와 상담이 요망된다. 다음은 여러 가지 합병증과 함께 운동할 때 고려해야 할 사항들이다.

1) 당뇨병을 동반한 비만자의 운동 프로그램

운동이 지나치게 격렬하면 혈당이 상승하고, 당뇨병을 악화시키는 경우도 있다. 따라서 다음의 경우에는 운동을 금지시키는 것이 바람직하다.

① 소변에 케톤체가 나오고 있다.
② 심전도에 협심증의 소견이 있다.
③ 흉부 X선에 뚜렷한 심장비대가 있다.
④ 과거에 심근경색이나 뇌졸중이 발생한 경우가 있다.
⑤ 최근 안저(眼底) 출혈이 있었다.
⑥ 당뇨병에 의한 신장질환이 있다.
⑦ 간기능이 저하하고 있다.
⑧ 감염증으로 발열이 나타나고 있다.
⑨ 70세 이상의 고령자다.

2) 고혈압을 동반한 비만자의 운동 프로그램

뇌졸중 위험이 있는 고혈압자의 경우는 우선 혈압강하제에 의해 안전 수준까지 혈압을 내리고 나서 서서히 운동 프로그램을 적용하는 것이 바람직하다. 일반적으로 혈압강하제는 심혈관계에 미치는 영향이 명확하게 나타나므로 약물효과와 운동 초기에 나타나는 혈압강하 효과가 중복되어 저혈압으로 유도되는 것을 반드시 주의하여야 한다. 경·중증의 고혈압 환자들의 경우는 자전거 에르고미터, 수중운동, 걷기운동 등의 유산소 운동을 가벼운 강도에서 가능한 한 오래 지속하는 것이 효과적이다.

3) 고지혈증을 동반한 비만자의 운동 프로그램

고지혈증 환자들은 흔히 심혈관계 또는 기타의 질환들을 합병하고 있는 경우가 많은데, 유산소 운동은 낮은 HDL, 고콜레스테롤혈증 및 고중성지방혈증의 개선에 매우 효과적이다. 그러나 다른 질환 때문에 약을 복용하고 있을 가능성이 높기 때문에 운동 전에 확인하고 그 약리작용을 충분히 고려해서 운동 프로그램을 진행하여야 한다.

4) 고요산혈증(통풍)을 동반한 비만자의 운동 프로그램

치료 이전의 혈청 요산치가 높은 상태에서는 운동 자체가 통풍 발작의 요인이 될 가능성이 높기 때문에 적극적으로는 권장되지 않는다. 그러나 치료 개시 후 6개월을 지나 혈청요산치가 정상화되어 안정 시기에 도달하면 기초대사량을 증가시키는 데 의미를 두고, 적당한 강도의 운동은 유익하다고 생각된다. 전신의 통풍 부위를 체크하는 것이 필수적이며, 신체 일부의 관절만 이용하는 운동은 적절하지 않다.

5) 퇴행성 관절질환을 동반한 비만자의 운동 프로그램

과체중부담이 증가하였기 때문에 하중관절에 있어 퇴행성 관절질환을 합병하는 경우가 흔하다. 따라서 지나친 보행은 하중관절에 부담이 가중되기 때문에 피하는 것이 바람직하다. 가동범위·통증 등을 평가하여 가능하면 자전거 에르고미터 및 상지 에르고미터 등을 이용하는 것이 권장된다. 수중운동은 부력에 의해 관절에 하중부담이 상당히 감소되기 때문에 매우 안전하면서도 효과적이다. 과거에는 퇴행성 관절질환자의 경우, 근력 트레이닝을 금기시하였지만 최근에는 유산소 운동과 반드시 병행하여 처방하는 것을 권장하고 있다.

10. 비만 운동 프로그램의 관리

단순성 비만자들을 대상으로 유산소 운동만 처방한 경우, 일반적으로 운동을 지속하는 능력(근지구력, 전신지구력)과 운동을 조정하는 능력(평형성, 민첩성, 유연성)은 상당히 유의한 향상을 나타내나, 운동을 일으키는 능력(근력, 순발력)은 크게 향상되지 않는 것으로 인식되었다. 따라서 상해를 예방하면서 균형 있게 기초체력을 향상시키려면 보조운동으로서 근력운동과 유연성 운동을 추가하여 운동처방을 할 필요가 있다(그림 4-10).

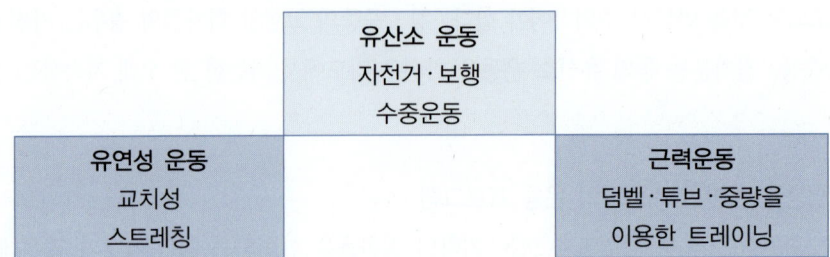

그림 4-10. 바람직한 비만 운동 프로그램의 구성

또한 체중감량 후에 신체활동 강도와 섭취량이 감량 전의 상태로 되돌아가면 요요현상이 일어나는 것을 발견할 수 있다. 만일 요요현상이 반복된다면, 체지방량이 오히려 증가하고 제지방량(LBM)은 감소한다는 위험성을 이해시키고, 감량 달성 후에는 기초대사량(BMR)의 유지를 위해 운동습관이 없어지지 않도록 해야 한다.

물론 감량 후에도 체중이 안정화되기까지는 정기적으로 의료검사 등의 후속관리를 하는 것이 바람직하다. 지속적인 운동이 감량에 효과가 있다는 것은 의심의 여지가 없지만, 간헐적인 운동의 반복도 감량효과가 있기 때문에 어떠한 형태로든 일상생활 속에서 신체활동량을 높이도록 권장해야 한다.

2장 고지혈증과 운동 프로그램

 학습목표

- 고지혈증의 분류에 대해 이해한다.
- 고지혈증 질환의 치료형태에 대해 이해한다.
- 고지혈증과 운동처방, 실천에 대해 이해한다.

1. 개요

고지혈증이란 혈청 속에 지방성분이 너무 많아서 혈청이 뿌옇게 흐려진 상태로서, 동맥경화증을 촉진시키는 요인의 하나이다. 우리나라에서 고지혈증 환자가 늘어나는 것은 서구화된 식이습관, 운동 부족, 비만, 과도한 음주 및 스트레스 등의 요인 때문이며, 고지혈증이 있는 사람에게는 심혈관 질환 및 당뇨와 고혈압 등 만성질환들이 흔히 동반될 수 있다.

고지혈증은 일반적으로 총 콜레스테롤이 240㎎/㎗을 넘거나 중성지방이 200㎎/㎗ 이상인 경우를 말한다. 혈장 중 주된 지질은 콜레스테롤, 중성지방, LDL, 유리지방산, 인지질 등이 있지만, 고지혈증의 진단 상 중요한 것은 콜레스테롤과 중성지방이다.

국내의 고지혈증 환자는 2008년에 비하여 2013년에 1.73배 증가한 11.5%로 나타났다. 이러한 증가율은 특히 남성(10.2%)보다 여성(12.4%)에서 더 높았으며, 50~60대의 연령 100명 중 6명이 고지혈증을 지닌 것으로 나타났다. 이러한 요인은 고령일수록 지질대사가 감소하기 때문에 더 많이 발생할 수 있는데, 더구나 여성은 폐경에 따른 요인도 작용하고 있다.

가. 고지혈증의 분류

고지혈증은 일차성 고지혈증과 이차성 고지혈증으로 크게 나눌 수 있다. 일차성 고지혈증은 고지혈증의 대략 95% 이상을 차지하는데, 이것은 유전자 변이 내지 유전적 소인과 더불어 여러 가지 환경인자들이 합쳐져서 증상이 유발된다. 또한 일차성 고지혈증은 혈중에서 증가하는 리포단백의 종류에 따라 6가지 표현형으로 분류된다.

표 4-8. 고지혈증의 세부 분류(WHO 분류)

표현형	혈청지질(증가)	리포단백(증가)	기전
I	중성지방	카이로마이크론	LPL 결손, C-II 결손
IIa	총 콜레스테롤	LDL	LDL 수용체 결손
IIb	총 콜레스테롤 + 중성지방	LDL+VLDL	B-100의 합성항진
III	총 콜레스테롤 + 중성지방	IDL	ApoE의 이상, 결여
IV	중성지방	VLDL	중성지방의 합성항진
V	총 콜레스테롤 + 중성지방	카이로마이크론 + VLDL	LPL의 상대적 활성저하

VLDL: very low density lipoprotein, IDL: intermediate density lipoprotein, LDL: low density lipoprotein, LPL: 리포단백 리파아제

이차성 고지혈증은 고지혈증의 5% 정도를 차지하는데, 당뇨병, 갑상선 기능저하증, 폐색성 황달, 간질환, 췌장염, 다발성 골수종, 쿠싱병, 비만 등에 동반하여 증상이 나타난다.

나. 콜레스테롤 및 중성지방의 일반적인 대사경로

혈중지질의 주요 대사경로는 〈그림 4-11〉에 나타난 바와 같이 카이로마이크론 대사경로, VLDL에서 LDL로의 대사경로 그리고 HDL 대사경로로 나눌 수 있다.

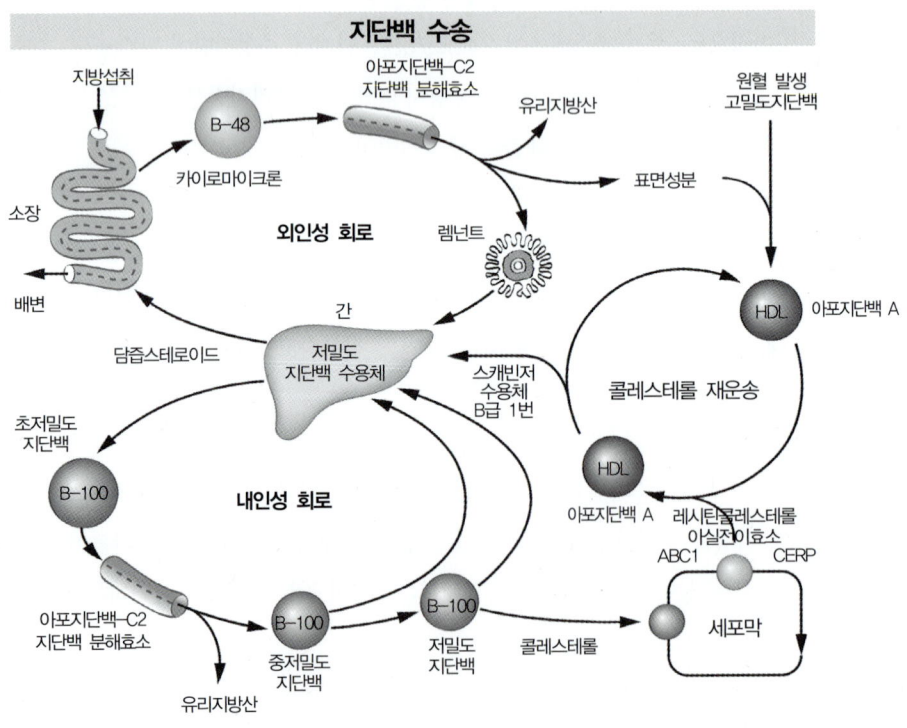

그림 4-11. 콜레스테롤 및 중성지방의 대사경로

2. 고지혈증 질환의 치료 형태

고지혈증은 과도한 지방 식이습관과 운동 부족에 기인하는 경우가 일반적이기 때문에 고지혈증을 개선하려면 운동 및 식이조절, 그리고 체중감량 등 비약물적인 생활개선이 우선적으로 전제되어야 한다. 이러한 생활개선으로 변화가 나타나지 않는 경우 적절한 약물치료를 병행하는 것이 바람직할 것으로 생각된다. 그러나 만일 심혈관질환을 일으킬 위험이 높다면 전문의의 진료를 통하여 치료방안을 계획하여야 한다.

일반적으로 고지혈증은 식이요법, 운동요법 및 약물요법을 적용한다. 그러나 우선 식사요법과 운동요법을 실시하여 2~3개월 정도 경과를 보고, 적절한 개선효과가 나타나지 않는 경우에는 약물요법을 시행하는 것이 권장된다.

가. 식이요법

가장 기본적으로 총 섭취 칼로리량의 제한과 지방섭취량의 제한(총 섭취량의 약 25% 이내), 콜레스테롤 섭취량의 제한, 당질 및 알코올의 섭취제한과 1일 식이섬유 25~30g 섭취가 이루어져야 한다.[12]

나. 운동요법

고지혈증 중에서 Ⅱb형, Ⅲ형, Ⅳ형, Ⅴ형이나 비만을 동반한 Ⅱa형의 경우는 운동요법이 매우 효과적이지만, Ⅰ형의 고지혈증은 운동에 따른 효과가 거의 없다. 일반적으로 운동습관을 가진 사람들이 운동습관이 없는 사람들보다 고지혈증의 빈도가 낮은 것으로 나타났다.

12주간 평균 45세 중년 남녀를 대상으로 한 지구성 운동 후 총 콜레스테롤은 여성의 경우는 거의 변화가 없었으나, 남성들은 약 3.8%의 감소가 있었다. LDL 콜레스테롤도 여성은 1.58% 감소한 반면, 남성은 8.69% 감소를 나타냈다. 혈중 유리지방산의 경우, 여성들은 최대산소섭취량의 70% 수준에서 일회성 운동 24시간 후 약 70.5% 증가를 보였고, 12주간 운동 후에는 25% 감소하였다. 그러나 남성들의 경우에는 일회성 운동과 12주간 운동 후 모두 14.49%와 39.13%가 감소하였다. HDL 콜레스테롤은 여성이 3.3%, 남성이 8.8% 증가를 보였다.

지구성 스포츠종목 선수들에서 현저하게 중성지방 수준이 낮게 나타나지만, 일부 파워 및 스피드 스포츠종목의 경우는 일반인과 큰 차이가 없는 경우도 있다. 그러나 LDL 콜레스테롤은 일반인들에 비하여 운동선수들이 낮은 경우가 많은데, 연구 보고에 따라 차이가 있지만, 대략 30~60mg/dℓ 정도가 낮은 것으로 인식되었다.

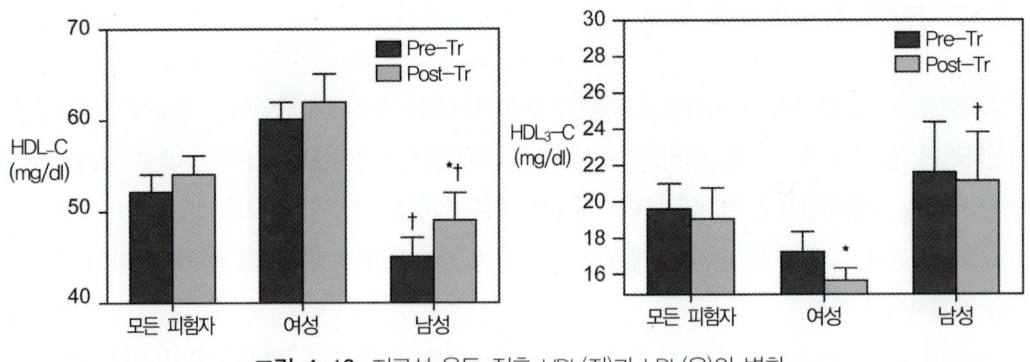

그림 4-12. 지구성 운동 전후 HDL(좌)과 LDL(우)의 변화

3. 운동 프로그램 처방의 적용과 금지대상

가. 적용대상

일반적으로 Ⅱb형, Ⅲ형, Ⅳ형, Ⅴ형 고지혈증을 지닌 경우에는 적극적인 운동처방이 권장되지만, Ⅱa형이나 아포단백 C-Ⅱ 결핍 또는 LPL 결핍 등의 효소 이상이 있는 경우는 운동 프로그램을 적용하기 어렵다. 그러나 비만을 동반하는 Ⅱa형의 고지혈증의 경우에는 운동 적용을 고려할 수 있다.

나. 금지대상

운동 강도가 개개인에 맞게 의학적으로 처방되었다면, 일반적으로 고지혈증 자체 때문에 운동을 금기시할 필요는 없다. 그러나 고지혈증이 초래한 병태나 이차성 고지혈증의 원인 병태, 기타 병발증, 즉 새로운 심근경색, 신장질환·간질환의 급성기, 당뇨병성 산성화, 감염증의 급성기의 경우에는 반드시 금지해야 한다.

4. 운동 프로그램 처방의 실제

가. 운동의 형태

고지혈증 개선을 위한 운동으로 가장 적합한 것은 유산소성 운동이다. 특히 운동에너지 소비량을 증가시키기 위해서는 둔부 및 대퇴부 등의 비교적 큰 근육군들을 이용하는 지속적이고 리드미컬한 형태의 운동들이 권장된다. 아울러 걷기, 조깅, 수영, 자전거 타기 등과 같이 운동 중에 스스로 운동 강도를 조절할 수 있는 운동들이 바람직하다.

나. 운동 처방

1) 운동 강도

비만자는 상하로 몸이 파동을 일으켜 고관절이나 슬관절에 부담을 가중시키는 운동 형태는 가능한 한 피하고, 몸을 거의 수평적으로 이동시키는 형태의 운동을 최대산소섭취량의 50~60% 수준으로 오래 지속하는 것이 바람직하다. 이것은 혈중지질이 주된 운동 에너지원이 되는 중·저강도의 유산소성 운동이다.

자가 측정 가능한 심박수로는 110~130박/분이며, 주관적 운동 강도(PRE)로 보면 '쉽다(11)~다소 힘들다(13)'에 해당하는 수준이다.

2) 운동 지속시간

하루 운동 시간은 30~60분 정도가 적당하다. 1회 운동 지속시간은 에너지원으로서 지질 의존이 높고, 유산소성 운동의 효과를 높이기 위해서는 대략 20분 이상 지속하는 것이 바람직하다. 총 운동시간을 하루 30분에서 1시간으로 목표를 세우고, 1회 운동시간을 20분 정도로 하면 운동은 하루에 몇 회로 나누어 하는 것도 바람직하다.

3) 운동 빈도

혈중지질은 단시간의 운동으로도 변화가 나타나지만, 운동을 중지하면 2~3일 만에 효과가 소멸되어버리기 때문에 기본적으로 운동 빈도는 주 3회에서 6회 미만을 목표로 해야 한다. 조깅의 경우 LDL 콜레스테롤 감소에 필요한 최저 운동량은 주당 6.4km 정도이며, HDL 콜레스테롤의 증가에 필요한 최저 운동량은 주당 12.8km 정도가 요구된다.

운동효과는 HDL 콜레스테롤에서 가장 빨리 나타나는데, 운동 시작 후 약 2주 만에 증가를 보인다. 또한 거의 같은 시기에 중성지방도 감소를 나타낸다. 그러나 LDL 콜레스테롤은 이보다 1~2주 후쯤 감소현상이 나타난다. 유산소성 운동에 의한 고지혈증의 현저한 개선을 위해 요구되는 운동기간은 최저 1개월이며, 대략 3개월이 필요하다. 낮은 강도의 운동인 경우는 약 6개월~1년간 운동을 지속할 필요가 있다.

다. 운동 프로그램 실행에서의 고려사항

고지혈증 환자에서는 동맥경화성 질환을 비롯한 여러 가지 질환을 동반하고 있는 경우가 적지 않다. 따라서 이러한 합병증의 병태를 충분히 인식하여야 한다. 특히 고강도의 운동은 여러 가지 위험부담이 따르기 때문에 운동 강도 설정 시에 반드시 충분한 예비운동이 필요하다.

급격한 유리지방산의 증가는 운동에 따른 부정맥 발생에 관여한다는 것을 인식하고 있어야 한다. 따라서 평소의 운동습관이 생활 속에 정착되도록 해야 한다. 즉 고지혈증 환자는 치료에 관심이 높고 운동에 대한 동기부여도 비교적 잘되기 때문에 중도 탈락도 적은 편이다. 검사 결과에 너무 연연하지 않고, 최종으로 동맥경화 촉진인자의 경감을 목표로 격려를 거듭하여 운동 습관이 정착되도록 한다.

3장 고혈압 질환과 운동 프로그램

 학습목표

- 고혈압의 분류에 대해 이해한다.
- 고혈압의 치료형태에 대해 이해한다.
- 고혈압의 운동처방, 실천에 대해 이해한다.

1. 개요

고혈압(hypertension)이란 비만, 스트레스, 운동 부족, 무기질 부족(칼슘, 칼륨, 마그네슘)과 음주, 고당질 식이, 고지방식, 과도한 염분 섭취 등으로 인하여 혈관 속을 흐르는 혈액이 혈관에 부딪치는 압력이 수축기 140mmHg /이완기 90mmHg 이상인 경우를 말한다. 즉, 안정 시 최대혈압이나 최소혈압이 높은 것이다. 임상적으로 수축기혈압이 130mmHg 미만 또는 확장기혈압이 85mmHg 미만인 것을 정상혈압이라고 한다.

대부분의 경우 고혈압이 되어도 자각증상이 없기 때문에 우연한 기회에 혈압을 측정해서 알게 된다. 그러나 고혈압 상태로 상당기간이 지속되었다면 혈관이나 심장에 문제가 생기게 되고, 그 요인으로 인하여 뇌졸중, 협심증, 심근경색, 심장비대증, 대동맥류, 신장질환 등의 합병증이 발생하게 된다.

가. 고혈압 분류

고혈압에는 혈압을 올리는 질병 요인이 있는 증후성과 확실한 원인이 밝혀지지 않은 본태성으로 구분할 수 있다. 증후성 고혈압의 경우는 고혈압을 일으키는 질환이 있는 것이기 때문에 그것을 우선 치료해야 하는 것으로 여기서는 다루지 않는다.

그러나 본태성의 경우는 특정 원인을 말할 수는 없지만, 노화, 체질, 비만, 과도한 염분섭취, 동맥경화, 신경 및 호르몬 작용, 정신적 스트레스 등의 영향이 있는 것으로 인식되어왔다. 본태성 고혈압이 대부분(90~95%)을 차지하며, 증후성 고혈압 중에는 신장성 고혈압의 빈도가 높은 것으로 나타났다.

일반적으로 고혈압에 대한 분류는 다음과 같이 중증 정도에 따라 경증, 중등증, 중증으로 크게 나눈다(표 4-9).

표 4-9. 일반 성인의 혈압 분류

분류	수축기혈압(mmHg)	확장기혈압(mmHg)
적정혈압	<120	<80
정상혈압	<130	<85
정상범위 고혈압	130~139	85~89
경증 고혈압	140~159	90~99
중등 고혈압	160~179	100~109
중증 고혈압	≧180	≧110
수축기 고혈압	≧140	<90

나. 혈압계측

혈압계측은 안정을 취한 후 앉은 자세에서 실행한다. 계측은 대략 1~2분간 간격으로 3회 계측하고, 거의 동일한 수치를 나타낸 2회 값의 평균을 계측 값으로 기록한다. 고혈압의 판단은 적어도 2회 이상 각기 다른 시점에서의 혈압계측을 통하여 확인 후 확증해야 한다.

2. 고혈압 질환의 치료 형태

고혈압 치료는 무엇보다 식생활습관의 개선이 기본이지만, 식생활습관의 개선만으로 혈압을 낮추려는 목적을 달성하는 것이 그리 쉽지는 않다. 대부분의 경우 혈압약 복용을 병행하는 것이 요구된다. 물론 경증 고혈압의 경우는 식이요법과 운동요법만으로도 만족할 만한 효과를 어렵지 않게 볼 수 있다.

연령을 고려한 혈압유지 목표 범위는 젊은이, 중·장년 및 당뇨 환자의 경우는 130/85mmHg 미만, 고령자는 수축기혈압 140~160mmHg 이하, 확장기혈압 90mmHg 미만이다. 그러나 최근 세계보건기구에서 권장하는 혈압은 가능한 한 낮은 수치의 혈압이다.

가. 식생활습관의 개선

일단 식염 섭취량과 고혈압의 발생 빈도 간에는 정상관이 인식되기 때문에 식염제한을 엄격히 해야 한다. 1일 섭취량을 7g 이하로 억제한다. 또한 알코올과 지방질 섭취를 엄격히 제한해야 한다. 특히 콜레스테롤과 포화지방산의 섭취를 최소화해야 한다. 흡연 자체가 고혈압을 초래하는 것은 아니겠지만, 심혈관계 합병증 측면에서 금연이 반드시 권장되고 있다.

가능한 한 자주 운동을 해서 표준체중($22 \times [신장(m)]^2$)의 20% 이상을 넘지 않도록 주의한다. 체중을 4~5kg만 줄여도 상당한 혈압강하 효과가 나타난다.

나. 약물요법

고혈압환자들은 일반적으로 약물을 복용하고 있기 때문에 운동지도자들은 고혈압 질환자들이 어떠한 약제를 복용하고 있는지, 그리고 그 약물이 운동에 미치는 영향에 대하여 인식하고 있어야 한다. 고혈압 자체가 만성질환이기 때문에 고혈압 질환자들은 이미 자신의 내부 장기에 어느 정도의 장애나 심혈관계 질환을 지니고 있을 경우가 많으며, 당뇨병 등의 위험요인을 가지고 있는 경우에는 설령 고혈압 정도가 가벼워도 약물요법을 해야 하기 때문이다.

일반적인 혈압약으로는 이뇨제, 칼슘길항제, 앤지오텐신 전환효소 억제제(ACE 억제제), 앤지오텐신Ⅱ수용체길항제, β-차단제, α-차단제 등이 고혈압의 병태에 따라 처방되고 있다. 이러한 약제들은 흔히 운동 강도가 올라가도 혈압이나 심박수의 상승이 나타나지 않는 것에 주의하여야 한다. 2013년 고혈압 진료환자 587만 명의 투약일수 분포를 보면, 180일 이상 투약을 받은 환자는 전체 환자의 58.2%를 차지할 정도로 고혈압 환자들은 대부분 약물을 복용한다고 생각해야 한다.

다. 운동요법

1) 고혈압 예방효과

신체활동이 많은 사람들의 고혈압 발생 빈도는 신체활동이 적은 사람들과 비교해서 1/3~1/2로 낮았다. 주당 운동소비 칼로리에 따른 혈압의 변동효과를 살펴보면, 주당, 체중당 4kcal를 소비하는 집단에 비하여 주당, 체중당 12kcal를 소비하는 집단에서 혈압이 더 많이 떨어졌으며, 특히 대조군과 비교하면 수축기혈압은 운동군들 모두 유의하게 대조군보다 혈압이 낮아졌다. 또한 이완기혈압도 운동군들이 대조군에 비하여 모두 낮아졌는데, 주당, 체중당 12kcal를 소비하는 운동군은 유의하게 더 낮아졌다(그림 4-13).

스포츠선수의 고혈압 발생은 일반인들에 비하여 매우 낮다. 운동습관을 가진 사람들의 고혈압 발생 역시 운동습관이 없는 사람들에 비하여 낮았다(그림 4-14). 주당 운동 횟수에 따른 차이를 보

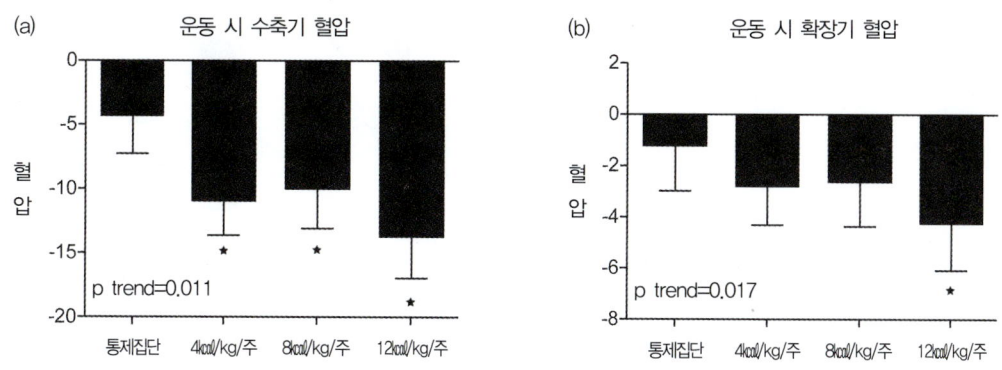

그림 4-13. 운동량이 수축기혈압 및 이완기혈압 변화에 미치는 효과

면, 운동 횟수가 3회 이상일 경우에는 전혀 운동을 하지 않는 사람들에 비하여 고혈압 발생 위험이 50% 정도 감소하는 것으로 나타났다.

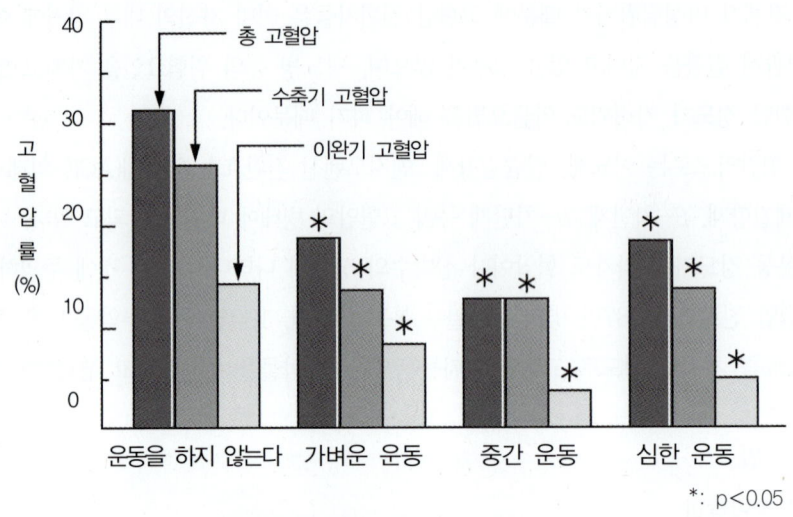

그림 4-14. 운동수행 정도와 혈압 변화

2) 운동에 의한 혈압 저하의 메커니즘

운동은 생체 내 승압계의 작용을 약화시키고, 혈압은 낮추는 기전을 증강함으로써 혈압조절 능력을 개선시킨다. 그 주된 것은 심박출량의 저하와 교감신경활동을 진정시키는 것이다. 신장에 있어 도파민계와 칼리크레인-키닌계의 활성화에 따라 나트륨 이뇨작용이 항진되고, 순환 혈장량이 감소한다. 그 결과 심박출량이 저하되어 혈압이 낮아지게 된다.

또한 혈중 노피에피네프린의 감소에 따라 교감신경계의 활동이 진정되어 심박동수를 낮추게 된

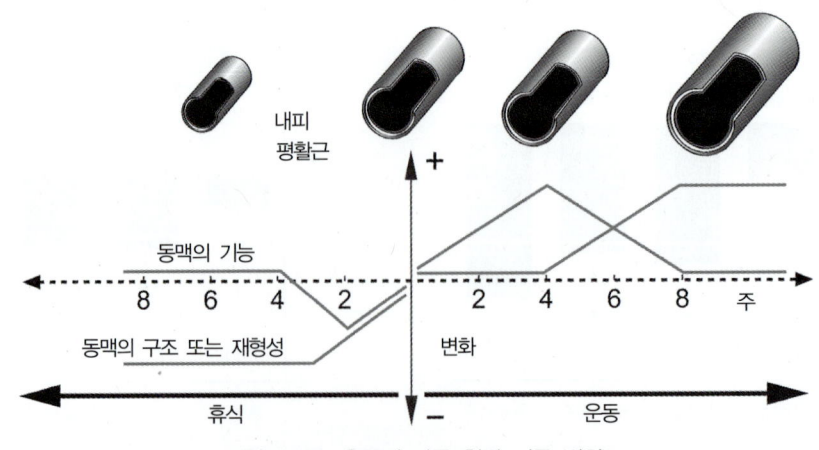

그림 4-15. 운동에 따른 혈관 지름 변화

다. 또한 혈압에 있어 가장 많은 영향을 미치는 요인은 혈관의 지름인데, 일반적으로 혈관의 지름은 운동을 적당히 지속하면 혈관이 굵어져서 혈압을 낮추게 되고, 반면에 운동을 하지 않는 경우에는 혈관 지름이 좁아져서 고혈압을 유발하게 된다(그림 4-13).

3) 운동 프로그램의 적용대상

운동 프로그램 처방이 가능한 고혈압 질환자는 경증자, 운동이 부족한 질환자, 식염 과잉 섭취자, 비만체형의 질환자, 당뇨 질환자 및 스트레스를 많이 받고 있는 사람들이다.

다른 한편, 운동 프로그램 처방이 금기되어야 경우는 고혈압 중증자, 고혈압으로 중증의 합병증이 있는 경우, 순환기 장애가 있는 경우, 그리고 뇌졸중 및 심근경색 발생 초기, 심부전증, 중대한 부정맥 출현, 중증의 호흡기 질환 등이 있을 경우이다. 아울러 중증의 정신장애와 운동장애로 인하여 운동지침을 따르기 곤란하다고 생각되는 고혈압 질환자들도 운동처방은 어렵다.

3. 운동 프로그램 처방의 실제

가. 의료검사

고혈압 질환자들을 대상으로 운동 프로그램을 시행하려는 경우는 반드시 일반적인 의료검사 항목에 더하여 운동 전에 고혈압 진단과 합병증 출현 유무를 확인하여야 한다. 그리고 기초운동능력을 측정·평가한다. 또한 운동 전, 운동 중 및 운동 직후에 혈압을 측정하여 그 변화 동태를 체크하여야 한다.

나. 합병증이 없는 고혈압 질환

1) 운동의 종류

동적인 운동 중에는 근육들이 수축과 이완을 반복하면서 심박출량은 증가시키고 말초혈관의 저항은 떨어뜨리기 때문에 일반적으로 수축기혈압은 높아지지만, 확장기혈압은 일정하거나 오히려 낮아지는 특성을 보인다. 따라서 합병증이 없는 고혈압 질환자들의 경우 유산소성 운동 형태가 매우 바람직하다. 예를 들면 걷기운동, 가벼운 조깅, 자전거 타기, 수영 등의 운동들이다.

또한 고혈압 질환자들은 다양한 밴드를 이용한 근력운동이건, 자신의 체중부하를 통한 근력운동 또는 중량부하를 통한 근력운동이건 적절한 부하를 가지고 동적 근수축 운동을 하지 않으면 근력이 점차 쇠퇴하여 약간의 힘을 쓰는 경우에도 혈압이 올라가는 현상이 나타나게 된다.

그러나 쇠퇴하는 근력을 억제시키기 위하여 일반적으로 정적 근수축 운동은 권장하지 않는다. 왜냐하면 동적 근수축 운동과는 달리 수축기 및 확장기혈압을 모두 더 올리는 특성이 있기 때문이다(그림 4-16). 정적 근력운동을 하면 근육들은 수축상태를 유지하여야 하기 때문에 작용 근육들에 분포하고 있는 모든 혈관들은 압박을 받고 있어야 하는데, 이러한 상태는 혈류에 높은 저항을 일으키게 된다. 따라서 수축기이건 확장기이건 혈관 압박은 확실히 증가한다.

그렇지만 정적 근력운동도 자신의 호흡을 멈추고 힘을 써야 하는 정도의 과도한 부하가 아니고, 입으로 숫자를 세면서 할 수 있는 정도라면 혈압상승은 크게 위험하지 않은 편이다.

또한 활동하는 근육이 많은 전신운동보다 활동하는 근육이 적은 상체의 국소부위 운동을 할 때 혈압은 현저하게 상승한다. 더구나 운동을 경쟁적으로 하는 경우는 매우 위험하다.

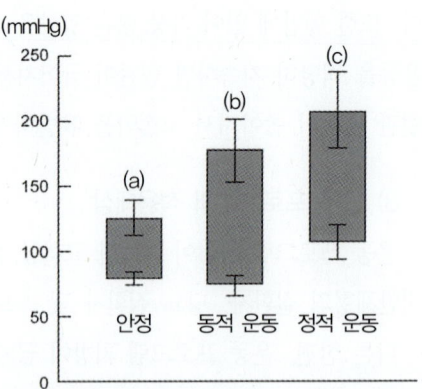

그림 4-16. 운동 형태와 혈압과의 관계
(a) 대조군 (b) 동적 근력운동 (c) 정적 근력운동

2) 운동처방

① 운동의 강도

- 산소섭취량을 지표로 하는 경우

고혈압 질환자들을 위한 운동 강도는 최대산소섭취량의 40~60% 수준이 적당하다. 낮은 운동 강도로 운동을 수행하면 운동 중에 확장기혈압은 오히려 저하하는 경향이 나타난다(그림 4-17). 가벼운 운동의 혈압 저하효과는 고강도 운동에 비하여 더 좋은 결과를 보인다. 운동을 안전하게 오래 지속하기 위해서는 가벼운 운동이 훨씬 바람직하다.

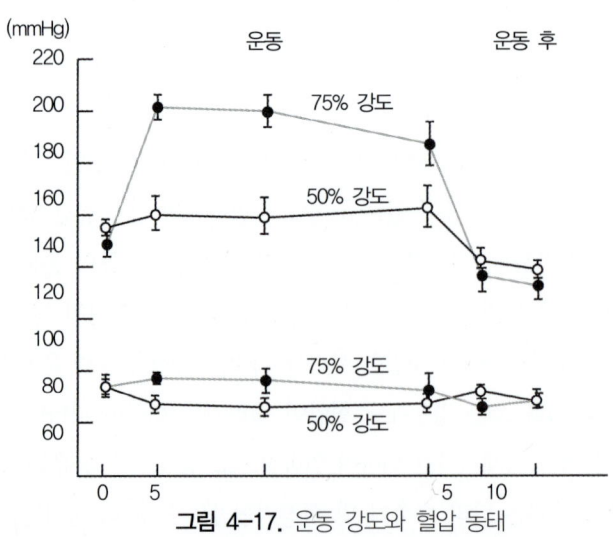

그림 4-17. 운동 강도와 혈압 동태

즉 최대산소섭취량의 75% 강도의 운동 중에는 수축기혈압이 약 60mmHg 상승하였지만, 50%의 운동 강도에서는 약 10mmHg 정도밖에 상승하지 않았다. 더구나 확장기혈압은 오히려 저하하였다.

- 운동 중의 맥박수를 지표로 하는 경우

안정 시 심박수가 정상인 경우에서는 젖산역치(LT)에 상당하는 맥박수는 대략 [138 - (연령 ÷ 2)] 식으로 추정할 수 있다. 1분간 맥박수가 30대 연령에서는 약 120회, 40대에서는 약 115회, 50대에서는 약 110회가 젖산역치 수준에 해당하는 맥박수의 목표로 추정된다. 이때 β-차단제를 복용 중인 환자에서는 그 약물효과에 따라 심박수가 잘 올라가지 않는다는 것을 인식해야 한다. β-차단제는 심박수를 대략 10~20% 감소시키는 약물반응이 나타난다.

- 주관적 운동 강도(RPE)를 지표로 하는 경우

일반적으로 고혈압을 복용하는 질환자들의 심박수나 혈압이 운동에 따른 적절한 반응으로 나타나지 않기 때문에 그러한 생리적 지표를 사용하기보다는 운동 부담의 정도를 심리적인 척도(RPE)에 따라 '가볍게'에서 '다소 힘들다'라고 느끼기 시작하는 정도의 운동 강도를 권장한다. 이 정도의 운동 강도는 거의 젖산역치 수준과 유사하다.

② 운동 지속시간

고혈압 질환자들을 위해서는 1회에 30분에서 60분을 최소 하루걸러 주 3회 또는 매일 운동하는 것이 바람직하다. 운동 빈도와 지속시간 간의 관련성을 보면, 주 3회 운동할 때마다 60분씩 하는 경우나 30분씩 매일 운동을 한 경우나 혈압저하 효과에는 크게 차이가 없었다.

③ 운동 빈도

고혈압은 주 2회 이상 운동을 수행하지 않은 경우는 혈압저하 효과가 그리 크지 않게 나타났다. 전반적으로 고혈압에 대한 운동효과는 운동 초기에 다소 크게 나타나고, 10주를 지나 대략 6개월 정도가 되면 그 효과가 정점에 이르는 경향이 인식되었다. 그러나 운동을 중단하고 한 달 정도가 지나면, 운동으로 얻어졌던 감압효과는 상당히 소실되었다.

3) 운동 프로그램 처방 시 고려사항

운동요법의 적용 및 금기사항을 정확하게 파악하며, 운동에 의한 혈압저하 효과의 한계를 인식해야 한다. 운동에 의한 혈압저하 효과는 개인차가 크고, 일반적으로 수축기혈압에서 약 10mmHg, 확장기혈압에서는 약 5mmHg 정도로 나타난다. 만일 중등도 이상의 고혈압 질환자인 경우에는 약물로 어느 정도 떨어뜨리고 나서 운동요법을 시행토록 해야 한다.

운동지도자들은 혈압저하제의 약물 특성을 잘 이해해야 한다. β-차단제는 심박수를 억제하고, 운동능력을 저하시키며, 또한 약으로 억제된 심박수는 운동 강도의 지표로 적용하기 어렵다. 특히 이뇨제는 심박출량을 감소시키므로 운동에 지장을 초래하는 경우도 있다. 아울러 혈중 저칼륨에 따른 부정맥을 일으키기도 쉬워 주의해야 한다. 또한 혈관확장 작용이 있는 약제인 칼슘 길항제 등을 복용하는 경우는 운동 후의 혈압저하 현상을 피하기 위하여 정리운동 시간을 약간 더 오래 지속하는 것이 권장되고 있다.

4. 혈압약의 종류와 부작용

미국심장학회(AHA, 2014)에 따르면 고혈압 질환자들이 주로 복용하는 약과 부작용에 대하여 다음과 같이 소개하고 있다.

- 이뇨제: 다이클로짓, 트리파몰, 플루덱스, 알닥톤, 라식스, 토렘 등이 주로 많이 쓰이는 이뇨제이며, 체내 칼륨 감소에 따른 무력감, 고요산증, 당뇨병, 고지혈증 등이 발생할 수 있다.
- 교감신경 차단제: 클로니딘, 미니프레스, 알도메트, 딜라트렌드 등이 대표적인 약제이며, 어지럼증, 서맥증, 발기부전 등을 호소할 수 있다.
- 혈관 확장제: 아프레솔린, 로니텐, 나이트로 프루사이드 등이 있으며, 얼굴이 붉어지는 안면홍조, 빈맥증, 다모증 등이 나타날 수 있다.
- 칼슘 통로 차단제: 헤르벤, 아달라트, 베라파밀 등이 있으며, 안면홍조, 잇몸병, 변비, 빈맥증(심계항진, 두근거림) 혹은 서맥증, 발목 부종 등이 나타날 수 있다.
- 앤지오텐신 전환요소 억제제: 카프릴, 레니텍, 시바센, 인히베이스 등이 있으며, 마른기침이 가장 흔한 부작용이고, 여자 환자에서 기침이 자주 발생하고 피부발진 등의 부작용도 나타날 수 있다.
- 앤지오텐신 수용체 차단제: 코자, 하이자, 아타칸, 이베사탄 등이 사용되고 있으며, 비교적 부작용이 적지만, 마른기침이 발생할 수도 있다.

4장 심장 질환과 운동 프로그램

 학습목표

- 심장 질환의 종류와 증세에 대해 이해한다.
- 심장 질환자의 치료형태에 대해 이해한다.
- 심장 질환자의 운동 처방과 실천에 대해 이해한다.

심장병에는 여러 가지 유형이 있는데, 대략 ① 태어날 때부터 심장에 문제가 있는 선천성 심장병, ② 심장의 펌프기능을 위하여 존재하는 심장판막에 문제가 생긴 심장판막증, ③ 본태성 고혈압이나 신장질환 등으로 심장에 과도한 부담에 따라 발생하는 고혈압성 심장병, ④ 심장 근육에 산소와 영양을 공급하는 관상동맥의 경화에 따라 발생하는 협심증과 심근경색, ⑤ 심박동의 리듬을 조절하는 신경자극전도 상의 문제인 부정맥 질환 등이 있다.

이 장에서는 관상동맥의 협착 내지 폐색에 의해 심근에 허혈성 장애가 발생하는 병태인 허혈성 심장질환 중에서 협심증과 심근경색을 위한 운동 프로그램에 대하여 소개한다.

1. 협심증(angina pectorialis)

심장에 피를 공급하는 관상동맥(coronary artery)이 좁아지고 동맥 내에 핏덩어리(혈전)가 생기거나 동맥이 수축하면 가슴에 통증이 생기는 경우를 일컬어 심장을 조인다고 해서 '협심증'이라고 한다. 즉, 협심증은 심장 근육의 산소요구량에 대하여 관상동맥에서의 산소공급이 일시적으로 부족하여 흉부 불쾌감과 압박감을 자각하는 병태이다. 그러나 일반적으로 협심증은 허혈성 괴사를 동반하지는 않는다.

IV부 노인 질환별 운동 프로그램 설계

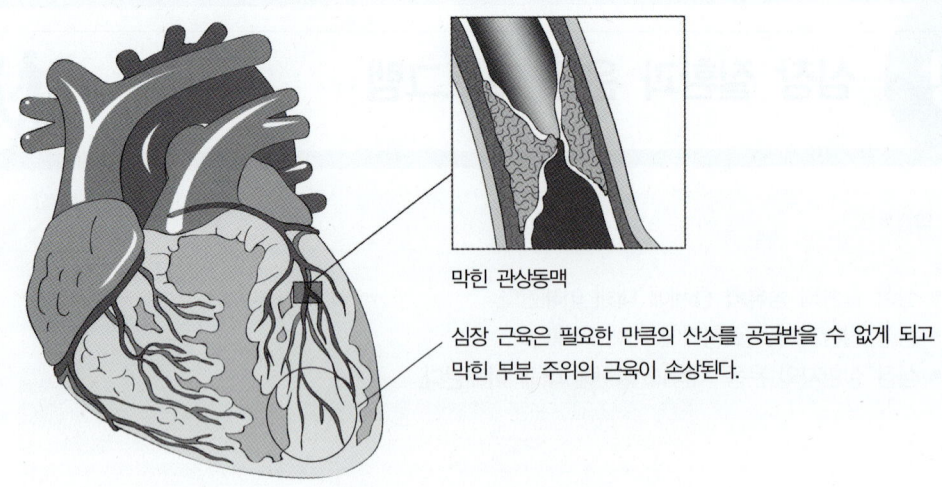

막힌 관상동맥

심장 근육은 필요한 만큼의 산소를 공급받을 수 없게 되고 막힌 부분 주위의 근육이 손상된다.

그림 4-18. 심장의 관상동맥혈관

가. 협심증의 분류

미국심장협회에 따르면 협심증은 안정형 협심증, 불안정형 협심증, 이형성 협심증으로 분류된다. 이 중에서 불안정형 협심증이 가장 위험하다. 불안정형 협심증은 일반적인 패턴에서 벗어나며, 신체의 힘든 활동과 무관하게 나타날 수도 있다.

1) 안정형 협심증

가장 일반적인 형태의 협심증이며, 흉부의 불편감이 대개 예측 가능하다. 증상은 주로 계단을 오르거나 달리는 등 신체활동이나 심한 정신적 스트레스를 받는 상황에서 흉부에 불편감이 나타난다. 그러나 이러한 증상은 휴식이나 니트로글리세린 같은 약물로 호전된다.

2) 불안정형 협심증

이 협심증의 경우에는 흉통을 예측할 수 없으며 쉬는 중에 발생한다. 동맥경화증에 의해 관상동맥이 좁아져서 심장 근육에 혈액공급이 감소하는 것이 주된 발생 이유이다. 관상동맥이 혈액 찌꺼기로 인하여 부분적으로 좁아지거나 혈관이 비정상적으로 수축하게 되므로 혈액의 공급이 감소하게 된다. 또한 감염이나 염증질환에 의해서도 불안정형 협심증이 유발될 수 있다. 이러한 불안정형 협심증은 응급으로 치료해야 하는 급성관상동맥 증후군의 하나이다.

3) 이형성 협심증

'변이형 협심증'이라고도 부르는데, 대개 휴식 중에 발생하며 전형적인 협심증의 양상과는 다르다. 즉, 운동이나 스트레스에 의해 유발되는 것이 아니고 일시적인 관상동맥의 경련에 의해 유발된다. 협심증의 양상이 매우 고통스럽고 대개 자정부터 아침 8시 사이에 발생한다. 여자보다는 남자에서 발생 빈도가 높으며, 흡연이 중요한 위험 인자인 것으로 알려져 왔다. 이형성 협심증이 의심되는 환자 또한 신속히 적절한 진단과 치료를 받아야 한다.

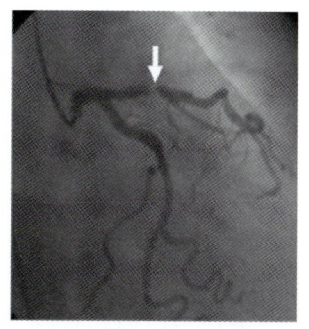 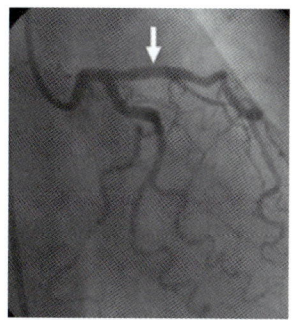

70세 협심증 환자로서 좌전하행지 관상동맥이 99% 막혀 있어서 관상동맥 조영술로 진단한 다음(왼쪽 그림), 스텐트 삽입술을 시행하여 잘 넓혀서 성공적으로 치료함(오른쪽 그림).

그림 4-19. 협심증 환자의 관상동맥혈관 영상

2. 심근경색(myocardial infarction)

가. 개요

급성 심근경색증이란 심장의 근육에 혈액을 공급하는 관상동맥이 여러 가지 원인에 의해 갑자기 막혀서 심근에 괴사가 일어나는 질환이다. 관상동맥의 막힘을 유발하는 원인으로서는 관상동맥의 아테롬 변성이나 혈전 등 여러 가지 요인이 있다.

이 질환은 선진국뿐만 아니라 우리나라에서 가장 흔한 입원의 원인 질환 중의 하나이면서 가장 높은 사망 원인 중의 하나이기도 하다. 심근경색증에 따른 사망률은 약 30%에 이르며, 대개 사망환자의 50% 이상은 의료센터에 도착하기도 전에 사망하는 것으로 알려졌다.

따라서 심근경색이 발생한 경우에는 얼마나 신속히 응급처치와 함께 전문 의료센터에 내원하여 치료를 받는가가 가장 중요하다. 즉, 4시간 이내에 시술이 되어야 예후가 좋다고 한다. 시술시간이 늦을수록 좋지 않은데, 1시간씩 지연될 때마다 사망률은 대략 1% 정도씩 증가한다고 한다. 증상이 발생하고 난 뒤 1시간 이내에 시술하면 사망률을 50% 이상 낮출 수 있는 것으로 시사되었다.

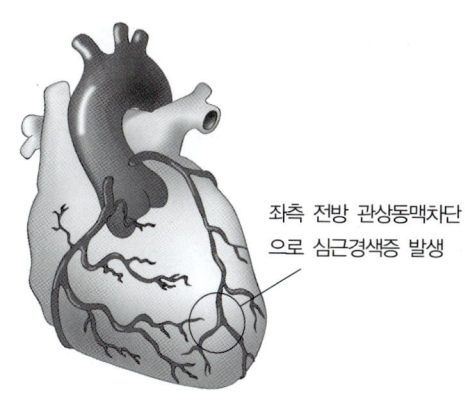

좌측 전방 관상동맥차단으로 심근경색증 발생

그림 4-20. 관상동맥의 차단에 따른 심근경색

나. 심근경색의 분류

심근경색은 우선 경색의 증상이 발생한 시기에 따라 급성(acute) 심근경색과 만성(chronic) 심근경색으로 분류할 수 있는데, 일반적으로 증상 발생으로부터 1개월 이내의 경우를 급성 심근경색이라 하고, 그 이후의 경우를 만성 심근경색이라고 부르지만, 그 진행기간에 대하여 명확하게 규정하는 것은 쉽지 않다. 다른 한편, 경색 부위에 따라 좌심실 경색과 우심실 경색으로도 분류한다. 우심실 경색은 심근하벽 경색의 약 30%를 동반하는 경우가 일반적이라 한다.

다. 허혈성 심질환의 치료 형태

1) 협심증의 치료

안정형 협심증의 치료원칙은 심근에 있어 산소의 공급 밸런스를 개선하는 것이고, 이형성 협심증의 치료는 관상동맥이 수축되는 것을 예방하는 데 있다. 안정형 협심증의 치료는 심근으로의 산소 공급 증가문제와 심근의 산소수요에 대한 경감문제가 초점이다.

규칙적인 운동요법은 심박동수와 혈압반응을 저하시키는 측면에서 β-차단제 같은 효과가 있다고 인식되고 있다.

이형성 협심증의 주된 치료는 칼슘 길항제에 의한 관상동맥 수축에 대한 예방이다. 약제에 따른 컨트롤이 잘되면 신체활동은 특별히 제한하지 않지만, 간혹 운동 중에 과환기로 유발되는 혈관수축이 있으므로 격렬한 운동은 금기한다.

2) 심근경색의 치료

심근경색 질환자의 경우 증상 발생 1개월이 지난 회복기에 운동요법이 적용 가능할 수 있을 것이다. 운동요법이 심근의 활동 이상을 개선시킨다는 보고는 있지만, 아직 일반적이지는 않다고 생각된다.

다른 한편, 운동요법으로 유산소 운동능력이 향상된 요인에는 앤지오텐신 전환효소(ACE) 억제제 또는 α-차단제나 β-차단제 등에 의한 기여효과도 포함된다고 인식되어왔다.

라. 심장질환자에게 왜 운동이 권장되는가?

1) 운동요법의 의의

심장질환자에 있어 운동요법의 중요성은 신체기능의 향상에 의해 일상생활이나 노작 시 심장 부담의 경감이나 자각증상을 개선시킴과 함께 건강관련 삶의 질을 향상시키고, 생명 예후를 개선하는 데 있다. 즉, 운동요법으로 최대산소섭취량이나 근력이 증가되면 일상생활과 신체활동 중에 발생하는 심장의 부담도(double product)를 상당히 낮출 수 있다(그림 4-21).

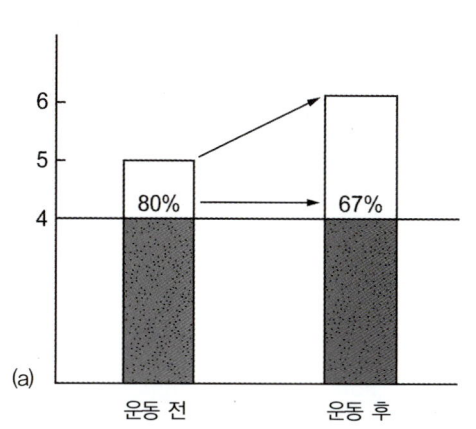 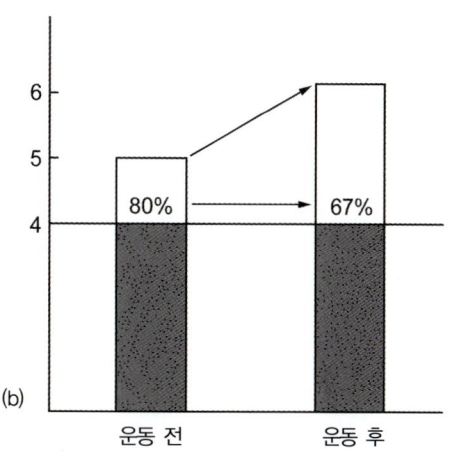

그림 4-21. 운동 전후 최대산소섭취량(a: METs)과 최대 근력의 증가(b: kg)

운동요법이 약물요법 등과 병행하여 권장되는 것은 상승효과가 인정되기 때문이다. 즉, 약물요법이나 식사요법과 병행하는 경우 그 목적하는 바 효과를 가장 높일 수 있다. 그러나 심혈관 질환자들에 대한 운동요법의 적용은 우선 전문의의 처방과 올바른 적용기준에 따르는 것이 절대적으로 필요하다. 운동지도자 단독으로 심혈관 질환자들의 운동처방과 운동을 지도하는 것은 권장되지 않는다.

2) 운동요법의 적용대상

① 운동요법 금지대상

- ㉠ 치료방침이 확립되지 않은 경우
- ㉡ 운동요법에 의욕이 없는 경우
- ㉢ 치료 안 된 중증 관상동맥 병변(좌측 관상동맥 주간부 병변이나 중증 병변)의 경우
- ㉣ 협심증 발작의 악화시기
- ㉤ 심부전 징후가 발현된 경우
- ㉥ 고혈압이나 부정맥의 약물 컨트롤이 잘되지 않는 경우
- ㉦ 당뇨병으로 혈당 컨트롤이 잘되지 않는 경우
- ㉧ 만성 신부전의 악화시기
- ㉨ 염증성 질환의 급성기
- ㉩ 고온다습 또는 추운 환경 조건인 경우

② 운동요법의 적용대상

운동요법 적용 가능 대상으로 적절한 경우는 허혈성 심장질환과 심부전, 안정형 협심증 환자들이다. 심부전 환자에서 운동요법이 적용되는 것은 수축장애를 가진 확장형 심근증이고, 확장장애를 보이는 비대형 심근증은 운동요법의 효과는 기대할 수 없으며, 적용은 안 된다.

마. 운동 프로그램 처방의 실제(회복기의 운동처방)

회복기에 대한 명확한 정의는 없지만, 일반적으로 증상 발생 3~4주 내지 8주 정도가 경과되면 회복기로 인식한다. 물론 고령자의 경우는 이보다 긴 기간에 걸쳐 회복하는 경우가 흔하다. 심장질환자들의 회복기 운동 프로그램은 반드시 개별화되고, 감시형으로 진행되어야 한다.

1) 유산소성 운동

① 운동 형태

회복기 유산소성 운동은 보행이나 자전거 타기 등 운동 중의 심박수 및 혈압 모니터링이 용이한 운동 형태를 선택한다. 일반적으로 회복기에 있어 운동 시 고혈압이나 부정맥은 자각증상을 동반하지 않는다. 따라서 회복기는 고혈압이나 부정맥 모니터링이 필요하다. 수영 등 심박수 및 혈압 모니터링이 곤란한 운동은 절대로 회복기에는 금지해야 한다.

② 운동처방

㉠ 운동 강도

운동 강도는 점진적 운동부하검사의 결과에 따라 처방한다. 심박수로 처방하는 경우는 카보넨 공식*을 사용하여 처방해야 한다. 어떤 경우에도 산출된 심박수의 ±5회를 목표 심박수로 한다.

㉡ 운동 지속시간

1회의 유산소성 운동 지속시간은 적어도 적정 운동 강도에서 15~20분 지속하는 것이 필요하다. 운동 지속 시간에는 준비운동과 정리운동도 각각 3~5분씩 추가한다. 준비운동은 활동근육의 혈관 확장을 촉진하는 것으로 운동 초기에 오는 심장의 부담을 줄여준다. 운동 시작 후 빠른 시간 내에 혈관 확장이 이루어지지 않는 중증의 당뇨병이나 심부전증을 동반하고 있는 경우에는 준비운동 시간을 충분히 길게 해야 한다. 정리운동은 돌연 운동 중지에 따른 급격한 혈압저하와 정맥환류의 저하를 막는 것으로 심박출량 및 관상동맥 혈류량 저하를 방지한다.

㉢ 운동 빈도

유산소성 운동의 빈도는 주 3회 이상을 목표로 운동처방을 한다. 하루에 몇 번 나누어 해도 유산소능력의 개선효과에는 차이가 없다. 심질환자들의 경우는 대략 오전보다는 오후 시간을 이용하여 짧게 여러 번 운동하는 것이 바람직하다.

> **카보넨 공식**
> 목표 심박수 = 안정 시 심박수 + (최대 심박수 − 안정 시 심박수) × 운동 강도

2) 근력강화운동

① 운동처방

㉠ 운동 강도

근력강화운동은 대상으로 하는 부위의 최대 근력(1RM)의 40~60% 수준으로 처방한다. 근력운동에 있어서 가장 주의해야 할 것은 혈압 상승이지만, 40~60% 수준에서는 등척성 요소를 최소화하면 위험을 거의 줄일 수 있다. 지나친 혈압상승을 피하기 위해서는 반드시 호흡중지에 의한 발살바(Valsalva) 현상을 피해야 한다.

㉡ 반복 횟수

각 근육부위당 반복 횟수는 10~20회 정도로 하고, 반복 횟수 간의 휴식시간을 길게 취한다. 반복 횟수 간의 휴식을 통하여 안정 시 혈압을 회복토록 한다.

㉢ 운동근군

하체는 보행에 관련한 항중력근을 중심으로 하고, 상체는 어깨나 팔의 굴근 등 물건을 잡거나 들어 올리는 데 주로 사용되는 근육군을 대상으로 처방한다. 대략 근력운동 부위는 전신운동의 관점에서 8부위 정도가 권장되고 있다.

② 근력강화운동에서 고려해야 할 점

근력강화운동 자체는 위험을 동반하는 운동 형태는 아니다. 따라서 고령자나 여성 환자 등 운동능력이 낮은 사람들의 경우는 특히 적용해야 할 것이다. 운동지도자들은 의자에서 스쿼트나 플라스틱 물통을 이용한 상지운동 또는 가정에서도 할 수 있는 간단한 방법들을 지도하고 안전한 범위 내에서 운동을 생활화하도록 권장해야 한다.

5장. 당뇨병과 운동 프로그램

> **학습목표**
> - 당뇨병의 분류와 진단기준에 대해 이해한다.
> - 당뇨병의 치료형태에 대해 이해한다.
> - 당뇨병의 운동 처방과 실천에 대해 이해한다.

1. 개요

현재 우리나라 전체 인구의 약 7.8%가 당뇨병을 앓는 것으로 나타났으며, 2050년경에는 대략 10%로 증가할 것으로 예측되었다. 당뇨는 한 번 발병하면 치료가 쉽지 않고 실명, 신장질환, 심장질환 및 외과적 말초질환에 따른 절단 등 심각한 합병증을 유발한다.

모든 세포는 에너지원의 형태로 당이 필요하다. 췌장에서 생성된 호르몬인 인슐린은 세포들이 혈액에서 당을 추출해낼 수 있도록 도와준다. 당뇨병에 걸리면 신체는 인슐린의 효과적인 생성과 사용을 할 수 없게 된다. 그래서 혈액 속에 당의 양이 많아지게 된다.

노화, 비만과 운동하지 않는 생활방식으로 악화된 제2형 당뇨병은 선진국의 노인들 사이에서 전염병처럼 유행하고 있다. 운동과 신체활동은 당연히 체중조절뿐만 아니라 혈당의 수치를 적당한 수준으로 낮춰주며, 인슐린 분비에 대한 신체의 자극 반응성을 높여준다. 이러한 요인들은 당뇨병이 있어도 그것을 잘 조절할 수 있도록 도와준다. 더구나 확실히 당뇨질환의 악화속도와 타 장기에로의 합병증 발생을 지연시켜주는 것으로 입증되어왔다.

가. 당뇨병의 분류

당뇨병은 그 발생 원인에 따라 분류한다. 즉, 췌장 β-세포의 파괴에 따라 인슐린을 분비하지 못하여 인슐린 절대 결핍에 따라 발생하는 제1형의 당뇨병이 있다. 당뇨환자 중 대략 5~10%를 차지하며, 이들은 매일 인슐린 주사를 맞아야 한다. 반면에 인슐린 분비기능은 존재하나 분비가 저하되거나 인슐린 저항성으로 인하여 혈중 인슐린의 상대적 부족에 기인하는 제2형의 당뇨병이 있다.

나. 당뇨병의 진단기준

당뇨병의 진단기준에 따라 일반적으로 정상, 당뇨병 경계형 및 당뇨병 형으로 분류할 수 있다. 혈당의 기준은 정맥혈장에서의 혈당수준으로 하는데, 지속적으로 당뇨 범위에 속한 것을 당뇨병이라고 진단한다. 당뇨병 경계형은 당뇨병으로 이행되는 비율이 높게 나타난다.

① 정상기준: 공복 시 혈당(FBG)이 110mg/dℓ 미만인 경우 또는 당 75g이 함유된 용액(OGTT) 섭취 후 2시간 경과시점에서 혈당이 140mg/dℓ 미만으로 나타난 경우이다.
② 당뇨병 형: 공복 시 혈당(FBG)이 126mg/dℓ 또는 당 75g이 함유된 용액(OGTT) 섭취 후 2시간 경과시점의 혈당이 200mg/dℓ를 보인 경우이다.
③ 당뇨경계형: 정상기준과 당뇨병 기준의 중간에 속한 것이다.

일반적으로 당뇨병 형을 나타내는 기준범위에 속하면서 다음과 같은 사항들이 나타나게 되면 당뇨병이라고 진단하게 된다.

① 당뇨병의 전형적인 3가지 증상(갈증, 다음, 다뇨)이 출현하면서 체중 감소가 나타났다.
② 당화혈색소(HbA1C) 값이 6.5% 이상으로 나타났다.
③ 확실한 당뇨병성 망막증이 출현했다.

그림 4-22. 당뇨병의 전형적인 증상들

2. 당뇨병의 치료 형태

당뇨병을 개선하기 위하여 가장 기본적이고 일반적인 방법은 식이요법과 운동요법 그리고 약물요법이라 할 수 있다. 당뇨는 대사성 질환이기 때문에 몸에서 일어나는 신진대사에 영향을 미치는 요인들을 개선하지 않으면 안 된다. 혈당수치가 아주 높은 경우를 제외하고는 약물에 지나치게 의존하는 것은 근본적으로 당뇨병을 개선하는 데 바람직하지 않은 것으로 인식되어왔다.

따라서 당뇨병 환자들은 최우선적으로 식이조절을 통하여 당부하가 높은 식품섭취를 조절하고, 운동요법을 통하여 적절히 당대사를 촉진시키도록 하여야 한다. 우리 몸에 골격근이 많으면 많을수록 당대사 조절에 유리한 것으로 알려져 왔다.

3. 운동 프로그램 처방의 적용대상

당뇨병 환자의 운동요법이 절대 금기시되지 않는 이유는 당뇨병 치료의 목적은 단순한 혈당의 컨트롤에 멈추지 않고, 혈관병변의 악화를 막는 데 있기 때문이다. 따라서 당뇨병 환자의 운동 프로그램 처방은 당뇨의 유형에 관계없이 당뇨 조절이 안정적인지 불안정한지에 따라 고려되어야 한다.

가. 운동 프로그램 처방 적용대상

공복혈당(FBG)이 160mg/dℓ 이하이거나 식후 혈당이 250mg/dℓ 이하인 경우 또는 당화혈색소(HbA1C)가 10% 이하인 경우는 운동 프로그램을 수행하여도 무방하다. 이러한 조건은 1형이나 2형 당뇨 모두에 적용될 수 있다. 운동요법의 단기적 목적은 운동 시의 혈당 이용능력 향상에 있다.

나. 운동 프로그램 처방 금지대상(ACSM)

1) 절대적 금기사항
① 케톤산혈증(ketoacidosis)이 발생한 경우는 금지한다. 운동 후 케톤산혈증은 격렬한 운동을 1~3시간 수행한 후에 발생한다.
② 심혈관 장애나 감염증을 합병하고 있는 경우에는 금지한다.
③ 망막증에서는 Scott Ⅲ 이상의 새로운 출혈이 나타나는 경우 금지한다.

2) 상대적 금기
① 증식성 망막증 전 단계에서 망막의 신생혈관의 치료를 시행한 경우는 주의한다.
② 신장 합병증이 나타난 경우는 운동으로 신장의 혈류량이 저하할 위험이 높다.
③ 지속성 단백뇨가 나타나는 경우는 주의한다.

④ 미세혈관 질환이 있는 경우에는 운동을 고려한다.
⑤ 투약에 따른 혈당의 반응을 고려한다.

3) 당뇨병 환자를 위한 운동처방 3원칙
① 운동 강도를 점증적으로 올릴 수 있는 운동으로 한다.
② 운동 강도에 따라 신체활동량을 계산할 수 있는 운동으로 한다.
③ 환자의 신체기능과 활동환경이 고려된 운동으로 한다.

신체활동량은 안정시대사율(MET)로 계산할 수 있으며, 1회 운동량은 1단위 80kcal이나 그 1/2인 40kcal를 소비시킬 수 있는 종목으로 한다. 구기 종목을 지도하는 경우는 메트로놈이나 박자가 확실한 음악 미디어를 사용하여 리듬을 유지하게 하면 좋다.

신체활동 종목은 다양한 일상생활동작(ADL)으로 구성해도 문제는 없다. 지도해야 할 운동종목이 확실히 준비되지 않는 경우에는 보행운동을 지도한다. 신체기능이란 근력, 관절가동범위, 밸런스 능력 등의 정도를 말하며, 활동환경이란 운동장소와 운동도구 등의 준비성을 말한다.

4. 운동처방 프로그램의 구성개념

당뇨질환에 대한 운동처방은 될 수 있는 한 지질대사를 촉진시켜 세포들의 인슐린 민감성을 높여줄 수 있도록 운동영양학과 트레이닝 이론에 바탕을 두어 운동의 종류, 운동 강도, 운동 지속시간, 운동 빈도를 고려해야 한다. 칼로리 소모와 체중감량에 중점을 두고 주당 1,000칼로리의 소비 운동을 목표로 한다.

가. 당뇨질환을 위한 운동 형태

운동종목은 큰 근육을 움직이게 하는 전신적인 것이며, 리듬적인 것이 적합하다. 예를 들어 걷기 운동, 조깅, 자전거 타기, 수영 등이 권장된다. 또한 당대사의 완충작용을 하는 골격근육량을 늘리는 것이 매우 중요하기 때문에 근력운동을 적극적으로 수행할 필요가 있다.

나. 운동처방(intencity)

1) 운동 강도

당뇨질환자를 위한 운동 강도는 각 개인에 대사효과가 나타나는 적절한 정도가 설정되어야 한다. 물론 낮은 강도의 운동에서 시작하여 서서히 증가시켜 최대산소섭취량(VO_2max)의 40~60% 정도에 상당하는 중·저강도의 운동을 지속적으로 유지하는 것이 바람직하다.

즉, 당뇨병의 운동처방에서는 최대산소섭취량의 30~40%를 낮은 강도로부터 40~60% 이상을 고강도(격렬한 운동)로 적용하고 있다. 아울러 최대산소섭취량의 30~40%에 해당하는 강도에서의 심박수는 100회를 넘는 경우가 흔한데, 최대심박수로 환산한다면 30~50% 수준이 되는 정도이다. 2형 당뇨병 환자에 대한 운동부하 임상실험의 결과, 운동부하 중의 혈당강하 효과는 중등도 정도의 운동 강도에서 가장 크게 나타났지만, 운동 종료 후에는 고강도 운동에서 마찬가지로 리바운드 현상이 나타났다.

혈당이 높아지면 동맥경화 등의 혈관병변을 확실히 진행시키게 된다. 동일 운동량 조건인 경우, 저강도로 운동할 때 가장 오랜 시간 동안 혈당을 일정하게 유지할 수 있었다. 낮은 강도에서의 운동은 성취감을 느끼게 하기 때문에 운동 강화인자로서 활용할 수 있다. 특히 중강도 이상의 근력운동의 경우는 근수축에 따른 카테콜아민이 운동 직후부터 급상승하는데, 이러한 현상은 또 다른 내분비 증가에도 확실히 영향을 미치게 된다.

① 유산소성 운동 강도 설정
- 낮은 강도의 운동 심박수를 구하는 간편한 방법(카보넨 식)
  [(최대예측맥박수 − 안정 시 맥박수) × 운동 강도(%)] − 안정 시 맥박수
- 환자에게 자신의 맥박을 측정하는 방법을 연습시키고, 운동은 낮은 강도(30~50%)에서 시작하게 한다.
- 분속 80~100m는 속보, 분속 30~40m는 느린 보행에 속한다.

최대예측심박수(MPHR) = 220 − 연령(대상자)이 된다. 그러나 대상자가 60세 이상인 경우에는 200−연령으로 수정한다. 이 수치에서 안정 시의 심박수(HR)를 뺀 수치의 30~40%를 안정 시의 심박수에 더하는 것으로 목표 심박수를 산출한다.

② 근력운동 강도 설정
- 최대근력(1RM)의 30~50% 수준으로 15회 이상 반복하도록 한다.
- 운동부위는 상체, 몸통, 하체부위에서 총 8부위를 운동한다.

2) 운동 지속시간(time)
- 운동 지속시간은 1회 20~60분으로 한다.
- 일반적으로 식후 30~60분 경과 후 운동을 실시한다.

3) 운동 빈도(frequency)
- 3일 이상 간격을 두지 말고, 1주에 3~5회의 운동 빈도로 한다.

- 가능한 한 운동 빈도를 자주 하는 것이 효과적이다.
- 당뇨병 환자의 운동요법에서는 운동 강도와 운동량 이외에 하루의 신체활동량이 혈당 컨트롤에 영향을 미친다.

5. 운동 프로그램 효과

펜실베이니아 주립대학 졸업생 약 6,000명을 대상으로 한 연구에서 신체활동량에 비례해서 제2형 당뇨의 발병률이 낮아지는 것으로 나타났다. 평균적으로 활발한 신체활동(주당 500칼로리)을 한 사람들은 당뇨 발생률이 6% 감소하였다. 더구나 격렬한 스포츠에 참여했던 사람들이 걷기나 계단 오르기 등으로 칼로리를 소비했던 사람들보다 더 효과적이었다.

미국간호사건강연구에서 보고된 바에 따르면, 적어도 주 1회 이상 격렬한 운동을 한 여성이 전혀 신체활동을 하지 않은 여성들보다 제2형 당뇨병에 걸릴 위험률이 16%나 낮았다.

당뇨 발생 위험이 매우 높은 약 3,000명을 대상으로 세 그룹으로 나누어 당뇨 예방 프로그램에 대한 실험연구를 진행하였다. 즉 식이요법과 운동을 병행한 그룹, 당뇨 치료약인 메트포민(metformin) 복용 그룹, 그리고 대조군은 플라시보를 복용시켰다. 그 결과 대조군보다 두 실험군에서 모두 좋은 결과가 인식되었는데, 특히 식이요법과 운동을 병행한 그룹에서 당뇨 발생 위험이 58% 감소한 것으로 나타났다.

6장 호흡계 질환과 운동 프로그램

 학습목표

- 호흡계 질환의 종류와 진단기준에 대해 이해한다.
- 호흡계 질환의 치료형태에 대해 이해한다.
- 호흡계 질환의 운동 처방과 실천에 대해 이해한다.

호흡계 질환은 일반적으로 감염과 염증성 질환, 급성 및 외상성 질환, 그리고 만성폐쇄성 질환(chronic obstructive pulmonary disease: COPD)으로 나눌 수 있다. 감염과 염증성 질환에는 급성 기관지염(bronchitis), 폐렴(pneumonia), 결핵(tuberculosis), 기관지확장증(bronchiectasis)이 있으며, 급성 및 외상성 질환에는 기흉(pneumothorax)과 혈흉(hemothorax)이 있다. 만성폐쇄성 질환에는 기관지천식(이하 천식), 폐기종과 만성기관지염이 있다. 본 장의 호흡계 질환과 운동 프로그램에서는 만성폐쇄성 질환인 기관지천식과 만성기관지염에 대해서만 다루도록 한다.

1. 천식(asthma)

가. 개요

천식은 기관지의 협착, 기도폐색 혹은 염증 발생으로 나타나는 흔한 폐질환 중의 하나인데, 어떤 유발물질이 기도를 자극하게 되면 그 즉시 과잉반응을 나타내며 기도가 좁아지면서 기관지 경련을 일으킨다. 또한 이때 끊임없는 기침과 호흡수가 급격히 증가하게 되고, 천명소리와 함께 심한 호흡곤란 증세로 고통을 보이게 된다.

일반적으로 천식을 일으키는 원인은 90% 이상 알레르기에 의한 것으로 그 원인물질을 알러젠(allergen)이라고 한다. 알러젠은 침입경로에 따라 흡입성, 식사성, 감염성 등으로 나누는데, 기관지천식은 주로 흡입성 인자들이 일으킨다.

2012년 우리나라의 천식 유병률은 2.8%로 미국의 8.0%에 비하여 높은 수준은 아니지만, 매년 증가하고 있는 추세이다. 이는 대기오염을 유발하는 각종 자동차 및 공장의 공해와 더불어 요즘에는 특히 중국으로부터 유입되고 있는 각종 유해성 대기오염 물질이 주된 요인이라고 생각된다. 이러한 대기환경은 심폐기능이 떨어지는 어린이와 노약자들에게는 심각한 위협이 되고 있다. 또한 높은 흡연율과 운동 부족 등의 요인도 기관지천식 발생의 한 요인일 수 있다.

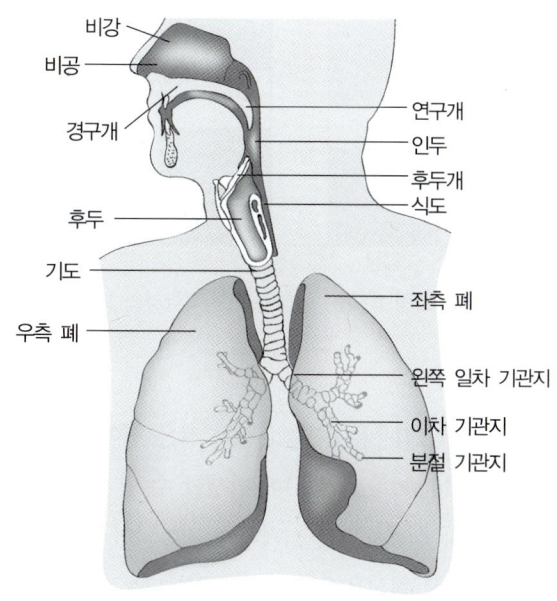

그림 4-23. 호흡기계의 일반적 구조

그림 4-24. 세기관지의 정상 구조와 천식유발 기관지 구조

나. 천식질환의 치료 형태

어린이 천식의 경우는 성인이 되면 대략 50%는 자연적이거나 약물로 인하여 치료되는 경우가 많다. 그렇지 않은 경우에는 원인 제거, 대증요법, 심리요법, 단련요법 등의 여러 가지 방법으로 치료한다. 단련요법의 경우 건포마찰, 냉온수욕, 복식호흡 등 여러 가지가 있지만, 운동요법도 중요한 하나의 위치를 차지하고 있다.

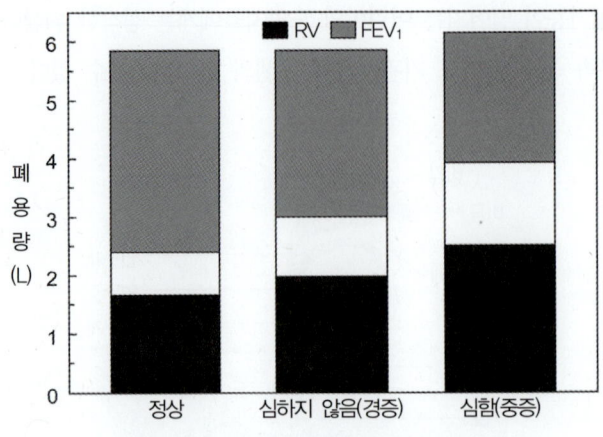
그림 4-25. 정상인과 천식환자의 폐기능

다. 운동요법의 적용대상

천식질환자들에게 운동요법의 적용은 양날의 칼과 같은 면이 있다. 운동 형태와 강도에 따라 운동 유발성 천식(exercise-induced asthma)이 발생할 수 있기 때문이다. 그러나 천식환자들이 운동을 자꾸 기피하게 되면 결국 심폐능력이 심각하게 저하되어 오히려 약간의 신체활동에도 천식을 일으키게 될 것이다. 운동유발성 천식은 누구에게나 일어나는 것이 아니고, 일반적으로 기관지천식이 심할수록 발생하기 쉽기 때문에 천식이 중증인 사람들은 전문의와 상의가 필요하다. 또한 고령의 천식환자들은 천식이 없는 사람들보다 심장발작 위험이 70%나 더 높다고 보고되었기 때문에 심장질환 위험요소를 지니고 있는 천식질환자들은 운동 참여를 심각히 고려해야 한다. 천식질환자들이 운동을 하는 경우에는 반드시 운동 전에 필요한 약물처방을 해야 하며, 응급 시를 대비하여 구급약을 소지토록 한다.

라. 운동 프로그램 처방의 실제

1) 운동 형태

천식에 대한 운동의 효과는 다음과 같이 나타난다. 첫째, 폐포의 탄력성을 높여주고, 호흡기능의 저하를 막아준다. 둘째, 호흡에 필요한 호흡근들을 강화시켜주고, 호흡기능을 높여준다. 셋째, 전신 지구력을 높여준다. 그리고 운동자극에도 부교감신경이 과민하게 반응하지 않게 된다.

천식질환자들에게 가장 흔하게 권장되는 운동은 수중운동에서의 운동들이다.

이것은 운동유발성 천식이 비교적 발생하지 않는 환경에서 운동을 하게 되기 때문이다. 즉 수중운동들은 날씨가 더운 여름철 또는 수온이 높은 장소에서 하기 때문에 호흡기관지가 냉각되어 수축될 확률도 적고, 수면의 습도 또한 90% 이상으로 높기 때문에 기관지가 건조해지는 일도 거의 없기 때문이다.

또한 수영은 호흡법이 매우 중요하고 반드시 익숙해져야 한다. 그리고 호흡을 체득하는 과정에서 호흡근육들이 상당히 강화된다. 이러한 수영에서 얻어지는 트레이닝 효과는 천식환자들이 천식이 발생했을 때 기도가 차단되어 호기하는 것이 매우 어렵고 고통스러울 때 많은 도움이 될 수 있다. 물론 이외에도 천식환자 스스로 호흡과 운동 강도를 조절할 수 있는 다양한 유산소성 운동을 할 수 있다. 천식환자들은 가능한 한 운동을 혼자 하지 말고 여러 사람들과 함께하는 것이 운동 중에 발생할지도 모를 천식발작에 대한 불안을 없애는 데 도움도 되고 실제 발작 시 응급처치 도움을 받을 수도 있게 될 것이다.

2) 운동처방

① 운동 강도

운동의 강도는 대략 환기역치(ventilatory threshold) 이하의 수준 또는 6분 보행 테스트에서 얻어진 최대 보행속도의 약 60~70% 수준으로 운동하는 것이 일반적으로 권장된다. 그러나 노인의 경우에는 이보다 더 낮은 강도에서 수행해야 한다.

② 운동 빈도

하루 중 운동시간대는 가능한 한 오후가 바람직하며, 건조하고 바람이 부는 날씨에는 건조하지 않은 실내공간에서 하도록 한다. 운동공간이 건조하거나 추운 경우에는 마스크를 착용토록 한다. 운동은 주 2~3회는 해야 하며, 가능한 한 짧게 자주 하는 것이 바람직하다.

③ 운동 지속시간

천식환자들은 본 운동을 하기 전에 아주 낮은 강도로 15분 정도 이상의 준비운동을 수행하고 난 뒤, 본 운동을 하도록 해야 한다. 이러한 준비운동이 운동 중에 발작의 위험을 낮추어주는 것으로 나타났다.

운동 지속시간은 약 20~30분이 적당하다. 그러나 20~30분이라도 한 번에 지속적으로 운동을 수행하는 것보다 20분 운동을 한다면 5분(4.5분 걷기+30초 조깅)씩 인터벌 운동을 4라운드로 나누어 하는 것이 권장된다. 그리고 5분 인터벌 운동 중 걷기시간과 조깅시간을 30초씩 줄이고, 늘리면서 운동 강도를 자신에게 맞게 점증적으로 조절해가는 것이 바람직하다.

2. 만성폐쇄성폐질환(COPD)

가. 개요

만성폐쇄성폐질환은 우리나라에서 일곱 번째로 유병률이 높다. 일반적으로 만성기관염(chronic

bronchitis)과 폐기종(emphysema)의 두 가지 형태를 포함하여 말하는데, 심장질환이나 폐질환이 없는데도 기도가 폐쇄되어 호흡기도의 흐름을 감소시키는 질환이다.

    발병 원인은 대략 90% 이상이 흡연 때문인 것으로 언급되고 있지만, 이외에도 미세먼지에 의한 공해와 선천성 질환이나 호흡기 감염증 등이 지적되고 있다. 이 질환의 증상은 천식과도 매우 유사한데, 호흡곤란과 기침, 객담이 특성적으로 나타나며, 상태에 따라 4단계로 구분하기도 한다.

    만성기관지염은 비교적 커다란 기관지에 염증이 발생한 경우인데, 이것은 심한 객담을 유발하며, 짧게는 3개월에서 길게는 2년까지 지속되기도 한다. 폐기종의 경우는 대략 60대 이상의 연령들에서 많이 볼 수 있는데, 산소와 이산화탄소가 교환되는 장소인 폐포(alveolar)조직이 파괴되어 발생한다. 이 폐기종은 대기의 상태가 매우 불량한 탄광, 지하시설 등과 같은 곳의 근무자 또는 심한 흡연자들에서 흔히 발생하는 것으로 알려져 왔다.

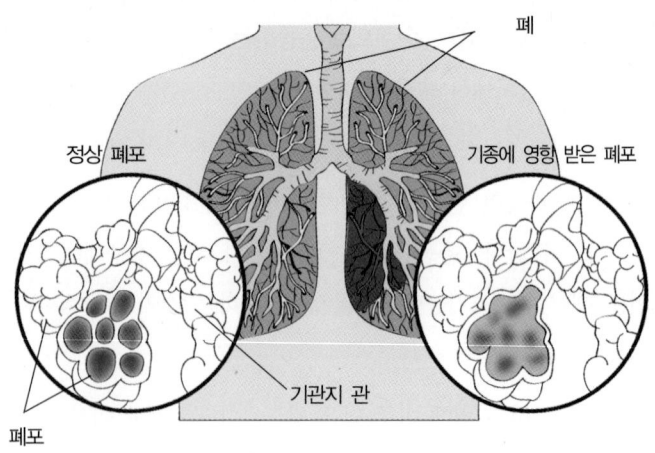

그림 4-26. 만성폐쇄성폐질환(COPD)의 폐포 손상

나. 만성폐쇄성폐질환의 치료 형태

    만성폐쇄성 폐질환의 경우 질환자들의 가장 어려운 문제는 호흡곤란과 객담의 발생이기 때문에 그 증상의 정도에 따라 처치하는 약물요법이 적용되고 있다. 그러나 이 질환자들은 무엇보다 흡연을 한다면 금연하는 것이 가장 기본적인 치료 형태라 할 수 있다. 또한 운동요법은 질환의 정도에 상관없이 만성폐쇄성폐질환자들의 기능성 손상을 지연시키는 데 매우 효과적인 것으로 권장되고 있다.

다. 운동요법의 적용대상

    운동요법은 질환자들의 근골격계와 심혈관계에 대한 적응효과로 인하여 폐순환계의 부담을 경감시켜주는 것으로 알려졌다. 그러나 증상이 경미한 경우에는 약간의 제한을 통하여 운동수행이 가능하지만, 중등도 이상의 증상을 나타내는 질환자들의 경우에는 운동 도중에라도 긴급히 산소를 공급할 수 있는 체계를 갖추고 있는 의료적 운동센터가 아닌 곳에서는 운동을 하면 안 된다.

라. 운동 프로그램 처방의 실제

1) 운동 형태

만성폐쇄성폐질환자들을 위한 운동 형태는 호흡근육을 강화시켜줄 수 있는 저항성 트레이닝과 호흡 기관지를 확장시켜줄 수 있는 유산소성 운동이 병행되어야 한다. 저항성 트레이닝은 특히 흡기근의 근력과 근지구력을 향상시켜 운동내성력(exercise tolerance)을 높여주게 된다. 그러나 상체 근력운동의 경우에는 하체 근력운동 때보다 훨씬 더 교감신경의 반응성이 높아서 호흡과 심박수가 급증하는 경향이 있기 때문에 운동 시에는 매우 주의하여야 한다.

유산소 운동의 경우에는 강도가 높을수록 생리적인 효능이 증가되지만, 낮은 강도만으로도 증상을 상당히 개선시킬 수 있으며, 또한 건강한 삶의 질을 높일 수 있으므로 저강도로 가능한 한 오래 지속할 수 있는 운동에서 시작하여 점차 강도를 올리면서 인터벌 트레이닝 법을 적용토록 한다(그림 4-27).

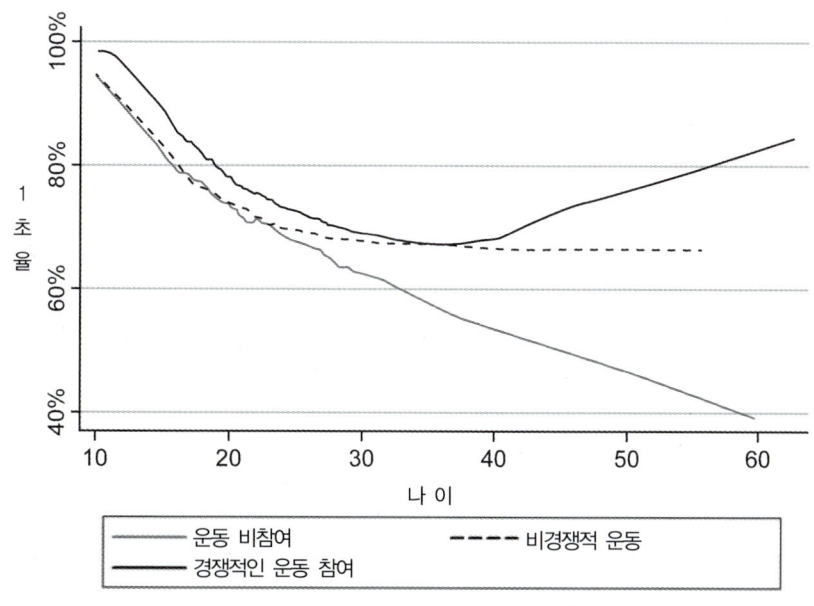

그림 4-27. 운동과 폐기능의 변화

2) 유산소성 운동

① 운동 강도

최대작업능력의 약 30~40% 미만의 저강도에서 지속적인 운동이 권장된다. 물론 이 수준의 강도에서 호흡곤란 등은 증상이 나타나지 않는다면 자기 스스로 견딜 수 있는 운동 강도까지 점진적으로 증가시켜나간다. 운동 강도를 높이는 경우에는 인터벌 형태로 바꾸어야 한다.

② 운동 빈도

최소 주 3~5회가 권장되며, 운동은 가능한 한 오전보다 오후 시간대에 가능한 한 짧게라도 자주 하는 것이 바람직하다. 운동 전이나 운동 중에 따뜻한 음료를 자주 섭취하도록 한다.

③ 운동 지속시간

중증 이상의 증상이 있는 질환자들은 아주 약한 운동부하에서 단 몇 분도 운동을 할 수 없을지도 모른다. 따라서 운동 초기에는 최소의 강도로 호흡곤란, 기침 또는 현기증 등이 출현하지 않는 범위의 짧은 시간 동안 운동을 하고, 완전히 회복이 될 때까지 휴식을 취하는 간헐적인 운동 프로그램을 진행하는 것이 권장된다.

총 운동 소요시간은 최초 10분에서 점차 늘려 30분 정도까지 진행될 수 있도록 한다. 운동종목도 초기에는 다리만 주로 사용하는 고정식 자전거 타기가 바람직하며, 반드시 운동지도자나 보호자가 보조해야 한다.

7장 골·관절 질환과 운동 프로그램

 학습목표

- 골·관절 질환의 종류와 진단기준에 대해 이해한다.
- 골·관절 질환의 치료형태에 대해 이해한다.
- 골·관절 질환의 운동 처방과 실천에 대해 이해한다.

우리 인체의 골격은 206개의 뼈와 뼈를 연결하는 수백 개의 관절들로 이루어져 있다. 관절은 뼈와 뼈가 만나는 부위로 몇 가지 종류가 있지만 주로 동작이 가능한 윤활성 관절은 연골, 관절낭, 활막, 인대, 힘줄, 근육 등으로 구성되어 있다. 이러한 해부학적 구조들은 장기간 사용에 따라 마모되고 손상되어 구조적 변형을 일으키면서 염증과 통증을 유발하는 만성질환으로 나타나게 된다.

그중 특정 관절에 부종이 생기고 열감이 동반되며 통증이 있는 경우를 '관절염(osteoarthritis)'이라 진단하고, 특정 뼈 조직이 적정 골밀도를 유지하지 못하고 엉성해져서 골절 발생의 위험이 높아진 경우를 '골다공증(osteoporosis)'이라 진단한다.

최근 우리나라는 매년 4% 정도씩 관절염 발생 인구가 증가하는 것으로 나타났으며, 골다공증 환자도 지난 4년간 약 45%가 증가한 것으로 보고되었다. 특히 이러한 골·관절 질환들은 여성이 남성에 비하여 매우 높은 것으로 나타났다. 이러한 추세는 고령화 사회에 따른 노인인구의 증가에도 기인하겠지만, 상대적으로 젊은 인구 층에서도 신체활동 부족에 따라 발생 빈도가 높아지는 것으로 인식되고 있다.

골·관절계통의 질환은 고령자들의 신체활동 수준을 급격히 떨어뜨려 건강한 삶의 질을 저하시킬 뿐만 아니라 2차적으로 심혈관계 질환 및 대사성 질환을 유발하는 기저가 될 수 있다. 그리고 뼈 질환의 경우에는 대략 골다공증을 대표적으로 하여 골감소증(osteopenia)과 연골연화증(chondromalacia) 등으로 나누어볼 수 있다. 이 장에서는 퇴행성관절염과 골다공증에 대하여 다룬다.

1. 퇴행성관절염

가. 개요

골·관절 질환 내에는 다양한 질환들이 있지만, 관절염의 경우에는 크게 퇴행성관절염과 류마토이드 관절염(rheumatoid arthritis)으로 나눈다. 류마토이드 관절염은 자가면역성 질환(auto-immune disease)이기 때문에 연령과 성별에 상관없이 발생되며, 발생 관절이 좌우 양측성이라는 특성을 지니고 있다.

그러나 빈번하고 장기적인 사용으로 인하여 관절의 연골이 마모되어 발생되는 퇴행성관절염은 고령자나 직업적으로 특정 관절을 과도하게 사용하는 직업인들에서 나타나며, 류마토이드 관절염과는 달리 단측성 관절에 나타난다. 여기서는 고령자들에서 주로 발생되는 퇴행성관절염에 대하여 다루고자 한다.

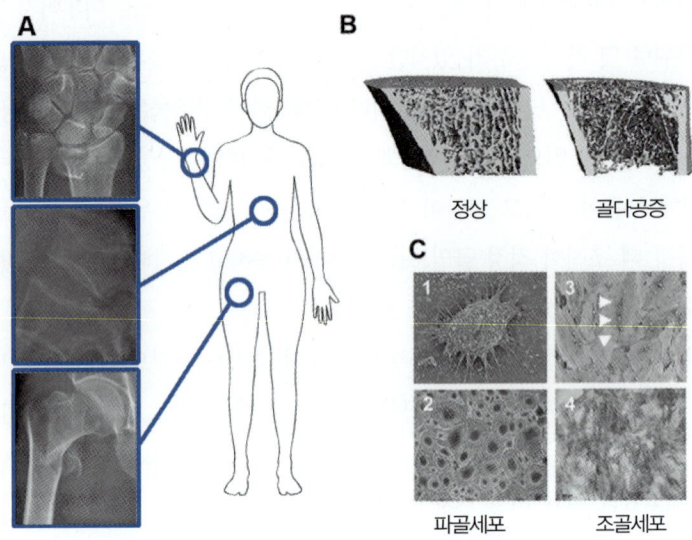

그림 4-28. 퇴행성관절염 빈발 부위와 뼈세포의 작용

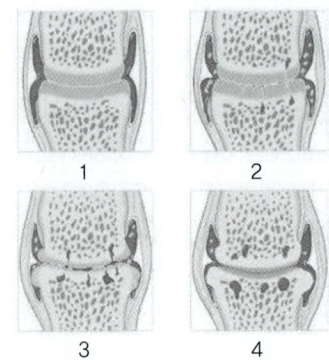

그림 4-29. 퇴행성관절염의 진행단계

나. 퇴행성관절염 질환의 치료 형태

일반적으로 퇴행성관절염은 관절 연골의 마모에 의해 발생되므로 이러한 변성을 완전히 차단할 수 있는 방법은 현재까지 없다. 물론 최근 들어 자가 연골이식법 등으로 과거보다는 퇴행성관절염 발생을 억제할 수 있는 것은 확실하다. 그러나 아직까지 관절염의 치료전략은 환자 자신이 관절염에 대하여 잘 알고 악화되지 않도록 생활방식도 개선하고, 통증을 줄이면서 관절의 변형을 최대한 막고, 관절기능을 보존·유지시키도록 해야 한다.

따라서 무엇보다 보존적 치료개념에서 관절에 부담을 주는 자세나 습관, 잘못된 운동방법 등에 대한 생활방식을 고쳐야 관절 손상과 관절염 악화를 방지할 수 있다. 또한 과체중자들은 식이요법과 적절한 운동을 통하여 체중을 감량하는 것만으로도 관절염 증상을 상당히 완화시킬 수 있다.

다. 운동요법의 적용대상

과거에는 관절염 질환자들에 대하여 무조건적으로 운동을 금기시하였다. 그러나 관절염 증상이 악화될 것으로 생각하여 관절을 고정시키게 되면 오히려 관절 윤활액(synovial fluid)이 순환되지 않아서 관절염 증상이 더욱 악화된다는 것이 입증되면서 최근에는 관절염 환자들도 반드시 적절한 운동을 해야 한다고 시사되고 있다. 물론 증상에 따라 운동을 자제하거나 중지해야 하는 경우도 있다는 것을 명심해야 한다.

1) 운동요법 금지대상

과도한 열감, 염증(inflammation) 및 통증, 강직성이 급성으로 나타나는 경우와 여러 가지 합병증을 지니고 있는 고령자의 경우에는 운동요법을 적용하기 전에 전문의와 사전에 상담을 한 후 운동을 해야 한다.

2) 운동요법의 적용대상

위에서 언급한 운동 금지의 경우 외에는 일반적으로 퇴행성관절염 질환자들의 운동은 권장되고 있다. 운동 중에도 적절한 휴식을 부여함으로써 관절부종을 차단할 수 있다. 오히려 운동을 하지 않고 관절을 고정시키게 되면 근육을 포함하여 인대, 건뿐만 아니라 뼈에도 매우 부정적인 영향을 미치게 된다.

라. 운동 프로그램 처방의 실제

퇴행성관절염 질환자들은 관절의 불편감과 통증 등으로 인하여 거의 신체활동을 기피하는 경향이 강하다. 그로 인하여 근·골격계의 약화뿐만 아니라 심혈관순환기계의 기능도 약화되는 증상이 유발된다. 따라서 퇴행성관절염 질환자들의 경우 운동 프로그램에는 심폐순환계 능력을 향상시킬 수 있는 유산소 운동과 근골격계의 강화를 위한 근력운동이 병행·처방되어야 한다.

1) 유산소성 운동

유산소 운동 형태는 퇴행성 관절부위에 물리적 충격을 주지 않으면서도 전신의 순환기계에 충분한 작용을 줄 수 있는 수중운동이나 낮은 저항의 고정식 사이클 운동이 권장된다. 만일 수중운동을 하는 경우에는 수온이 최소 28℃는 되어야 근·관절계가 충분히 이완될 수 있다. 계단운동과 급정거와 급출발 동작이 발생하는 운동 형태는 피해야 한다.

① 운동 강도

유산소 운동 강도는 관절 상해와 통증 악화 등의 문제가 있기 때문에 중·저강도가 적합하다. 대부분의 관절염 환자들에게 적절한 운동 강도는 여유 심박수의 40~60% 수준이다. 물론 아주 몸 상태가 좋지 않은 관절염 질환자의 경우는 30~40% 수준이 적합하다.

② 운동 지속시간

주당 총 운동시간은 150분 이상이 권장된다. 1회 운동시간은 오래 지속하는 것보다 짧은 시간 운동과 관절에 휴식을 주면서 하는 인터벌 운동이 바람직하다. 물론 개인의 관절과 건강 상태를 고려하여야겠지만 1회 운동시간은 10분 미만씩 하루 2~3회로 나누어서 하는 것이 권장된다.

③ 운동 빈도

가능한 운동은 주 5회 정도까지 거의 매일 하는 것이 좋다. 운동 강도를 고강도로 하지 못하기 때문에 저강도의 운동을 자주 하는 것이 관절의 구축과 순환기 기능저하를 막을 수 있다. 또한 매 운동 때마다 충분한 유연성 운동을 병행하여 관절의 가동범위가 위축되지 않도록 한다.

2) 근력운동

퇴행성관절염 질환자들은 발생 관절의 통증과 부종 때문에 사용을 기피하는 경우가 흔하다. 물론 발생 부위의 관절을 이용한 근력운동이 부담스럽지만, 동적 근력운동 형태는 최소화하고, 정적 근력운동 형태를 적절히 수행한다면 충분한 효과를 얻을 수 있을 것이다.

① 운동 강도와 반복 횟수

일반적으로 퇴행성관절염 질환자를 위한 근력운동 강도가 제시된 것은 없다. 고강도의 동적 근력운동은 아무래도 관절의 부종과 통증을 유발할 가능성이 높기 때문에 최대근력(1RM)의 40~50%인 낮은 수준으로 반복 횟수를 12~15회 정도로 하는 것이 권장된다. 그리고 저항성 밴드를 이용한 다소 고강도의 정적 근력운동을 통하여 근력을 향상시킨다.

② 운동 빈도

근력운동은 주 2~3회 시행토록 한다. 근력운동 전에 반드시 충분한 워밍업을 하고, 근력운동 후에는 관절의 가동 범위를 촉진시킬 수 있도록 유연성 운동을 포함한다.

③ 정리운동

퇴행성관절염 질환자들의 경우 운동 직후 거의 약간의 부종과 통증을 느낄 수 있지만, 이러한 증상이 운동에 따른 부작용이라고 염려할 필요는 없다. 그러나 이러한 통증이 운동 후 2~3시간이 경과하도록 약화되지 않고 오히려 더 심해진다면, 운동의 조건을 변경한다. 혹은 당분간 운동을 중지하고 휴식을 취하여야 한다.

2. 골다공증(osteoporosis)

가. 개요

골다공증은 낮은 골밀도와 골절의 감수성을 높이는 뼈 조직의 미세구조의 변화에 따라 나타나는 골격계 질환이다. 골밀도가 낮아지는 원인은 유전적 요인, 조기 폐경, 약물 영향(스테로이드), 뼈 조직에 대한 물리적 충격량의 부족 등을 고려할 수 있다. 이러한 요인들에 의하여 골밀도가 낮아지면 상대적으로 골절이 발생할 확률이 높아지게 된다. 골밀도가 낮아져서 골다공증이 발생하였다 해도 자각증상은 거의 없기 때문에 골절이 발생한 경우에야 인식하게 되는 경우가 일반적이다.

골다공증은 척추 뼈와 대퇴골두부위(femoral neck), 손목뼈, 골반뼈 등과 같이 스펀지(spongy) 뼈 조직으로 구성된 부위에서 잘 발생된다. 즉 모든 부위에서 골절이 일어날 수 있지만, 손목뼈, 척추, 골반, 고관절(hip joint) 부위에서 빈발하고 있다.

특히 뼈의 대사과정은 여성 호르몬(estrogen)에 많은 영향을 받기 때문에 중년 이후의 폐경 여성들에서 골밀도가 급격히 낮아지면서 골다공증의 발생이 흔하다. 골다공증을 억제하고 골밀도를 높이는 데 여러 가지 요인이 작용하지만, 우선 칼슘과 비타민 D를 비롯한 영양적인 요소와 뼈에 충분한 자극을 주는 신체활동이 가장 중요하다.

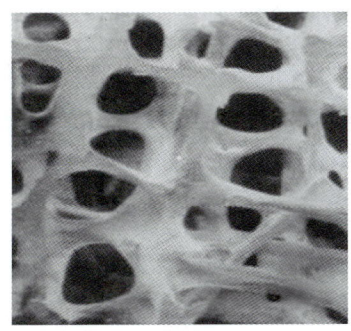 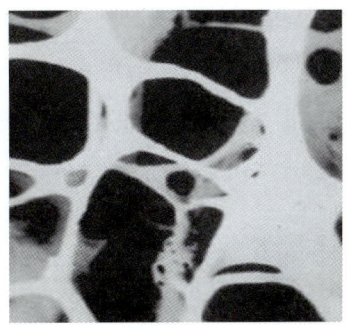

정상　　　　　　　　　　　골다공증

그림 4-30. 정상적인 뼈 조직과 골다공증 뼈 조직

나. 골다공증 질환의 치료 형태

일반적으로 골다공증이 있는 경우 생활습관 개선과 더불어 약물치료를 병행하게 된다. 그러나 무엇보다 낙상 등에 의한 골절 발생의 위험을 줄이는 것이 중요하다. 따라서 생활습관 개선에 빠질 수 없는 것이 적절한 운동이다. 신체활동들은 모든 연령에서 골밀도를 높여줄 뿐만 아니라 평형성 능력도 향상시켜주기 때문에 일상생활에서 넘어질 위험을 그만큼 줄여주게 된다. 따라서 골다공증 치료를 위한 전략으로서 영양처치와 함께 운동처방은 필수적인 전제 조건이다.

모든 약물치료에는 칼슘과 비타민 D를 함께 투여해야 하는데, 칼슘은 하루 1,000~1,200mg, 비타민 D는 하루 400~500단위를 권장하고 있다. 신체활동의 경우에는 체중이 부하되지 않는 운동의 형태보다 체중이 부하되는 형태의 운동(weight-bearing exercise)들이 권장된다.

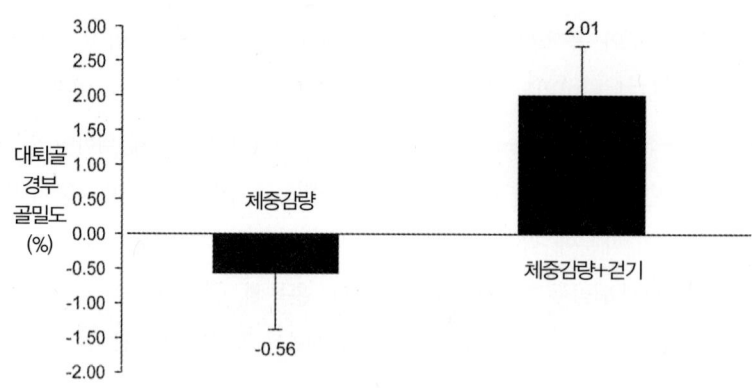

그림 4-31. 체중 감량과 신체활동에 따른 골밀도 변화

다. 운동요법의 적용대상

1) 운동요법 금지대상

아직까지 골다공증 질환자들에 대한 운동금기 지침이 제시된 바는 확인되지 않는다. 그러나 운동을 통하여 지나치게 피로와 통증을 느끼는 경우에는 운동을 금지하는 것이 바람직하다. 또한 골밀도가 너무 낮아 골절 발생 위험도가 너무 높은 경우에는 운동요법은 자제하고 약물요법으로 우선 처치하여야 한다. 골절로 인하여 장기간 입원했던 질환자들은 운동 전에 내과적 질환들의 유병을 반드시 확인토록 한다.

2) 운동요법의 적용대상

골다공증 질환자들은 특별히 지니고 있는 합병증이 있는 경우 또는 낙상 위험이 매우 높은 경우를 제외하고는 특별히 운동 금기 대상자는 없다.

라. 운동 프로그램 처방의 실제

1) 운동 형태

골밀도를 증가시키기 위해서는 자신의 체중이 부하되는 운동 형태가 권장되고 있다. 즉 체중이 부하되지 않는 수중운동이나 자전거, 인라인스케이팅 등보다는 일반적으로 걷기, 조깅, 줄넘기 등이 안전하고 효과도 인정되지만, 골밀도 향상에 가장 좋은 운동은 저항성 근력운동이다. 또한 가능한 한 뼈에 다양한 각도와 방향으로 물리적 스트레스가 가해지도록 다양한 형태의 운동을 하는 것이 바람직하다.

2) 저항성 근력운동

① 운동 강도와 반복 횟수

운동 초기에는 운동 강도를 최대근력의 60~80% 수준으로 해서 8~12회 반복토록 한다. 이후 운동이 적응되면 강도를 점차 1RM의 80~90% 수준으로까지 올리면서 반복 횟수는 5~6회 정도로 줄인다.

② 운동 빈도

자신의 체중이 부하되는 형태의 운동인 걷기나 조깅 같은 운동은 주 3~5회 가능한 한 자주 하도록 한다. 그리고 다소 고강도의 저항성 근력운동은 주 3회 정도 추가하는 것이 권장된다.

③ 운동 시간

유산소성 운동과 저항성 운동을 병행하는 경우 하루 30~60분 정도의 운동량이 적절하다.

8장 치매 질환과 운동 프로그램

📖 **학습목표**

- 치매 질환과 치료형태에 대해 이해한다.
- 치매 질환의 운동 프로그램 처방과 실제를 이해한다.

1. 개요

고령화시대가 되면서 커다란 염려 중의 하나가 바로 신경계의 퇴행성 질환들이다. 그중에서도 많은 사람들이 가장 공포스럽게 생각하는 것이 바로 이성적인 인간의 존재를 대변하는 대뇌의 지적기능의 손상으로 나타나는 치매(dementia)질환이다.

치매는 인지기능이 후천적인 뇌기질 장애로 인하여 발생한 비가역적 지능의 손상이다. 이러한 인지기능의 손상은 다양한 요인들에 의하여 발생하는데, 치매질환에서 일반적으로 명확히 나타나는 증상들은 기억력 감소, 언어 및 이해력 장애 그리고 사고능력 장애 등이다. 이러한 지적퇴행 현상 이외에도 정서적 및 사회적 관계에 많은 변화가 일어난다.

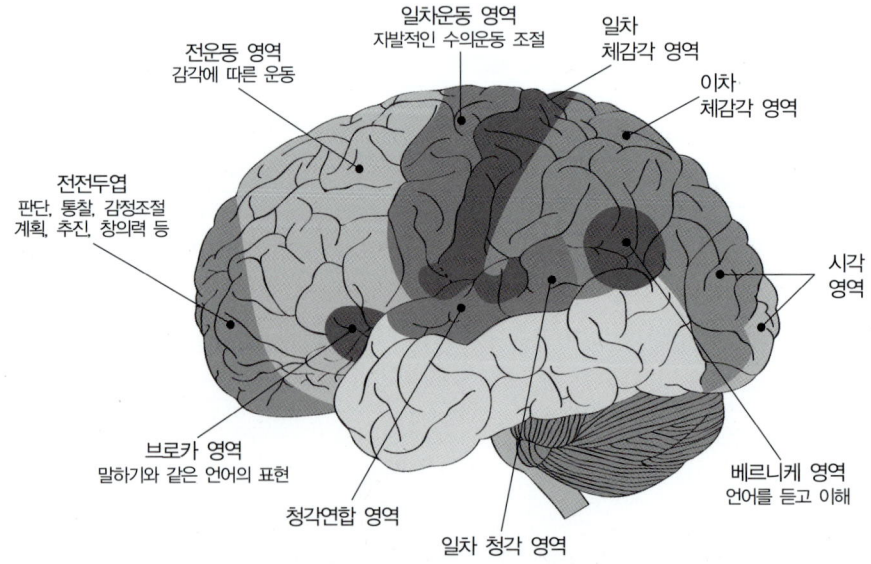

그림 4-32. 뇌의 일반적인 구조와 기능

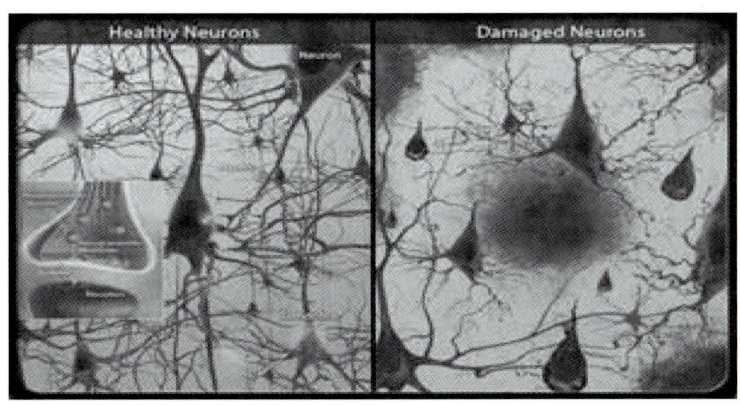

그림 4-33. 정상 뇌와 손상 뇌세포

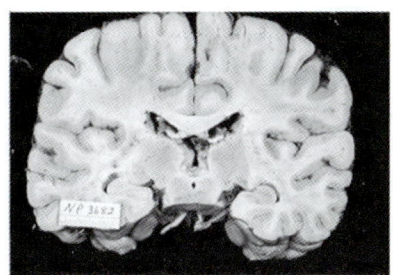 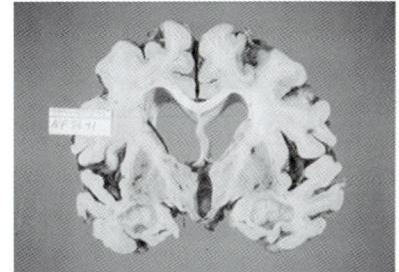

그림 4-34. 정상 뇌와 치매환자의 뇌

전 세계 65세 이상 노인에서 치매질환을 겪고 있는 노인이 6~9%를 차지하는 것으로 나타났다 (WHO, 2013). 우리나라도 65세 이상 전체 인구 증가와 비례해서 치매 유병률이 9.1%로 증가하였으며, 2025년에는 치매 인구가 100만 명을 넘을 것으로 예상되고 있다.

지금까지 보고된 문헌들에 따르면, 신체적인 활동은 청소년들의 뇌기능에만 영향을 미치는 것이 아니라 경증인지기능장애(mild cognitive impairment: MCI)를 지니고 있는 고령자들에서도 상당히 뇌기능을 활성화시키는 것으로 나타났다. 따라서 지금까지는 신체적인 운동을 하지 않았을지라도 고령자들은 특히 운동을 적극적으로 생활화해야 한다.

2. 치매질환의 치료 형태

치매질환은 지금까지 통설적으로 비가역적 질환으로 인식되어왔다. 따라서 치매라고 진단되면 대략은 치료를 포기하는 경우가 흔한 것으로 인식된다. 그러나 치매 발생 원인이 의·과학적으로 모두 밝혀진 것은 아니지만, 뇌혈관성 치매인 경우에는 유발 요인들로 고혈압, 심장병, 동맥경화, 당뇨 및 흡연과 비신체활동 등을 지적하고 있는데, 이러한 요인들을 개선하면 상당히 개선되는 것으로 인식되었다. 그러나 뇌의 퇴행성 질환인 알츠하이머병의 경우는 고령, 성별, 가족력 요인 등에 따라 유발되는 것으로 거의 치료가 어려운 것으로 시사되어왔다.

그러나 경증인지기능장애(MCI)가 나타나는 초기에는 뇌신경세포의 신경전달물질인 아세틸콜린(acetylcholine) 흡수억제 등의 약물반응이 유효한 것으로 보고되어왔다. 물론 이 시기에 운동요법에 따른 운동효과도 매우 좋은 것으로 다양한 임상결과에서 보고되었다. 또한 충분한 탄수화물, 식물성 기름, 유산균과 폴리페놀이 다량 함유된 차 등의 식이요법을 권장하고 있다. 그렇지만 치매 초기에 치료를 놓친 경우에는 일반적으로 약물이건 운동이건 그 효과 반응이 거의 나타나지 않는 것으로 시사되고 있다.

3. 운동요법의 적용대상

경증치매 질환자들의 경우에는 운동하는 데 있어 신체적으로는 거의 제한사항이 많지는 않다고 생각된다. 다만 질환자들마다 정서적 및 행동적 장애가 다양하게 나타나고, 운동실행에 필요한 인지적 판단이 다소 부족할 수 있기 때문에 항상 운동지도자 또는 동반자와 함께 운동을 해야 한다.

뇌기능 향상을 위하여 일상적으로 늘 운동을 하고 많이 움직이는 것이 좋다는 것은 이미 잘 알려져 있는 사실이다. 이는 원활한 혈액순환을 통하여 뇌에 풍부한 산소와 영양물을 공급해줄 뿐만 아니라 뇌 내 환경을 안정화시킬 수 있기 때문이다. 건강을 잘 유지하고 적절한 영양분을 섭취한다면 치매에 걸릴 위험성을 60%까지 줄일 수 있다고 한다.

4. 운동 프로그램 처방의 실제

가. 운동 형태

치매질환자의 뇌에 신선한 산소를 많이 공급하고, 뇌신경 세포들에 자극을 주고, 활성화시키기 위해서는 다양한 신체활동이 필수적이다. 일반적으로 이 질환이 진행되면 흔히 정신적·신체적 활동들을 소홀히 하거나 억제시키려는 경우가 많다. 오히려 정신적인 활동보다 신체적인 활동과 운동을 하는 경우에 뇌신경세포에 많은 자극을 주고, 신경전달물질을 분비시키기 때문에 치매의 진행경과를 지연시키거나 가역적으로 호전시키는 경우도 적지 않았다.

경증 치매질환 노인들의 경우는 걷기, 의자에 앉았다가 일어서기, 계단 오르기 등 스스로 할 수 있는 운동들이 많이 있다. 만일 걷기가 불가능한 경우라면 스스로 독립생활이 어려운 중증 상태에 속한다. 가능한 한 다양한 운동자극을 주기 위해 여러 가지 운동을 실행할 필요도 있지만, 다른 한편 인지기능이 저하된 상태여서 운동수행 능력이 매우 낮기 때문에 익숙한 동작을 반복시키는 것을 병행하는 것이 바람직하다고 생각된다.

새로운 운동 프로그램을 실시하기 전에 의사와 상의해야 한다. 운동 프로그램은 거의 매일 하는 것이 바람직하고, 운동 시간은 오후가 되면 정신적으로 지칠 수 있기 때문에 오전 시간이 권장된다. 따라서 전반적으로 유산소성 운동을 기본으로 하고, 근력운동과 평형성 및 주의력을 높일 수 있는 운동들이 처방·지도되어야 한다.

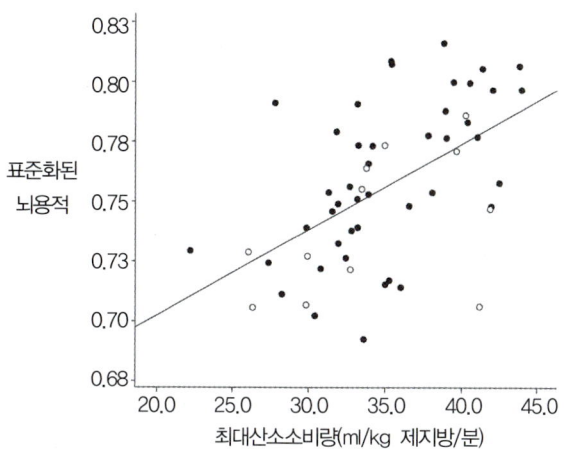

그림 4-35. 심폐지구력 수준과 뇌 용적과의 상관성

나. 유산소 운동

치매질환자에게 재미있는 유산소 운동을 선택하는 것이 매우 중요하다. 즉 수영, 춤, 체조를 음악에 맞추어서 실시하는 방법이 좋다. 체조는 필수 종목으로 넣어야 한다.

1) 운동처방

① 운동 강도

건강 고령자들의 유산소 운동 강도 설정 지침을 따른다. 대략 최대산소섭취능력의 40~60% 수준, 자각도(RPE)를 적용하는 경우에는 10~12 수준이 권장된다.

② 운동 빈도

운동은 질환자에게 여러 사람을 만나서 사회성을 접하게 할 수 있는 기회를 제공하게 되기 때문에 가능한 한 주 4~5회를 권장한다.

③ 운동 지속시간

일반적으로 운동은 매일 30분이 적당하다. 특히 55세 이상인 경우에는 30분을 넘지 않는다. 운동 시간은 걷기 10분, 운동 10분 그리고 일상생활 활동에 필요한 운동 10분을 권장한다.

다. 근력운동

고령화로 인하여 근력과 평형감각이 줄어든다. 근력과 평형감각의 지속적인 감소에 따라 일상생활 속에서 행동이 제한될 수 있으며 혹은 거의 일상생활이 불가능하게 된다. 예를 들어 가장 나쁜 경우는 근력과 중심 제어능력이 부족하여 쓰러지는 경우이다. 치매환자의 경우 일반적인 사람들보다 낙상 위험성이 높고, 넘어지면 심하게 다치는 경우가 대부분이다. 근력 부족은 넘어지게 되는 주된 원인이다. 따라서 근력운동은 운동 프로그램의 기본이 되어야 한다.

1) 운동처방

① 운동 강도

운동 초기에는 운동 강도를 최대근력의 40~50% 수준으로 해서 12~15회를 반복토록 한다. 이후 운동이 적응되면 강도를 점차 1RM의 60% 수준으로 올리면서 반복 횟수는 10~12회 정도로 한다.

② 운동 빈도와 소요 시간

주 2~3회 근력운동을 하며, 소요 시간은 대략 20분 정도가 바람직하다.

라. 균형 운동과 기능성 운동

치매 질환자들에게 있어서 균형감각의 결여는 집안 혹은 야외에서 이동 중에 넘어지게 되는 주된 원인이다. 서 있는 상태에서 균형감각을 키우는 운동은 보행 중 낙상을 방지하는 데 매우 중요하다. 즉 똑바로 선 자세에서 두 발의 앞뒤 폭을 좁게 서기 같은 운동은 좋은 방법 중의 하나이다. 이러한 자세는 치매질환자들의 균형감각계에 큰 부담을 주게 되는데, 이를 통해 결국 균형감각이 향상된다.

또한 기능성 운동은 일상생활과 관련한 필요 동작들(ADL)을 할 수 있고, 향상될 수 있도록 하는 데 목적을 두어야 한다. 이러한 기능성 운동을 통해 치매질환자들의 독립적인 생활을 지속하고, 생활의 질을 높여주어야 한다.

- 균형과 기능성 운동 형태

① 의자에 앉았다가 일어서기
② 의자에 앉아 있다가 일어나 걸어갔다가 돌아와서 다시 앉기
③ 계단 오르내리기, 물건 들어 올리기, 옷 갈아입기, 신발 신고 벗기
④ 넘어짐 없이 평평하지 않은 길 보행하기
⑤ 화장실 용변 보기 등 일상생활과 관련한 동작들을 반복·연습토록 한다.

마. 주의력 트레이닝(동시과제 트레이닝)

보통 일상생활 중에서 몸을 움직이면서 머리를 써야 하는 일이 매우 많이 있는데, 치매질환자들의 경우에는 대화를 하면서 산책할 때 걷는 일과 대화를 동시에 수행하는 것이 상당히 어려운 과제다. 더구나 흔들리는 버스에서 몸 중심을 잡기도 어려울 뿐만 아니라 어떻게 내리고 무엇을 할 것인가를 동시에 계획할 수 있는 능력이 떨어진다. 따라서 치매질환자들은 체력을 키우는 운동과 인지력을 키우는 훈련을 병행해야 한다. 예를 들어 걸으면서 대화를 할 경우 넘어지는 경우가 자주 있기 때문에 일단 안정되게 걷는 훈련이 전제되어야 한다.

- 이중과제 수행훈련
① 대화하는 동안에 안전성을 유지하며 보행하기
② 물건을 들고 안전하게 보행하기(예를 들어 물컵 들고 걷기)
③ 부엌일을 하면서 안전하게 서 있기

바. 마사지

마사지 효과는 환자들 뇌의 신경세포를 자극시켜준다는 장점을 가지고 있다. 또한 운동을 한 후에 마사지는 근육을 풀어주기도 하며, 마사지하는 동안 정신적·육체적으로 평온함을 느끼게 할 수 있다.

V부
지도자의 효과적인 지도

이 단원에서는 노인체육 지도 시 주의해야 할 노인운동지도사의 마음가짐, 기술습득의 전달방법을 위한 의사소통, 학습원리, 노인운동지도사의 지도 기법, 위험관리를 이해한다.

1장 의사소통기술

 학습목표
- 노인운동지도사의 마음가짐 형성에 도움이 되는 3가지 기본 이론을 이해한다.
- 효과적인 노인 운동 지도를 위하여 노인과의 의사소통법 및 운동학습 원리를 이해한다.
- 노인 운동 참여자의 기능 상태를 이해하고, 그에 따른 요구를 파악하여 기능수준별 운동 프로그램의 전략을 제시한다.

1. 노인운동지도사의 마음가짐

대부분의 노인들은 하나 이상의 만성질환을 앓고 있고 신체기능의 제한이 있는가 하면, 일부 노인들은 만성질환 없이 양호한 신체기능을 유지하고 있다. 노인운동지도사들은 이러한 다양한 상태의 건강 상태 및 신체능력을 가진 노인들을 대상으로 적절한 운동 프로그램을 적용해야 한다.

뿐만 아니라, 노인운동지도사는 운동 참여 노인의 건강증진과 건전한 여가생활을 촉진하여 만성질환 및 기능제한(functional limitation)을 동반하더라도 성공적인 노화를 이룰 수 있으며, 노후 삶의 질 향상에 기여한다는 의미에서 교육자라고 볼 수 있다.

운동지도자가 훌륭한 교육자의 역할을 수행하기 위해서는 우수한 실기능력 외에도 자신감 있고 상냥한 대인 태도 같은 행동적 덕목, 자신의 의사를 명확히 표현할 수 있는 능력이 필요하다. 또한, 노인 운동 참여자의 의견을 적극적으로 경청하고 이해하는 의사소통 능력 및 운동 참여자의 운동 몰입 및 운동 지속을 이끌어낼 수 있는 동기유발 능력이 요구된다.

따라서 본 장에서는 성공적 노화의 핵심적인 게이트키퍼 역할을 하게 될 운동지도자가 기본적으로 숙지해야 하는 노인 운동의 의의에 근간이 되는 3가지 기본 이론, 즉 ① 성공적인 노화 모델, ② 장애과정 모델, ③ 사망의 압축 모델을 이해하고 1, 2, 3차 예방 관점에서 운동지도자의 역할 및 마음가짐과 운동지도자의 지도기법 및 자질에 대하여 설명하고자 한다.

가. 성공적인 노화 모델

성공적 노화의 개념에 대하여 아직 학계의 정의가 일치하고 있는 것은 아니지만, 정상적인 노화, 병리적인 노화에 대비되는 개념으로서 오래 살고, 생산적이며 만족한 삶을 사는 특성을 일컫는다.

세계보건기구에서 성공적 노화를 신체적 건강(기능 상태), 정신적 건강(정서적·인지적 상태) 및 사회적 건강(생산적 참여)으로 정의한 바 있다. 이 3가지 항목은 별개의 것이 아닌 역동적으로 서로 맞물려 있다고 볼 수 있다.

Rowe와 Kahn(1997)은 성공적 노화를 질병 및 질병과 관련 있는 장애가 발생할 가능성이 낮은 상태, 높은 인지적·신체적 기능성, 적극적인 삶에 대한 관여의 3가지 차원으로 개념화하였다(그림 5-1 참조).

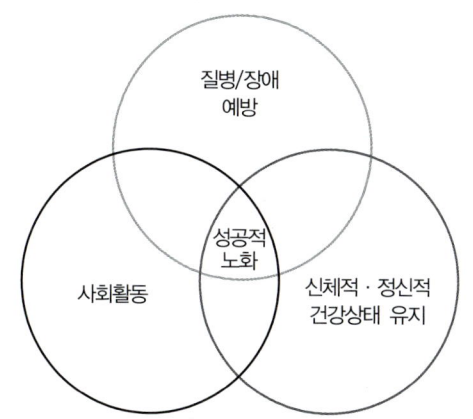

그림 5-1. 성공적인 노화 모델(Rowe & Kahn, 1997)

1) 신체적 측면

인간의 기본적인 욕구 중 하나는 '건강한 삶'이다. Schulz와 Heckhausen(1996)은 성공적 노화의 지표를 신체적 건강이라고 하였으며, 적극적인 사회참여 모델을 제시한 Rowe와 Kahn(1997)도 질병을 피하는 것을 중요한 성공적 노화 요인의 하나라고 하였다. 미국 Alameda카운티 연구(Berkman & Breslow, 1983)는 1984년부터 1990년까지 65~95세 남녀 각 356명으로 구성된 노인들을 대상으로 성공적 노화 관련 변인을 조사한 결과, 4가지 만성질환(당뇨, 천식, 관절염, 만성폐쇄성폐질환)과 우울이 성공적 노화의 결과로 감소된다는 것을 밝힘으로써 만성질환과 우울이 없는 것이 성공적 노화의 척도임을 보고하였다. 이외에도 성공적 노화의 예측 변인으로 걷기 운동과 친밀한 인간관계가 포함되었다.

2) 심리적 측면

성공적 노화의 심리적 측면에는 자기효능감, 독립성, 수용, 긍정적 사고, 적응성, 적극적 사고, 진취적 사고, 종교, 임종 등이 포함된다. 자기효능감은 개인이 바람직한 결과를 얻기 위해 행위를 성공적으로 수행할 수 있는 신념으로, 신체활동을 유지하고 선택하는 행위의 중요한 요소로서 운동을 통한 자기효능감의 증진효과는 운동의 유지 및 선택에 중요하다. 또한 삶의 질이란 개인이 늙어가는 현실에 성공적으로 적응함으로써 얻을 수 있는 상태로서, 운동은 일상생활 정도와 관련하여 삶의 질을 증가시킨다. 통제감은 노년기 신체기능의 상실과 제한이 안녕감에 미치는 영향을 완충하는 것으로 알려져 있다.

3) 사회적 측면

성공적 노화의 사회적 측면의 구성요소로는 주로 사회적 지지 및 관계망, 경제적 상태 등이 언급되고 있다. 사회적 지지는 타인으로부터 도움을 필요로 할 때 도움을 줄 준비가 되어 있는 상대가 있다는 일종의 신념에서 형성되며, 사회적 관계망은 심리적 안녕을 북돋우고 삶의 스트레스에 적응하도록 촉진하는 사회적 지지의 근원으로 간주된다.

나. 장애과정 모델(Pope & Tarlov, 1991)

Verbrugge와 Jette(1994)가 소개한 장애과정 모델(disablement process model)은 Saad Nagi(1976)가 제안한 초기 모델을 수정한 것이다. 이 모델에 의하면 만성질환 및 부상은 신체조직(심혈관계, 근골격계, 인지계, 감각계, 운동계)의 손상으로 이어진다. 노화 역시 병 없이 이러한 유형의 손상을 유발할 수 있다. 이러한 손상의 누적은 신체기능(예: 계단 오르내리기)의 제한을 유발하며, 결국 장애를 초래한다. 장애(disability)는 대개 일, 여가활동, 가사일, 사교적인 활동, 자기돌보기 같은 생활의 영역에서 복잡한 활동을 수행하는 것이 어렵거나 불가능한 상태로 정의된다.

이러한 일련의 과정의 예로 노화로 인한 근위축은 근력의 상실을 초래하며, 근력의 상실은 걸음 속도를 느리게 하고, 평형성을 불안전하게 하여 신체기능의 제한을 초래하며, 이러한 신체기능 제한이 중재 없이 방치될 경우 결국 보행능력의 제한이 장애로 이어질 수 있다. 그러나 손상 가능성과 기능제한을 조기에 발견하고 개인에게 적절한 맞춤형 운동을 적용하면 추가적인 악화를 지연시키거나 미연에 방지할 수 있다.

표 5-1. 장애과정의 개념도(Pope & Tarlov, 1991)

	주요 경로			
	병리	손상	기능제한	장애
정의	정상 생리과정 및 구조의 단절 또는 방해	정신적·정서적·해부학적 구조 또는 기능의 상실 및 이상	개인의 정상적인 동작 및 활동의 제한, 능력상실	사회·물리적 환경하의 사회활동 수행능력의 결여 및 제한
수준	세포와 조직	기관과 계통	개체	사회
지표	• 유병 • 임상병리	• 증상과 징후 • 통증 • 균형, 근력, 운동범위	• 운동능력 • 상하지 기동성	• 수단적 일상생활동작(IADL) • 일상생활동작(ADL)

다. 사망의 압축 모델(Fries, 2002)

인구 노령화 및 질병의 이환과 사망에 대한 이론의 하나로 제시된 Fries의 사망의 압축 이론(compression of mortality hypothesis)은 질병 및 상해에 대한 예방적 중재를 통하여 조기사망이 예방되는 이상적인 조건하에서 생존 곡선의 직사각형화가 이루어지고 질병의 이환 및 노쇠, 장애의 출발점이 노령화 후기로 연기되며 사망의 시기는 한계수명에 보다 가까운 어느 시점으로 압축되어 좁아진다는 것이다(그림 5-2 참조).

즉, 단순한 평균수명의 연장보다는 보다 생산적이고 독립적이며 건강한 삶의 질을 향상시키는 방향으로 전환되어야 하며 향후 노인 건강관리 정책은 노쇠와 장애를 늦추는 방향, 즉 조기부터 만성질환을 예방하는 장기 전략을 수립하는 것이 요구된다. 이러한 Fries의 이론은 사망 원인의 80%를 차지하게 된 만성질환들은 완치(cure)의 개념이 아니라 '연기(postponement)'의 개념, 예방적 개념과 건강에 대한 개인 책임과 자율성의 강조로 가장 효과적으로 접근할 수 있다고 하였다.

이 같은 Fries의 이론은 국내 노인 자료를 토대로 분석하여 1970년부터 1995년 사이의 생존곡선이 절대적·상대적으로 모두 직사각형화하고 있으며, 특히 60대에서 80대에 이르는 곡선 부분이 직사각형화하였음을 입증한 바 있다. 따라서 예비적 중재가 질병의 이환 및 더 나아가 사망률의 감소에 영향을 주어 이환의 압축이 가능하며 이를 위한 운동의 중요성이 다시금 강조되고 있다.

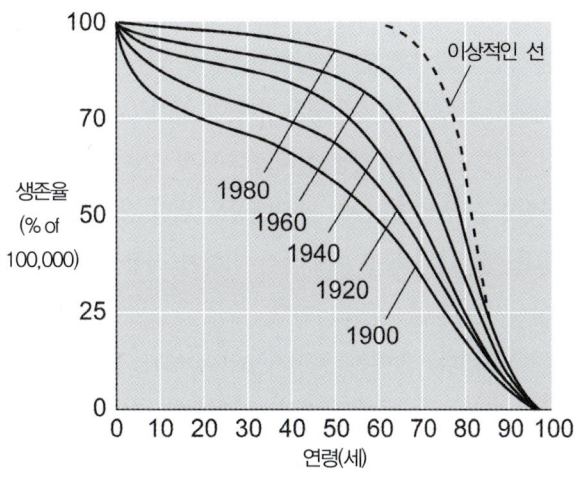

그림 5-2. 사망의 압축 모델(Fries, 2002)

라. 노인의 건강 상태별 의료와 보건 목표 이해하기

앞서 살펴보았듯이 고령인구는 다양한 건강 및 기능 상태를 지닌 집단으로 구성되어 있다. 따라서 노인운동지도사는 건강 상태의 연속선상을 이해하는 것이 중요하다. 노인의 건강 상태는 Albert(2004)가 의료와 보건의 맥락에서 〈표 5-2〉와 같이 분류하였는데, 운동지도 역시 보건의 연장선이므로 각 건강 상태별 운동지도의 목표를 기술해보았다.

표 5-2. 노인의 건강 상태별 의료와 보건 목표(Albert, 2004)

특성	의료의 목표	보건의 목표
건강노인	수명 연장, 완치	허약 및 장애의 예방
허약노인	환자가 견딜 수 있는 범위 내에서 환자의 의사를 반영한 치료	• 기능 상태의 극대화 • 주거환경 개선, 재활
치매노인	기능의 극대화, 완화요법	질병 예방, 보호
종말기 노인	완화	고독의 완화, 선택의 극대화

첫째 유형은 신체적으로 활동적이며 정신적으로 온전하고 활발한 사회활동을 하는 건강한 노인이다. 그렇다고 질병이 없는 상태를 의미하는 것은 아니다. 관절염, 백내장, 당뇨병 등 한두 개 이상의 만성질환을 지니고 있는 경우가 대부분이지만, 이로 인한 신체적 제한이나 장애는 없는 상태이다. 이러한 노인들을 위한 보건, 즉 건강관리의 목표는 만성질환의 진행을 예방함으로써 허약(frailty) 또는 장애로 진행되는 것을 막거나 장애의 발생 시기를 최대한 연장하는 데 초점을 두고 있다. 이 상태의 노인은 주로 노인복지관 또는 경로당에서 많이 볼 수 있으며, 다양한 사회활동 속에 PT, 댄스, 게이트볼, 여가활동, 스포츠 등 다양한 형태의 운동지도가 가능하다.

둘째 유형은 허약 상태의 노인으로, 다양한 만성질환 및 장애를 가지고 있는 경우이다. 건강 상태가 좋지 않아서 작은 변화에도 독립적인 일상생활 수행이 불가능하고 병원이나 요양시설에 입원해야 한다. 이러한 상태에서 보건의 목표는 기능 상태를 최대한 보존하고 증진시키는 데 있다. 환자의 기능 상태에 적합한 생활환경을 조성하고(예: 낙상예방을 위한 장치 설치) 저하된 신체활동 상태로 인하여 발생 가능한 상황들(예: 근위축)을 예방하기 위하여 저항성 운동 등을 통하여 근력과 이동성(mobility) 수준을 향상시키는 것을 목표로 한다.

셋째는 치매를 앓고 있는 경우이다. 치매는 인지기능의 감퇴와 장애를 초래하는 퇴행성 질환이다. 치매의 진행단계에 따라 노인의 기능 상태는 다를 수 있으나, 질병의 특성상 광범위한 인지기능의 상실이 초래된다. 이 같은 상태의 노인에게 보건의 목표는 최대한 기능 상태를 보존하고 질병의 진행에 따른 완화라는 의료의 목표를 공유하지만, 더 나아가 이차적인 질병 발생의 예방과 함께 신체 및 인지기능의 개선을 위한 노력을 기울인다. 이런 건강 상태의 노인은 요양원이나 요양병원에서 만날 수 있으며, 운동지도의 경우 인지기능 저하를 지연시키기 위해서뿐만 아니라 좌식생활습관에 따른 여러 심뇌혈관계질환 또는 낙상의 합병증으로의 진행을 방지하기 위한 운동 전략이 요구된다.

마. 노인운동지도사의 마음가짐

노인운동지도사는 위에서 언급한 3가지 이론 및 모델, 즉 성공적인 노화 모델, 장애과정 모델, 사망의 압축 모델을 숙지하고, 운동이 미치는 긍정적인 효과를 각 이론 및 모델에 적용시켜 노인운동 참여자들에게 전달함으로써 동기 유발을 독려해야 한다.

국내외 수많은 연구들을 통하여 성공적 노화 모델, 장애과정 모델, 사망의 압축 모델에 운동이 미치는 긍정적인 효과들이 보고된 바 있다(ACSM, 2000). 유산소 운동은 인체의 대근육을 사용하여 호흡기계와 순환기계에 적절한 자극을 주어 심폐기능의 강화, 근력, 골관절의 유연성 향상에 효과적이므로 노인의 체력증진에 도움이 된다. 뿐만 아니라 규칙적인 운동은 노후의 자립적 삶을 연장시키고, 의학적 장애를 일으키는 위험 요인들을 감소시키며, 신진대사에 필요한 에너지 균형을 유지시키며, 사망 이전 장애의 시간을 단축시키며, 낙상과 낙상에 의한 골절의 위험을 줄이고, 노화에 의한 가동성의 감소를 줄인다.

또한 운동 중재에 참여한 노인은 자기효능감이 향상되며, 구체적인 목표 설정과 운동수행을 통한 자신감과 성취감이 향상되었고, 궁극적으로 우울감 저하와 자존감 향상의 긍정적인 결과를 초래하였다. 이렇게 상승된 자기효능감은 사회적 지지를 강화시킬 뿐만 아니라 일상생활의 적응 정도를 향상시킴으로써 궁극적으로 노후 삶의 질을 향상시킨다.

또한 기능제한이 있는 노인들에게 노인운동지도사는 신체적 기능제한 극복을 위한 다양한 방법을 제시하고 독려함으로써 문제해결능력을 향상시키고 현재 처해 있는 상황의 극복을 위해 조력한다. 즉 노인들이 처해 있는 상황을 스스로 해결할 수 있는 방법을 제시하고, 욕구를 충족시키며, 지속적인 사회적 지지를 통하여 노인들의 삶을 통제할 수 있는 능력을 증진하고 향상시키는 임파워먼트의 역할을 수행해야 한다.

'얼마나 오래' 살았는가 하는 것보다는 '얼마나 건강하고, 생산적이며, 효율적으로, 성공적인 노화과정을 거치는가?'라는 과제해결을 위한 게이트키퍼로서 운동지도자는 문제의식과 사명감을 가지고 노인운동지도에 임해야 한다.

2. 기술습득의 전달방법

가. 의사소통

노인운동지도 역시 한 개인이 타인에게 정보를 주는 과정으로, 효과적인 운동지도를 위하여 지도자는 기본적인 의사소통 유형을 파악하는 것이 중요하다. 본 장에서는 노인과의 의사소통 기술 및 원칙, 의사소통 기법을 이해하고자 한다.

1) 의사소통의 정의

의사소통은 한 개인이 타인에게 정보나 아이디어를 보내고, 바꾸고, 교환하는 과정이다. 인간은 누구라도 처음 타인을 대면할 경우 긴장하게 되고 자신을 방어하는 자세를 가지게 된다. 특히, 노인은 마음이 약하고 불안하며, 각종 노화와 직·간접적으로 연관된 질병 및 기능제한을 경험하고 있으며, 솔직히 자신의 기분을 표현하는 것이 곤란하기 때문에 충분히 배려해야 한다.

2) 의사소통 기술 및 원칙

대상자와 효과적으로 의사소통하는 기술에는 언어적 기술, 비언어적 기술, 자기주장 기술이 있다. 언어적 기술은 ① 일반적으로 흔히 사용하지 않는 단어를 사용하지 않으며, ② 의학용어나 특수 용어를 사용하지 않고, ③ 명확하고 간결하게 말하는 것이다. 비언어적 기술은 정보의 수신자에게 송신자에 의한 정보의 시각적 제시(presentation) 또는 송신자에게 수신자가 보이는 시각적 제시이다. 적극적 경청의 행위의 예는 ① 자주 눈 맞추기, ② 편안한 거리 유지하기, ③ 대상자를 정면에서 쳐다보기, ④ 눈높이 맞추기 등을 들 수 있다.

3) 노인과의 의사소통

노인들을 효과적이고 성공적으로 지도하려고 할 때 갖춰야 하는 많은 지도력 기술 중에는 수업에 참가하는 개개인에 대한 전문가의 진실한 관심을 표현하는 능력이 포함된다. 이것은 수업 시작 전, 중간, 후에 각 참가자에게 언어전달뿐만 아니라 몸짓을 통하여 전달할 수 있다. 수업 중 운동지도자는 참가자들의 개별적인 의사소통 방식을 맞출 필요가 있다. 어떤 참가자들은 수업 중 확신과 용기를 주는 말들을 필요로 하는 반면, 어떤 참가자들은 용기를 주는 말보다는 잘못된 자세를 고쳐주는 피드백을 선호할 것이다. 확신이 들지 않을 때는 참가자에게 충분하고 중요한 피드백을 받고 있다고 느끼는지 질문해본다.

수업 참가자들을 존중하는 태도로 대하는 것은 효과적인 의사소통에 필수적이다. 수업 참가자 전체를 지칭할 때, '어르신' 또는 '여러분' 같은 말을 쓰도록 한다. 참가자들의 이름을 숙지하며 수업 초기 다른 참가자들의 이름표를 나누어줌으로써 서로의 이름을 기억시키는 것도 원활한 의사소통에 도움이 될 뿐만 아니라 참가자 스스로 특별하다고 느끼게 한다.

효과적인 의사소통을 위해서는 참가자의 말에 귀를 기울이는 것도 중요하다. 참가자들끼리 이야기할 때는 끼어들지 말고, 늘 눈을 보며 대화해야 한다. 수업을 시작하거나 운동을 바꾸기 위해 대화를 끝내야 할 때는 대화를 중단해야 한다는 점을 알리고, 수업 종료 후 또는 시작하기 전에 대화를 계속할 수 있음을 제시하는 것이 좋다.

가능하면 수업 종료 후 시간을 할애하여 참가자들과 이야기하고 질문에 대한 답변을 제공한다. 이는 참가자들에게 긍정적인 피드백을 제공하여 성취감 및 긍정적 기분을 느끼게 할 수 있는 좋은 기회이다. 또한, 각 수업 참가자들의 참여에 감사하며, 다음 만남을 기대한다는 여운을 남김으로써 다음 회기에 참가를 유도하는 것도 좋은 전략이다.

강사는 자신의 의사소통 기술을 평가해야 한다. 실제로 수업을 진행하는 모습을 녹화하여 리뷰함으로써 지시사항, 습관적으로 사용하는 어조 등을 파악하는 데 도움이 된다. 또한, 참가자들에게 운동 진행 난이도 및 이해가 어려운 부분의 여부, 운동의 영향 등을 경청해보는 것도 도움이 된다. 수업 참가자들에게 바로 와 닿지 않는 운동의 예가 강의 교재에 포함되어 있다면, 강사는 어떤 운동이 특정한 일상적인 운동과 어떻게 관련이 있는지, 이것이 어떤 과제를 궁극적으로 얼마나 잘 수행하는지, 어떻게 영향을 미치는지, 환경 대응에 어떤 영향을 주는지 등을 설명해야 한다.

노인과의 의사소통 시 해야 할 것과 하지 말아야 할 원칙들이 〈표 5-3〉에 제시되어 있다.

표 5-3. 노인과 의사소통에서 해야 할 것과 하지 말아야 할 것(Wold, 1993)

해야 할 것	하지 말아야 할 것
• 자신을 밝힌다. • 노인이 원하는 존칭을 사용한다(예: ○○ 선생님, ○○○ 어르신). • 저음으로 분명하고 천천히 말한다. • 노인에 대해 알려고 노력한다. • 공감을 느끼며 경청한다. • 신체언어에 주의를 기울인다. • 접촉을 적절하게 자주 사용한다.	• 당신이 누군지 인지한다고 추정하지 않는다. • 어린아이를 다루듯 말하지 않는다. • 소리질러가며 말하지 않는다. • 일반적인 노인에 대한 편견으로 미루어 짐작하지 않는다. • 해야 하는 일에만 집중하느라 노인도 인간임을 잊지 않는다. • 의사소통 방법으로 접촉하는 것을 두려워하지 않는다.

4) 청력장애 노인과의 의사소통

많은 노인들은 여러 가지 형태의 감각장애를 갖고 있으며, 이러한 감각장애는 노인들의 의사소통 과정에 영향을 미친다. 인간은 노화와 더불어 감각장애로 인한 감각의 저하를 경험하며 이러한 감각기능의 저하는 노화는 물론 환경적 요인에 대해서도 영향을 받고 있다. 따라서 운동지도자는 의사소통 시 감각기능 저하로 나타날 수 있는 현상들을 고려하여야 한다.

노인에게 흔한 노인성 난청은 말을 잘 알아들을 수 없거나 왜곡하여 들음을 의미한다. 노인은 이러한 문제를 스스로 인식하여 의사소통 상황을 피할 수도 있고, 다른 사람들이 이러한 어려움 때문에 노인과의 의사소통을 피할 수도 있다. 보청기가 청력 문제를 교정할 수 있다면, 저음이나 알아들을 수 있는 수준으로 상담, 기능측정, 운동지도 시 대상자의 얼굴을 마주보고 분명하고 명료하게 말해야 한다.

고함을 지르는 것은 노인의 청력문제를 더 심화시키므로 피해야 한다. 노인성 난청은 흔히 고음 청취력 손상이 나타나기 때문이다. 손상을 덜 받은 귀에 손으로 컵 모양을 만들어 소리를 모아 귀에 대고 말하는 것도 도움이 될 수 있다. 몸짓이나 그림을 이용하여 말하는 것도 의사소통을 도울 수 있다. 청력장애가 있는 노인을 대상으로 의사소통할 때 운동지도자가 사용해야 하는 기법은 〈표 5-4〉와 같다.

표 5-4. 청력장애 노인과의 의사소통법

청력장애 노인을 위한 운동지도 시 개입전략
• 시선집중을 유도한다: 대상자의 이름을 부르면서 말을 건다.
• 눈을 맞추고 이야기한다.
• 대상자가 들을 수 있다면 정상보다 큰 소리로 말하지 않는다: 큰소리로 말하는 것은 듣기 힘들 뿐만 아니라 말이 불분명해진다.
• 말이나 질문을 명확히 할 필요가 있다면 제스처를 사용한다.
• 입 모양이 잘 보이도록 말한다.
• 귀에 직접 대고 말하지 않는다. 이는 환자가 시각적 암시(cue)를 사용하여 들을 수 있는 능력을 방해한다.
• 간단하고 쉬운 용어를 사용한다.
• 단순하게 말하고, 반응이 없으면 짧고 단순하게 다시 말한다.
• 정상속도보다 너무 빨리 말하거나 너무 똑똑 끊어서 발음하지 않는다.
• 한 번에 많은 정보를 전달하지 않는다.

5) 시각장애 노인과의 의사소통

노화와 더불어 노인병의 하나로 나타나는 노인성 황반변성(senile macular degeneration)은 시력감소가 중심에서 주변 시력을 둘러싸고 나타나므로 운동지도 시 주의를 요한다. 황반변성 초기에는 글자체나 직선이 흔들려 보이거나 굽어져 보이고, 결국에는 단어를 읽을 때 공백이 보이거나, 그림을 볼 때 어느 부분이 지워진 것처럼 보이는 증상을 경험한다. 이러한 문제는 노인이 타인과의 상호작용을 하는 데 영향을 줄 수 있다.

백내장(cataract)도 노인들에게 빈번히 발생하는 질병으로 어두운 곳에서의 거리의 판별과 보는 능력이 감소한다. 뿐만 아니라 밝은 곳에서 표면이 반사되어 보이는 문제점도 있다. 이러한 시각손실의 결과 ① 일반적인 시각적 예민함, ② 주변 시력, ③ 거리판단능력, ④ 반사가 일어날 때 밝은 빛을 볼 수 있는 능력, ⑤ 어두운 밝기에서 볼 수 있는 능력, ⑥ 색깔을 구분하는 능력, ⑦ 어둠에 적응하는 능력이 감소하게 된다.

따라서 이 같이 시각에 제한을 가진 노인들을 대상으로 운동지도를 할 때에는 3~5명의 소그룹 운동지도를 하는 것이 효과가 있으며, 다음의 개입전략을 필요로 한다.

표 5-5. 시각장애 노인과의 의사소통법

시각장애 노인의 운동지도 시 개입전략
• 눈부심이 많은 곳에서 프로그램을 진행하는 것을 피한다. • 운동지도가 야외에서 진행될 경우, 챙이 있는 모자를 챙긴다. • 운동 프로그램을 실시하는 장소로 이동하거나 운동을 시작하기 전 노인들의 시력조절을 위하여 충분한 시간을 준다. • 노인의 얼굴에 빛이 바로 투사되지 않도록 위치를 설정한다. • 실내에서 운동지도 시 날씨를 고려하여 조명 양을 조절한다. • 시각 손상을 가진 노인의 경우 운동 프로그램 지도 시 또는 운동평가 시에 글씨 크기, 색깔 등을 고려하여 적용해야 한다.

나. 운동지도자를 위한 운동학습 원리

노인 운동지도 시 의사소통 방법을 이해한 후 기술습득을 효과적으로 전달하기 위해서는 운동학습의 원리를 이해해야 한다. 다음의 내용은 기술을 소개하고, 보강피드백을 제공하며, 기술이 전체적으로 연습되어야 하는 것인지 부분적으로 연습되어야 할 것인지를 결정하고, 수업 시간 동안 참가자들이 얼마나 오랫동안 기술이나 활동을 수행할 것인지를 결정하는 구체적인 방법을 묘사하였다.

1) 시범

새로운 기술을 어떻게 수행하는지를 알려주는 방법으로 가장 보편적으로 사용되는 전략은 그 기술을 어떻게 수행하는지를 보여주는 것이다. 기존 연구에 의하면, 특정 상황에서 시범은 다른 형태의 기술 전수보다 더 효과적임을 보고하고 있다. 특히, 개인의 사지와 몸의 특정한 동작을 포함한 새로운 동작협응 형태를 요구할 때 시범은 더 효과적이다.

올바른 시범에 대한 대안으로 좋은 방법은 초보자들에게 상대방의 연습을 관찰하도록 하는 것이다. 한 연구에 의하면 다른 초보자들의 움직임을 연습하는 것을 관찰함으로써 기술습득에 도움이 되며, 특히 관찰된 사람의 동작에 대하여 지도자의 정확한 평가가 있을 때 더욱 효과적이라고 하였다. 이러한 전략은 각 참가자의 개별적인 운동수행에 대한 피드백이 어려운 대규모 수업의 경우에 특히 유용하다. 시범에 대한 지침은 다음과 같다.

표 5-6. 시범에 대한 지침

- 수행되는 기술의 가장 중요한 부분을 참가자들이 관찰 위치에서 확인한다. 모든 사람이 시범을 잘 관찰할 수 있는 위치에 있어야 한다.
- 기술을 수행하는 올바른 방법을 반복하여 시범을 보인다.
- 실제 수행속도와 유사한 속도로 시범을 보인다.
- 시범하는 동안 많은 언어적 설명을 제공하지 않는다.
- 만약 언어적인 설명이 필요할 경우 핵심적인 것만 강조하며 시범 이전에 언어적 암시(cue)를 사용한다.
- 다른 초보자들이 연습하는 것을 초보자들이 관찰하도록 하며 관찰자들이 지도자의 올바른 피드백을 들을 수 있는지를 확인한다.

2) 언어적 지도

동작기술을 어떻게 수행하는지 알려주기 위해서는 언어적 지도방법이 사용된다. 언어적 지도의 중요한 기능은 동작기술의 결정적인 측면 또는 기술 수행을 향상시키는 환경적 상황에 학습자의 관심을 집중시키는 것이다. 하지만 노인들을 가르칠 때에는 지도하는 양이 제공되는 정보에 집중 가능한 것, 또는 받아들일 수 있는 노인들의 능력을 초과해서 제공하지 않는 것이 중요하다. 언어적 지도의 효율성에 영향을 미치는 여러 가지 요인은 다음과 같다.

표 5-7. 언어적 지도의 효율성에 영향을 미치는 여러 가지 요인

- 젊은 성인과 비교하여 일반적으로 노인들은 한 번에 집중 가능한 정보량이 더 적으며, 이러한 정보를 기억하는 시간 또한 짧다.
- 지도를 받는 사람은 지도하는 내용의 의미를 이해할 수 있어야 한다. 지도자와 학습을 받는 사람에게 용어의 의미가 각기 다를 수 있다.
- 지도는 기술 또는 활동을 배우고 수행할 때 어떻게, 어디에 참가자가 자신들의 주의를 집중해야 하는지 영향을 미친다. 기술수행 시 주의력 집중은 학습효과에 영향을 미치므로 중요하다.
- 올바른 지도법은 학습자로 하여금 복잡한 일련의 동작으로 보일 수 있는 것을 단순화시키는 데 도움을 줄 수 있다. 언어적 지도가 학습자에게 운동기술의 수행과 연관시킬 수 있는 강력한 시각적 이미지를 제공할 경우에는 그 기술에 요구되는 복잡한 협응의 학습은 훨씬 쉬워진다.

3) 언어적 암시

사람들이 기술이나 활동을 어떻게 수행하는지를 기억하는 데 도움이 되는 유용한 테크닉은 그들이 그 기술을 수행할 때 언어적 암시(verbal cue)를 반복하도록 하는 것이다. 언어적 암시는 한 단어 또는 짧고 간결한 어구이며, 동작의 특정 측면, 기술을 수행하기 위해 해야 하는 목표, 환경에 대해 참여자들의 관심을 기울이도록 할 수 있다. 또한 언어적 암시는 기술의 결정적인 측면이나 부분을 일깨워주는 역할을 할 수 있다.

운동지도자로서 제공하는 언어적 지도는 학습자들에게 새로운 동작기술을 소개하는 첫 번째 방법이다. 따라서 말을 주의 깊게 선택하고, 그 기술을 시범 보이기 전에 또는 학습자가 그 기술을 연습한 기회를 갖기 전에 너무 많은 말을 하지 않는 것이 좋으며, 효율적인 언어지도를 위하여 다음의 사항을 주의하여야 한다.

표 5-8. 효율적인 언어지도를 위한 주의사항

- 기술이나 활동을 어떻게 수행하는지 한두 가지 요점 이상을 포함시키지 않는다.
- 모든 참가자들이 이해하는 용어를 사용한다.
- 잘 알려진 시각적 이미지를 떠올리게 하는 지시를 한다.

4) 보강피드백

운동 참가자들은 자신들의 운동을 수행하는 동안 다양한 감각시스템을 통하여 정보를 얻는다. 운동지도자는 이러한 내적인 감각 피드백을 보완하거나 증강시키는 추가적 피드백을 제공할 수 있다. 이러한 보강피드백을 목표 설정 후 지속적으로 노력하거나 수업에 지속적인 참가를 유도하고 동기를 유발하며 기술학습을 촉진시킬 수 있다.

일반적으로 지도자가 보강피드백을 빈번하게 줄수록 학습 습득에 더 효과적이라고 생각하는 경향이 있는데, 선행 연구에 의하면 보강피드백을 매번 시도할 때마다 제시하지 않는 것이 매번 제시하는 것보다 초보자에게는 효과적이라고 보고하였다(Magill, 2004). 이는 초급자의 경우 보강피드백을 지속적으로 제공할 경우에 의존적이 될 수 있으며, 대부분의 운동기술은 지도자로부터 피드백을 받을 수 없는 상황에서 수행되므로 보강피드백 없이 스스로 기술을 수행하는 능력을 기르는 것이 중요하다.

5) 연습환경의 구축

노인 운동지도 시 연습환경이 얼마나 잘 조직화되어 있는지 여부는 학습에 많은 영향을 미친다. 지도자는 이와 관련하여 다음의 3가지를 고려하여야 한다. ① 기술을 언제 전체적 혹은 부분적으로 연습할 것인지를 어떻게 결정할 것인가? ② 최상의 학습과 전이를 위한 연습 스케줄을 어떻게 작성할 것인가? ③ 연습시간을 어떻게 할당할 것인가?

① 기술연습

새로운 기술을 소개할 때 운동지도자가 당면하는 중요한 결정은 운동 참가자들에게 새로운 기술을 전체적으로 연습시킬 것인지 또는 부분적으로 연습시킬 것인지이다. 이러한 결정은 두 가지 특성에 의하여 결정되는데, ㉠ 기술의 복잡성에 근거하며, ㉡ 기술을 구성하는 부분들의 조직화이다.

기술의 복잡성은 기술에 포함된 구성 부분의 숫자를 말하며, 그 예로 에어로빅댄스의 연속동작을 들 수 있다. 복잡성이 많은 기술의 경우에는 부분적으로 연습하는 것이 좋다. 기술을 구성하는 부분들의 조직화는 부분들 사이의 시간적 및 공간적 상호관계를 말한다. 기술의 구성부분을 파악하여 그 기술을 분석하고, 그 후 어느 한 부분의 수행이 앞선 또는 그다음 부분의 수행에 어느 정도 좌우되는지를 평가해야 한다. 예를 들어 자유형 영법에서 사용되는 다리차기와 발차기의 경우를 들 수 있다.

기술구성요소들의 연습에 초보자들을 몰두시키는 효율적인 방법은 점진적 부분연습의 전략을 사용하는 것이다. 참가자들은 첫 부분을 연습한 후에 두 번째 부분을 연습하며, 그 후 셋째 부분을 연습하고 난 후 세 부분을 결합한다. 이러한 방식은 모든 부분들이 개별적으로 연습되고 그런 다음 앞서 부분들과 연속적으로 연습될 때까지 계속된다. 결국에는 전체적으로 기술이 연습되며 이런 전략은 노인들에게 에어로빅댄스 순서를 가르칠 때 효과적이다.

② 연습 스케줄

노인 운동수업은 한 가지 기술의 다양한 유형을 학습하고 수행하는 것을 포함한다. 스텝 에어로빅의 경우, 스텝 오르기, 스텝 내리기, 사이드 스텝 오르내리기, 앞으로 스텝, 뒤로 스텝 등 다양한 종류의 동작들이 요구된다. 운동지도자는 이러한 다양한 변형을 한 수업시간에 연습해야 할지, 여러 수업에 나누어 개별적으로 연습해야 할지를 결정해야 한다. 운동학습 연구는 이 같은 학습현상을 맥락간섭효과로 설명하고 있다.

Brady(2008)의 연구에서는 여러 번의 수업에 걸쳐 각 기술 변형을 개별적으로 연습하는 것보다 각 수업에서 모든 변형을 연습하는 것이 기술 변형을 더 잘 학습한다는 것을 보여주었다. 따라서 노인 운동 참가자가 기술이나 동작의 여러 가지 변형을 학습해야 할 때에는 맥락간섭이 적어지는 것보다 더 많아지도록 연습시간을 계획한다. 각 기술 변형을 매 수업 시간마다 연습하는 것이 단지 하나의 유형을 하나의 수업시간에 연습하는 것보다 효과적인 맥락간섭을 만들어낸다.

③ 연습 시간

기술의 유형 및 그에 따른 연습방법을 결정하는 것 이외에도 노인운동지도사는 각 기술이나 행동에 대한 연습시간을 배분하고 결정해야 한다. 학습을 위한 최적의 시간은 기술 및 활동의 난이도에 따라 달라질 수 있으나, 일반적으로 알려진 바에 의하면 짧은 시간으로 자주 연습하는 것이 길고 적은 빈도로 연습하는 것보다 기술학습에 더 효과적이다.

6) 요약

다양한 특성을 지닌 노인집단을 대상으로 운동을 지도하는 노인운동지도사는 위에서 제시한 운동학습의 원리 적용에 있어서도 운동 참가자들의 신체적 능력, 인지적 능력, 심리적 상태 등을 고려하여 적절하게 적용할 수 있는 능력을 갖추어야 한다. 운동장소가 동일한 경로당이라고 할지라도 기능 상태와 질병 상태에 따라 참가자의 이질성은 크게 차이가 나므로 지도기법 또한 각 개인의 요구에 맞도록 변경하여 적용하여야 한다. 최적의 학습을 위해 운동학습의 원리를 상황에 맞게 적용하는 전략을 구사하는 능력이 성공적인 노인운동지도사의 기본 자질일 것이다.

3. 노인운동지도사의 지도기법 및 자질

저출산·고령화가 흔하게 언급되고 각종 매체에서 건강한 노후를 위한 다양한 프로그램들을 소개하면서 노인들을 위한 운동 프로그램도 그룹 차원뿐만 아니라 개인적인 차원으로도 영역이 확대되고 있다. 운동지도자의 목표가 개인트레이너가 되는 것이건 그룹지도자가 되는 것이건 간에 현장에서 효과적인 운동지도를 위하여 교수법적인 지식을 위한 지도기술을 연마하는 것은 필수다. 이 장은 노인운동지도사로서 노인 참여자의 현재 기능 상태 결정을 위한 전략을 제시하고, 각 기능 상태별 요구되는 요구를 파악하며, 불필요한 위험에 노출 없이 운동 참가 노인의 요구를 충족시킬 수 있는 프로그램을 파악하고, 기능수준별로 적절한 운동 프로그램 전략을 제시하고자 한다.

가. 기능 상태 결정

전반부의 보건 목표에서 노인의 건강 상태별로 다룬 바 있으나, 운동지도의 관점에서 Spirduso (2005)는 노인의 기능 상태를 신체적 의존, 신체적 허약, 신체적 자립, 신체적 건강, 신체적 엘리트의 5가지 범주로 분류하였다.

1) 신체적 의존

신체적 의존 범주의 노인은 자립적으로 기본적 일상생활수행(BADL: Basic Activities of Daily Living), 즉 옷 입기, 목욕하기, 이동하기, 화장실 이용하기, 먹기, 걷기를 수행할 수 없는 노인을 의미한다.

2) 신체적 허약

신체적 허약 노인은 기본적 일상생활수행은 가능하나 자립적으로 혼자 생활하기에 필요한 모든 활동들이 가능하지는 않은 상태를 의미한다.

3) 신체적 자립

신체적 자립 상태의 노인은 주요 만성질환의 증상은 있으나 자립적인 삶이 가능하며, 낮은 건강 여력과 체력 상태의 노인을 의미한다.

4) 신체적 건강

신체적 건강 수준의 노인은 주당 2회의 건강유지를 위한 운동이 가능하며, 삶을 즐기고, 취미나 신체적인 체력이 요구되는 규칙적인 일이 가능한 노인을 의미한다. 이 수준의 노인은 낙상 위험이 낮다.

5) 신체적 엘리트

신체적 엘리트 수준의 노인은 거의 매일 스포츠 경쟁, 높은 수준의 체력을 요구하는 일 또는 여가활동에 참가하는 노인을 의미한다.

나. 요구 파악

사전 스크리닝 및 기능수준의 평가는 운동 참가 노인의 현재 기능수준을 결정하는 데 도움이 된다. 사전 스크리닝은 현재 보유하고 있는 질병, 복용약물 등 의료적인 수준의 검사를 의미한다. 의료적·심리적 평가는 개인별 또는 그룹별 요구를 파악하고 운동 프로그램의 목표 설정에도 도움이 된다. 예를 들어 일반 노인들에게 유용하다고 인식되어 있는 유산소운동의 경우 처음 두 가지 수준의 기능 상태(신체적 의존, 신체적 허약)의 노인들과 같이 기본적 일상생활수행에 도움을 필요로 하는 노인들에게는 적용하지 못할 수도 있다.

1) 신체적 의존 수준의 노인을 위한 운동

신체적 의존 수준의 노인에게는 신체기능 수준을 유지하거나 향상시킬 수 있는 움직임을 적용하는 것이 중요하다. 옷 입기, 목욕하기, 이동하기, 화장실 이용하기 등과 같이 기본적인 일상생활수행에 도움이 되는 움직임은 저항성 운동, 관절가동범위, 평형성, 협응성 등이 해당된다. 운동동작에서 손가락, 손의 악력과 민첩성, 상완근력, 고관절의 관절가동범위, 하지 근력, 발목 근력 및 발목 관절가동범위, 발과 발가락의 이동능력 등에 집중하여 운동지도가 이루어져야 한다.

기본적 일상생활수행능력 향상에 도움이 되는 운동 프로그램을 제공하기 위해서는 각각의 기본적 일상생활 수행에 요구되는 기능에 대한 이해가 필요하다. 첫 번째로, 화장실 이용하기의 경우 기립 상태에서 좌식 상태로 또는 좌식 상태에서 기립 상태를 취하기 위하여 하지와 고관절의 근력과 관절가동범위가 필요하다. 휠체어를 사용하는 노인의 경우 휠체어에서 변기의자로 또는 변기에서 휠체어로 이동하기 위한 상체근력이 필요로 한다. 또한 화장실 이용 시 옷을 벗고 다시 입는 동작에서 필요한 손과 팔의 근력도 요구된다. 요약하면 화장실 이용하기에 요구되는 기능은 다음과 같다.

- 관절가동범위 운동(ROM): 고관절, 무릎, 발목, 어깨, 손목
- 근력: 하지, 고관절, 상완, 손

목욕 동작은 욕조에 들어가고 나오는 동작을 위하여 고관절과 하지의 가동범위 및 근력을 필요로 한다. 또한 옷을 갈아입고, 몸 전체를 씻는 동작을 위하여 팔과 손의 근력과 관절가동범위도 요구된다.

- 관절가동범위 운동(ROM): 고관절, 무릎, 발목, 어깨, 손목
- 근력: 하지, 고관절, 상완, 손

이동 동작을 위해서는 하지근력이 필요하며, 의자에서 일어서기, 침대로 들어가거나 일어설 때 관절가동범위, 평형성이 필요하다. 휠체어를 타는 노인의 경우 의자에서 침대로, 침대에서 의자로 이동하기에 충분한 상완근력이 요구된다.

- 관절가동범위 운동(ROM): 고관절, 무릎, 발목
- 근력: 하지, 고관절, 상완
- 평형성: 낙상 없이 이동할 만큼

걷기 동작은 하체의 근력과 관절가동범위뿐만 아니라 한 장소에서 다른 장소로 낙상 없이 이동하기 위한 충분한 평형성도 요구된다. 보조기기를 사용한 걷기의 경우 효율적으로 보조기기를 사용하기 위하여 충분한 상완근력이 필요하다.

- 관절가동범위 운동(ROM): 발목, 고관절, 무릎
- 근력: 발목, 고관절, 하지

특히 걷기 동작 시 자세를 유지하고 적절한 조정 및 평형성을 위하여 상체의 등근력 훈련도 고려되어야 한다.
- 평형성: 체중을 한쪽 다리에서 다른 쪽 다리로 옮기며 한쪽 다리로 기립 자세를 유지하고, 적절한 보폭과 도보를 유지하기 하여 필요함
- 자신감: 낙상 없는 도보를 위해 필요함

기본적 일상생활수행능력 향상을 위한 운동 프로그램 선택 시 다음의 3가지 질문을 떠올려본다.
첫째, 현재 실행하고자 하는 운동이 즉각적인 요구를 반영하는가?
둘째, 현재 실행하고자 하는 운동이 기능 향상에 도움이 되는가?
셋째, 더 안전한 다른 운동의 대안은 없는가?

신체적 의존 수준의 노인을 위한 운동 프로그램은 〈표 5-9〉와 같다.

표 5-9. 신체적 의존 수준의 노인을 위한 운동 프로그램

- 기본적 일상생활수행능력의 각 행위에 필요한, 의자에서 앉아서 진행하는 운동
- 일대일 수중운동(수중 걷기, 수중 관절가동범위 운동, 수중 근력운동)
- 상체와 하체의 저항성 운동
- 집에서 하는 개별화된 운동
- 적절한 호흡법과 긴장 완화
- 손기능 강화 운동

2) 신체적 허약 수준의 노인을 위한 운동

신체적 허약 수준의 노인은 기본적 일상생활 수행능력과 도구적 일상생활수행능력(Instrumental Activities of Daily Living: IADL)을 향상하거나 유지하기 위한 운동을 필요로 한다. 도구적 일상생활수행능력은 복합적인 인지기능과 신체기능을 요구하는 활동으로 전화 사용, 물건 사기, 음식 장만, 돈 관리 및 재정적인 일 수행, 가정 돌보기, 교통수단 이용 및 길 찾기, 취미생활, 약 복용, 읽기, 세탁, TV 보기 등이 포함된다. 운동수행 시 근력, 지구력, 유연성, 관절가동범위, 평형성 및 협응성이 요구된다.

하지근력은 평형성과 낙상 직전 자세교정에 필요한 능력을 향상시키는 데 기여한다. 또한, 노인 운동 참여자의 정상 도보패턴과 적절한 보폭, 도보속도를 유지하고 회복하는 데 필요하다. 또한 상체 등근육과 견갑골의 중심을 유지하기 위한 근력운동(예: 견갑골 움츠리기 동작)은 바른 자세 유지에 도움이 될 것이다. 신체적 허약 수준의 노인을 위한 운동 프로그램은 〈표 5-10〉과 같다.

표 5-10. 신체적 허약 수준의 노인을 위한 운동 프로그램

- 기본적 일상생활수행능력과 도구적 일상생활수행능력에 적절한 의자운동
- 일대일 수중운동(수중 걷기, 수중 관절가동범위 운동, 수중 근력운동)
- 상체근력과 하체근력의 향상을 위한 저항성 운동
- 적절한 호흡법과 긴장 완화
- 평형성과 조정력 연습을 위한 의자 또는 의자 보조운동
- 근력, 관절가동범위, 평형성, 협응성 향상을 위한 수중그룹운동
- 집에서 하는 개별화된 운동

3) 신체적 자립 수준의 노인을 위한 운동

신체적 자립 수준의 노인은 기능적인 자립감이 간신히 있는 노인에서부터 활동수준은 양호하나 건강을 위한 적극적인 운동이나 여가활동에 스스로 참여하지 않는 노인을 포함한다. 신체적인 자립 수준의 노인의 경우 현재 가지고 있는 신체적 기능수준을 향상시키고, 허약 상태를 초래하게 할 질병이나 기능제한, 또는 부상을 예방할 수 있는 수준의 운동을 필요로 한다. 이런 건강 상태의 노인들을 위한 운동 프로그램은 근력, 지구력, 유연성, 관절가동범위, 평형성, 협응력 및 유산소 지구력의 향상에 중점을 두어야 한다.

이 수준의 노인들에게 유산소 운동이란 심혈관계의 기능을 향상시킬 정도의 작용을 하는 운동으로, 팔과 다리의 격렬한 움직임을 동시에 요구하기도 한다. 리듬에 따른 무릎 올리기, 전방 또는 사방 발차기, 의자에서 앉았다 일어서기의 반복 동작 등이 유산소 운동의 동작으로 포함된다. 리듬에 맞춰 지속적으로 팔과 다리의 움직임 패턴을 유지하는 의자댄스도 유산소 기능을 회복할 재미있는 방법 중의 하나이다.

신체적 자립 수준의 노인들을 위한 중요한 운동지도의 목표는 건강과 체력의 향상을 지속적으로 진행할 수 있도록 동기자극을 하고, 기능적인 소실을 예방하며, 자립의 중요성을 지속적으로 교육하는 것이다. 신체적 자립수준의 노인을 위한 운동 프로그램은 〈표 5-11〉과 같다.

표 5-11. 신체적 자립 수준의 노인을 위한 운동 프로그램

- 의자에서 하는 유산소 운동
- 쉬운 수준으로 변형된 라인댄싱과 포크댄싱
- 걷기운동
- 저항성 운동
- 타이치
- 낮은 강도의 유산소 운동
- 수중운동
- 서킷트레이닝
- 여가활동
- 스트레칭

4) 신체적 건강 수준의 노인을 위한 운동

신체적인 건강 수준을 유지하고 있는 노인은 활동적이고 자립적인 생활을 영위하며, 직접 선택한 직무와 다양한 종류의 여가활동 모두를 가능케 하는 수준의 체력을 유지할 수 있는 운동 프로그램을 필요로 한다. 운동 프로그램은 근력, 지구력, 유연성, 관절의 가동범위, 평형성, 협응성, 민첩성

및 유산소 지구력에 초점을 두어야 한다. 이 수준의 노인을 위한 운동지도의 목표는 현재의 체력 상태를 유지할 수 있는 건강 정보와 다양한 기회를 제공하는 것이다.

이 수준의 노인은 일반적으로 자기 동기부여가 강하며 스스로 규칙적인 운동이 삶의 질에 얼마나 중요한지를 파악하고 있을 것이다. 따라서 운동지도자는 체력의 전 영역을 편리하고 안전하게 유지할 수 있도록 집중해야 한다. 안전을 강조하는 이유는 대부분의 신체적 건강 수준을 유지하는 노인은 높은 동기부여로 인하여 안전을 고려하지 않은 더 많은 양과 높은 강도의 활동을 하는 경향을 보이기 때문이다. 이 수준의 노인에게도 기능적 자립과 체력수준을 유지하기 위해 근력 유지의 중요성을 강조해야 한다. 수중운동이나 낮은 강도의 유산소 운동을 하는 분들에게도 지속적으로 저항성 운동을 통한 근력 향상의 중요성을 지속적으로 알려야 한다. 신체적 건강 수준의 노인을 위한 운동 프로그램은 〈표 5-12〉와 같다.

표 5-12. 신체적 건강 수준의 노인을 위한 운동 프로그램

• 낮은 강도의 유산소 운동	• 라인댄싱과 포크댄스
• 수중 에어로빅	• 수영
• 서킷트레이닝	• 저항성 운동
• 각종 여가활동	• 타이치
• 요가	• 스트레칭
• 각종 스포츠(게이트볼, 탁구, 배드민턴 등)	

5) 신체적 엘리트 수준의 노인을 위한 운동

신체적 엘리트 수준의 노인들은 현재 체력수준을 유지하고 경쟁상황, 여가활동 시 수행을 향상시키는 데 도움이 되는 운동이 필요하다. 운동 프로그램은 근력, 지구력, 유연성, 민첩성, 근지구력을 모두 포함해야 하며, 스포츠 트레이닝도 포함된다.

운동지도자는 높은 동기가 유발된 엘리트 수준의 노인 참가자들에게 적절한 운동 강도와 테크닉을 강화시켜야 한다. 뿐만 아니라 과훈련의 부작용과 적절한 회복의 시간의 필요성과 관련된 적절한 정보를 제공함으로써 안전사고를 예방하는 것도 운동지도자의 중요한 역할이다. 신체적 엘리트 수준의 노인을 위한 운동 프로그램은 〈표 5-13〉과 같다.

표 5-13. 신체적 엘리트 수준의 노인을 위한 운동 프로그램

• 낮은 강도의 유산소 운동	• 라인댄싱과 포크댄스
• 수중 에어로빅	• 수영
• 서킷트레이닝	• 걷기경주
• 인터벌 트레이닝	• 저항성 운동
• 각종 여가활동	• 타이치
• 요가	• 스트레칭
• 각종 스포츠(게이트볼, 탁구, 배드민턴 등)	• 특정 스포츠 시합을 위한 세부훈련

2장 노인 운동 시 위험관리

학습목표

- 노인 운동시설의 안전관리에 대하여 구체적인 방안을 알아본다.
- 노인 운동의 일반적인 응급 상황을 이해하고, 이에 따른 처치법을 알아본다.
- 운동 전·중 자각증상을 이해하고, 활용한다.

1. 노인 운동시설 안전관리

노인 운동을 시행하는 체육시설의 안전 및 관리에 대한 부분은 참여자들을 상해로부터 보호하는 응급 상황에 대한 예방책으로 매우 중요하다. 노인운동지도사로서 충분한 자격을 갖추었다 할지라도 체력이 약한 노인들을 대상으로 하는 지도자들은 모든 상황에서 운동에 따른 부상과 응급 상황이 발생할 수 있음을 인식해야 한다. 운동시설에서는 참여자들의 안전을 위하여 의무적인 관리가 필수적으로 이루어져야 하며, 이러한 관리는 참여자들을 위한 운동시설과 장비 관리, 노인들의 특성을 고려한 안전한 환경 조성, 응급 상황 발생 시 적절한 대처법으로 구성된다.

가. 시설 및 장비에 관한 관리

1) 시설관리

ACSM의 건강/체력 시설 기준 및 지침(Tharrett & Peterson, 1997)은 모든 건강 및 체력 시설에 의해 준수되어야 하는 관리 규범을 포함하고 있다. 이 중 노인 운동 참여자들이 안전하게 운동에 참여하기 위하여 특정적으로 적용되는 5가지 규범을 충족시키는 것이 중요하다. 또한 시설관리에 대한 과실의 경우에 이러한 규범이 법적인 의무의 증거로 제시되도록 허용된다.

노인 운동시설에 적용되는 5가지 ACSM 규범은 다음과 같다.

① 어떠한 응급 상황에서도 신속하게 반응할 수 있어야 하며, 모든 지도자에게 알려져 있는 응급 대처 계획을 게시해놓고, 모든 지도자들을 대상으로 정기적인 응급 대처 훈련을 실시한다.
② 프로그램에서의 안전을 위해서는 신체활동 프로그램 시작 전에 각 참여자들을 선별한다.

③ 유효한 CPR◉ 및 응급처치 자격증을 포함해서 지도자가 전문 능력을 갖추고 있는지를 증명하도록 요구한다.
④ 장비를 어떻게 사용하는지에 대한 설명을 게시하며, 장비 사용과 관련된 위험에 대한 경고를 게시한다.
⑤ 모든 관련된 법률, 규정, 알려져 있는 규범을 준수한다.

2) 장비관리

노인 운동 참여자들의 안전과 동선을 고려한 장비의 배치 및 정기적인 보수관리 등은 운동참여 중에 발생하는 상해나 응급 상황을 예방하는 기본적인 단계이다. 운동시설에서의 안전하고 효율적인 장비 사용을 위해서는 지도자들의 역할이 중요하며, 지속적인 교육을 통한 관리가 이루어져야 한다. 시설에서 안전하게 장비를 제공하기 위한 교육 내용은 다음과 같다.

① 장비는 적절하게 배치되어 있으며, 정기적으로 검사되고 정비되며, 안전에 유념하라는 표시를 적절한 위치에 명확히 보이도록 한다.
② 참여자들에게 장비를 적절하게 사용하도록 그리고 운동 동작을 올바르게 실행하도록 지도하며, 장비에 내재되어 있는 위험이 어떤 것인지를 알려주고 지속적으로 감독한다.
③ 제조업자 또는 판매업자의 지시와 일치하도록 장비를 설치하고, 설치 이전에 장비를 점검하며, 사용방법에 대한 지도와 감독을 제공한다. 또한 장비의 점검과 유지를 위한 정기적인 일정을 수립하며, 결함이 있고 잠재적으로 위험할 수 있는 장비의 신속한 제거를 위한 절차를 마련해놓음으로써 장비와 관련된 부상 그리고 그에 따른 책임을 최소화한다.

나. 환경에 관한 안전관리

노인 운동지도 시에는 참여자들의 다양한 의료적 문제에 따라 안전한 환경 조성을 위한 관리가 필요하다. 특히 시각 및 청각과 같이 신체적인 문제를 가지고 있는 참여자들을 위한 환경을 제공할 때는 보다 전문적인 이해와 지식이 필요하다.

시각적인 문제를 가지고 있는 참여자들은 특히 체력적 요소 중에서 평형성과 관련된 부분에 취약함을 보이기 때문에 운동 상해에 대한 예방 차원의 안전한 환경이 준비되어야 한다. 또한 대다수의 노인들은 노화에 따른 청각적 문제를 가지고 있기 때문에 운동지도에 따른 효과적인 환경을 제공하는 데 청각 이외의 감각을 이용한 지도법 같은 환경적 요소가 필요하다.

> ◉ CPR(Cardiopulmonary Resuscitation): 심폐소생술을 의미하며, 심정지의 환자에게 심장이 자발적으로 회복하여 사망을 방지하는 응급처치법이다.

1) 시각적 문제가 있는 노인 운동 참여자를 위한 환경
① 시각적 문제가 있는 참여자들에게 어려움을 주는 두 가지 주된 장애는 눈부신 빛과 어두운 조명이다. 따라서 참여자들의 운동지도를 위한 시범을 위해서는 적절한 조명이나 거울이 배치된 환경이 도움을 줄 수 있다.
② 지도자의 동작을 따라 해야 하는 경우에는 시각적 문제가 있는 참여자들은 지도자의 동작을 쉽게 볼 수 있는 환경에서 시행한다. 잘 보이는 앞쪽 혹은 지도자 옆으로 이동시킨다.
③ 시각적 문제가 있는 참여자들은 앞쪽에 있는 시설물이나 장비에 대한 정보가 없는 경우에는 장애물이 될 수 있기 때문에 운동 전후에 제자리에 정리하거나 장비 배치에 대한 정보를 공유한다.
④ 시설에 관한 표시 혹은 운동지도에 필요한 방향전환에 대한 표시를 알아보기 쉽게 한다. 이는 운동지도뿐만 아니라 안전에 대한 예방에도 중요하다.
⑤ 시각이 아닌 다른 감각, 특히 청각을 이용하여 지도한다. 예를 들어 동작 설명이나 운동지도에 대하여 천천히 명확하게 이야기하며, 이해하기 쉬운 말로 지도한다.

2) 청각적 문제가 있는 노인 운동 참여자를 위한 환경
① 청각적 문제가 어느 정도인지를 먼저 파악한 후, 운동지도 시에는 잘 들리는 귀 쪽으로, 잡음이 적은 조용한 장소에서, 목소리를 조금 크게 그리고 천천히 명확하게 설명한다.
② 복잡한 운동방법이나 기술을 설명할 때는 운동지도자의 시범이나 사진 등을 통하여 시각적 시범과 시각적인 보조물을 많이 이용한다.
③ 청각적 문제가 심각할 경우에는 지도자 혹은 참여자들 간에 서로 마주보면서 운동에 참여시킴으로써 입술 모양이나 표정을 통해 지도를 받고 이해할 수 있도록 한다.

다. 장소에 관한 안전관리
1) 실내외 장소
실외의 무덥고 습한 환경이나 실내의 춥고 눅눅한 환경에서는 면역력이 낮은 노인 운동 참여자들에게는 부상 및 질병에 쉽게 노출된다. 특히 걷기 및 등산과 같이 실외 운동에 참여하는 경우에는 고체온증❶이나 저체온증❷이 발생하며, 기온의 변화에 따라 심각한 스포츠상해가 발생하기도 한다. 간혹 고온에서 장시간 운동을 진행하는 경우에는 열피로❸에 의해 일시적인 현기증 및 구토 증상을 보이며, 심각한 경우에는 실신까지 발생하기도 한다. 한편 비교적 시원하다고 생각되는 날에도 주의하지 않으면 안 된다. 특히 비나 눈이 오거나 추운 날에는 체온이 내려가기 때문에 여러 가지 장애를 일으킬 위험이 높다. 스포츠 현장에서는 기온, 습도, 풍속, 복장 등에 따라 고체온증 또는 저

체온증을 일으킬 가능성이 있다.

2) 수중운동 환경

노인 운동 참여자들이 수중에서 운동하는 데는 몇 가지 추가적인 안전과 관련된 사항들을 고려해야 한다. 일부는 시설과 관련이 있고, 다른 일부는 참여자들과 관련이 있으며, 지도 방법 및 기구의 사용과 관련된 것들이 있다. 수중운동 환경은 운동의 매개체가 되는 물의 특성과 이러한 특성이 운동 조건에 미치는 영향을 잘 파악하여 최대한 안전하고 효과적으로 운동을 시행해야 한다. 가장 최적의 편안함을 제공하기 위하여 수영장 시설 내의 기온과 습도를 조절해야 하며, 수중운동의 유형에 따른 요구를 충족하기 위하여 수영장의 수온 또한 점검해야 한다. 또한 수중운동 이외의 시간에도 수영장 바닥의 안전에 대해 반복하여 알려주어야 한다. 이러한 안전한 수중 환경을 위하여 모든 운동이 진행되는 과정에서는 전문 수상안전요원이 대기해야 한다.

라. 응급 상황에 관한 안전관리

노인 운동 참여자들에게 효과적인 운동 환경을 제공하기 위한 추가적인 사항은 부상 또는 의료적 응급 상황의 발생 위험을 최소화시키고 응급 상황을 신속하게 처리하며, 이에 대한 대응 절차를 사전에 준비하여 지도자들이 이를 숙지하는 것이다.

1) 부상 및 의료적 응급 상황 안전관리

① 운동 시작 전에 모든 참가자들에게 사전 검사를 시행하여 현재 상태를 파악한다. 이러한 사전 검사는 운동 중에 일어날 수 있는 부상을 예방하고, 추가 검사가 필요한지 결정하는 데 도움이 된다.

② 질병에 따른 의료적 응급 상황에 대한 예방책을 마련한다.
- 심장병: 운동 전과 운동 중에 혈압과 심박수를 자주 확인한다. 또한 운동 강도가 목표 심박수

고체온증: 환경 온도가 높아 최대로 땀을 흘려도 열손실량이 열생산량보다 적거나, 체내 열생산량이 지나치게 높아져 열손실량이 이에 따를 수 없는 마라톤 같은 격렬한 운동을 계속할 때 심부온도가 정상 이상으로 올라간 경우를 고체온증이라 한다. 고체온증이 발생하면 우선 신경, 근육 및 심리적인 변화가 온다. 즉 피로, 무관심, 의욕저하 상태에 빠지며 결국에는 환각 증세를 일으킨다.

저체온증: 내부나 외부의 다양한 원인에 의하여 체온이 35℃ 이하로 떨어진 경우를 말하며, 운동과 영양이 부족한 경우에는 영하의 온도가 아니라도 저체온증이 유발될 수 있다. 저체온증이 심해지면 환자는 의식이 없어지며 호흡도 점차 느려지고 결국은 맥박도 점차 느려져 부정맥이 발생한다.

열피로: 열에 의해 유발되는 질환들 중에서 가장 흔한 유형이며 수분이나 염분의 결핍에 의해 나타난다. 무더운 환경에서 심한 운동이나 활동 후 발생할 수 있으며, 토할 것 같은 느낌과 어지러움, 두통, 경련, 일시적으로 의식을 잃을 수도 있다. 여름에 많이 발생하며, 하루 중 기온이 제일 높은 낮 시간대에는 활동량을 줄이는 것이 좋다. 체온은 정상보다 약간 상승하지만 보통 41℃ 미만이며, 발한은 지속되고 탈수의 소견이 관찰되며, 두통, 무력감, 식욕부진, 현기증 등이 나타나고 적절히 치료하지 않으면 열사병으로 진행된다.

를 초과하지 않도록 주의한다.
- 당뇨병: 휴대용 혈당측정기가 있다면, 운동 전과 운동 후에 혈당을 확인한다. 저혈당의 경우를 대비하여 당 섭취가 가능한 간식을 준비해둔다.
- 심장질환: 심장질환의 징후(가슴 통증, 불규칙한 심박수, 호흡곤란, 현기증 등)가 나타나면 곧바로 운동을 중단하고 병원으로 데려간다.
- 피로 혹은 근육통: 노인 운동 참여자들 대부분이 운동 초기에 약간의 통증과 피로를 느끼게 된다. 그러나 24시간 이상 지속되는 피로나 근육통은 일상생활에 영향을 줄 수 있기 때문에 주의를 기울인다.
- 더위 관련 질병: 더위로 인한 질병을 예방하기 위하여 운동 중에 실내 온도를 확인하고, 실외 운동 시에는 참여자들이 선글라스와 모자 등을 착용할 수 있도록 안내한다.

③ 운동 중에는 적합한 운동화와 운동복을 착용할 것을 권장한다. 참여자들의 발에 잘 맞고 충격 흡수에 좋은 밑창을 갖춘 운동화를 착용한다. 평형성 문제나 발의 감각이 상실된 노인의 경우, 쿠션이 좋은 신발은 적합하지 않다. 또한 운동 중 체온의 변화에 따라 쉽게 입고 벗을 수 있도록 가벼운 옷을 여러 겹 착용하는 것이 좋다.

2) 응급 상황 대처에 관한 관리

노인운동지도사들은 참여자들의 건강 정보를 통하여 현재의 건강 상태를 파악하고 운동 프로그램을 계획함으로써 운동 중에 일어날 수 있는 응급 상황을 최소화하려고 노력해야 한다. 그러나 일단 응급 상황이 발생하게 되면 그 상황에 어떻게 대처해야 하는지를 지도자들이 빠르게 판단하는 것은 노인 운동 안전관리에서 매우 중요하다.

다음은 응급 상황에 대처하기 위한 일부 방침과 절차들이다.

① 서류로 작성된 비상 계획을 필수적으로 갖추어야 한다. 내용에는 응급 상황이 발생하였을 때에 적절하고 신속한 응급처치를 위해 응급의료서비스기관(EMS: Emergency Medical Center)인 119 호출, 현장에서의 즉각적이고 지속적인 처치, 심폐소생술 자격증을 소지한 지도자의 행동지침 등으로 구성되어 있다.

② 응급 상황이 발생하였을 때 참여자의 가족 및 대리인의 연락처를 포함하고 있는 관련서류를 이용할 수 있어야 한다.

③ 비상연락 전화번호와 시설의 위치에 대한 정보가 운동 장소에서 가장 가까운 전화기 옆에 부착되어 있어야 한다.

④ 응급 상황 또는 부상 후에는 사고보고서를 작성한다. 그러한 보고서의 작성은 사고나 부상에 대해 적절한 처치가 이루어졌는지, 어떠한 절차로 이루어졌는지를 파악할 수 있으며, 법적 책

임으로부터 지도자를 보호하는 데 도움이 된다.

⑤ 노인 운동시설에는 자동제세동기(AED: Automated Emergency Defibrillator)가 권장된다. AED는 사용하기 간편하며 지역 적십자협회에서 교육을 받을 수 있다. 응급 상황에서 곧바로 사용할 수 있도록 지도자는 정기적으로 전지를 점검하는 것이 중요하다. 우리나라의 경우 「응급의료에관한법률 제47조의 2」에 병원 및 구급차 외의 다중이용시설에도 자동제세동기 구비를 의무화하도록 하여 누구나 쉽게 자동제세동기로 많은 생명을 구하도록 하고 있다.

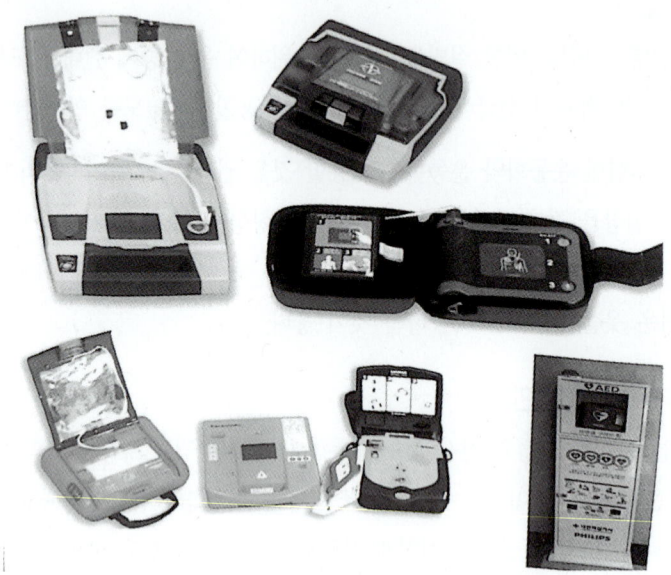

그림 5-3. 자동제세동기 종류 및 설치 모습

응급의료에관한법률

제47조의 2(심폐소생술을 위한 응급장비의 구비 의무)
① 다음 각 호의 어느 하나에 해당되는 시설이라면 자동제세동기 등 심폐소생술을 행할 수 있는 응급장비를 갖추어야 한다.
  1. 「공공보건의료에관한법률」 제2조에 따른 공공보건의료기관
  2. 「소방기본법」 제35조에 따른 구급대에서 운용 중인 구급차
  3. 「항공법」 제2조 제1호에 따른 항공기 중 항공운송사업에 사용되는 여객 항공기 및 같은 법 제2조 제5호의 규정에 따른 공항
  4. 「철도산업발전 기본법」 제3조 제4호에 따른 철도차량 중 객차
  5. 「선박법」 제1조의 2에 따른 선박 중 총톤수 20톤 이상 선박
  6. 그 밖에 대통령령으로 정하는 다중이용시설
② 제1항에 따라 갖추어야 하는 응급장비의 관리 등에 필요한 사항을 보건복지부령으로 정한다.

출처: 법률 제13106호 일부 개정, 2015.01.28

2. 일반적인 응급처치법

응급처치란 응급 상황에서의 부상자 혹은 생명에 위협을 느끼는 환자에게 즉각적으로 취하는 일반적인 조치를 의미한다. 적절하고 신속한 응급처치를 위해서는 응급의료서비스기관(EMS: Emergency Medical Center)인 119 호출, 현장에서의 즉각적이고 지속적인 처치 그리고 병원에서의 전문적인 치료과정이 체계적으로 이루어져야 한다. 이와 같이 체계적인 처치과정이 이루어지기 위해서는 평소에 응급 상황이 발생하였을 때, 다음의 단계에 따라 행동하며 응급처치법을 배우고 익혀야 한다.

1단계: 응급 상황 인식하기
2단계: 도움을 줄 것인지 결정하기
3단계: 응급의료서비스기관(EMS)인 119 호출하기
4단계: 전문적인 치료가 이루어지기 전까지 적절한 응급처치 실시하기

가. 응급구조 활동의 원칙

응급 상황에서 부상자나 생명에 위협을 느끼는 환자에게 필요하고 중요한 활동이 신속하고 적절하게 이루어지는 것은 매우 중요하다. 환자에게 불필요한 활동이 선행되거나 중요한 활동이 이행되지 않았을 때는 환자의 생명을 위협하기 때문이다.

응급구조 활동은 현장조사, 119 호출, 처치 및 도움을 이행하는 데는 3단계 기본원칙이 있다.

1) 현장조사(check)

① 현장은 안전한가?

응급처치자가 환자에게 접근하기에 위험한 요소 없이 안전한지를 파악한다. 위험이 현장에 존

응급처치 전 필수적인 사항: 동의

응급처치 전에는 반드시 환자의 동의를 구해야 한다. 응급 상황에서 환자의 동의 없이 신체를 접촉하는 행위는 그에 대한 책임이 따르게 되며, 위법이 될 수 있다. 따라서 의식이 있는 환자는 처치를 하도록 허락할 수 있으며, 이를 거부하는 경우에는 응급처치가 시행되지 않도록 한다.

명시적 동의: 응급처치자는 이름과 신분을 밝히고 실시해야 할 응급처치를 간단하게 설명한다.
- 의식이 있는 경우
- 이성적이며 합리적 판단이 가능한 경우
- 법적 연령에 있는 경우

묵시적 동의: 응급처치자는 동의를 얻었다고 생각하고 응급처치를 실시한다.
- 무의식의 경우
- 거부반응을 보이지 않는 경우
- 법적 연령이 충족되지 않아 부모나 법적 보호자의 동의를 구하지 못할 경우

출처: 응급처치와 심폐소생술(대한응급구조사협회, 2012)

재한다면 환자에게 가까이 접근하지 않고 안전한 장소에서 119에 호출한다.
② 무슨 일이 일어났는가?
  현장 주위나 주위 사람들을 통해 응급 상황이 일어난 원인을 파악한다.
③ 몇 명의 환자가 발생하였는가?
  현재 보이는 환자 외에도 다른 환자가 있는지 파악한다. 환자의 응급 상황에 따라 처치 및 도움의 순위를 정해야 한다.
④ 도움을 받을 사람이 있는가?
  응급처치자를 도와 상황을 파악하고 응급의료서비스기관에 도움을 요청할 수 있는 사람이 있는지 확인한다.

2) 119 호출(call)

현장에서 파악한 상황 및 환자에 대한 정보를 응급의료서비스기관에 전달함으로써 전문적인 치료가 연결되도록 하는 단계이다. 응급처치자가 한 사람인 경우에는 119 호출을 직접 이행해야 하지만, 주위에 도움을 청할 수 있다면 호출을 부탁하고 환자를 돌봐야 한다. 119 호출 시에는 다음과 같은 사항을 설명해야 한다.
① 전화 거는 사람의 이름과 전화번호
② 환자의 위치(정확한 위치 알림의 예: 평화아파트 1동 101호)
③ 무슨 일이 일어났는가?
④ 환자의 수
⑤ 환자의 상태 및 실시한 응급처치 내용

3) 처치 및 도움(care)

응급 상황의 현장을 조사하고, 119 호출 후 환자의 위급 상황에 따라 적절한 응급처치를 신속하고 빠르게 실시한다. 응급처치 과정에서는 응급처치의 일반적인 순서와 원칙에 맞게 실시해야 한다.
① 응급구조자의 이름과 신분을 밝히고 동의를 구한다.
② 환자를 심리적으로 안정시키고 편안한 자세를 취하게 한다.
③ 환자의 호흡과 의식을 확인한다.
④ 2차 손상에 주의한다.

나. 환자의 상태 확인

부상자 혹은 생명에 위험을 느끼는 환자가 발생하면 우선 환자의 상태를 파악하고 그에 따른 처치를 결정하여 실시해야 한다. 환자는 무의식 상태와 같이 생명유지를 위한 심각한 상황이거나 일반적인 처치만으로도 충분한 상황일 수 있다.

1) 일차 평가

응급 상황에서 즉시 응급처치를 실시해야 하는지를 확인하는 것이 일차 평가이다. 응급환자가 발생하여 의식이 불확실하다면 어깨를 가볍게 두드리며 괜찮은지 환자의 상태를 확인해야 한다. 일차 평가에서는 기도, 호흡, 순환을 확인하며, 환자를 단단한 바닥에 똑바로 눕힌 상태에서 '머리 젖히고-턱 들어올리기법'을 이용하여 1분 이내에 평가를 마친다. 또한 환자의 의식 및 기도, 호흡, 순환이 확인되지 않을 때에는 즉시 심폐소생술을 실시해야 한다.

① 기도 확인: 환자의 기도를 개방한다.
② 호흡 확인: 환자의 호흡을 보고, 듣고, 느낀다.
③ 순환 확인: 맥박과 출혈이 있는지 확인한다.

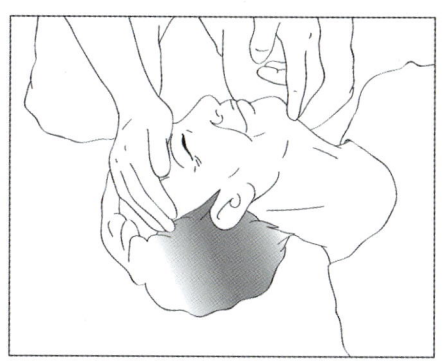

그림 5-4. 머리 젖히고-턱 들어올리기법

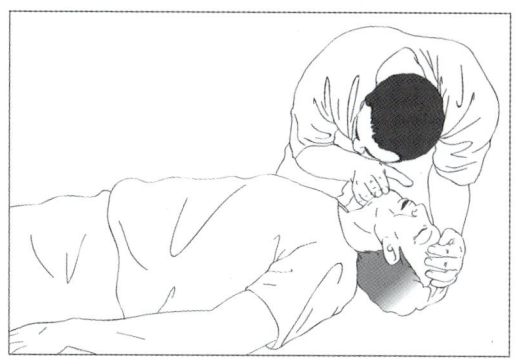

그림 5-5. 의식 및 호흡 확인

2) 이차 평가

이차 평가에서는 환자의 신체검진과 병력조사를 실시한다. 신체검진은 환자의 머리, 목, 가슴, 배, 골반, 팔다리 등 전반적인 신체의 부위를 보고, 듣고, 느끼고, 냄새를 통해 환자의 상태를 확인하는 '징후'와 환자가 느끼거나 말할 수 있는 '증상'에 유의하여 실시한다. 환자의 부상에 대한 징후는 변형, 개방상처, 압통, 부종에 따른 상태를 확인하면 된다. 또한 병력조사는 급성질환이 있는 환자의 경우에 환자 자신 혹은 주위 사람들을 통해 이를 조사한다.

신체검진

환자의 머리, 목, 가슴, 배, 골반, 팔다리 부위를 평가할 때는 부상의 징후를 보고 느껴야 한다.
① 변형: 뼈가 부러졌을 때 나타나는 비정상적인 모양
② 개방상처: 피부가 찢어진 상처
③ 압통: 만지거나 눌렀을 때의 통증이나 민감성

④ 부종: 평소보다 더 크게 보이는 부은 상처

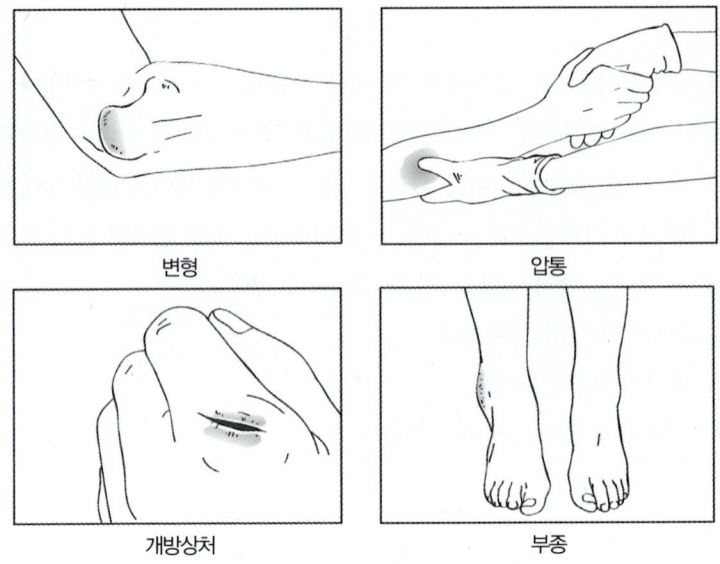

그림 5-6. 이차 평가의 신체검진

다. 심폐소생술

심폐소생술이란 심정지의 환자에게 심장이 자발적으로 회복하여 사망을 방지하는 응급처치법이다. 심폐소생술은 크게 기본소생술(BLS: Basic Life Support)과 전문 심장소생술(ACLS: Advanced Cardiovascular Life Support)로 나눌 수 있다. 일반적으로 장비 없이 시행하는 기도개방, 인공호흡, 가슴압박 그리고 자동제세동기를 이용하여 처치를 실시하는 것은 모두 기본소생술에 포함된다(표 5-14 참조).

표 5-14. 심폐소생술의 분류 및 응급처치 명목

심폐소생술의 분류	응급처치 항목
기본 소생술	장비 없이 시행하는 기도개방, 인공호흡, 가슴압박, 자동제세동기에 의한 제세동
전문 심장소생술	전문 기도유지술, 제세동, 약물처치 심정지 원인에 따른 전문처치 및 소생 후 처치

출처: 응급처치법(대한적십자사, 2010)

1) 의식 및 호흡 동시 확인

응급 상황에서 일차 평가를 통하여 환자의 의식 유무 및 기도, 호흡, 순환을 동시에 빠르고 신속하게 확인하고 평가한다.

2) 심폐소생술 실시

환자가 무의식 상태이거나 기도, 호흡, 순환이 이루어지지 않는 상황에서 자동제세동기의 유무를 확인하고 자동제세동기 사용이 어렵다고 판단된다면 즉시 심폐소생술을 실시한다. 심폐소생술은 2회의 인공호흡과 30회의 가슴압박으로 실시하며, 자동제세동기가 도착할 때까지 다음과 같이 실시한다.

① 인공호흡(호흡당 1초)

기도를 개방한 상태에서 가슴이 부풀어 오르도록 공기를 2회 불어넣는다.

② 가슴압박(분당 100~120회 속도)

압박점을 찾아 두 손을 포개서 깍지를 낀 상태에서 5~6cm 깊이로 30회 압박한다.

3) 자동제세동기 사용

자동제세동기는 의식이 없거나 호흡이 이루어지지 않는 심정지 환자에게만 사용하며, 기본소생술을 시행하는 과정에서 자동제세동기가 도착한다면 즉시 환자에게 시행해야 한다. 자동제세동기 시행방법은 다음과 같다.

① 자동제세동기 사용이 가능해질 때까지 심폐소생술을 시행한다.
② 전원 스위치를 켠다.
③ 자동제세동기 음성에 따라 두 개의 패드(pad)를 정확한 위치에 부착한다. 패드 하나는 오른쪽 쇄골 바로 아래, 다른 패드는 왼쪽 젖꼭지 바깥쪽 아래로 겨드랑이의 중앙선에 위치하도록 한다.
④ 음성에 따라 패드의 커넥터를 자동제세동기 본체에 연결한다.
⑤ "분석 중······"이라는 음성이 나오면 환자에게서 떨어진다.
⑥ 전기충격 버튼을 누른다.

4) 심폐소생술 반복 실시

2회의 인공호흡과 30회의 가슴압박(5주기)을 반복 실시한다.

Ⅴ부 지도자의 효과적인 지도

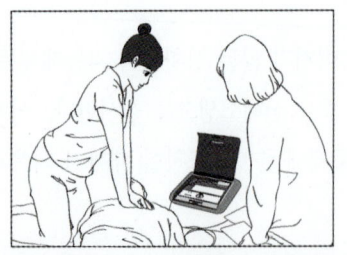

① 자동제세동기가 준비될 때까지 심폐소생술을 실시한다. 자동제세동기의 전원을 켠다.

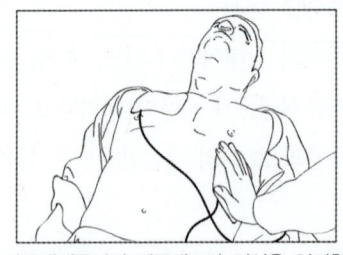

② 자동제세동기의 전극패드와 전선을 연결한다.

③ 모두 물러나게 하고 리듬을 분석한다. 충격이 지시되면(shock advised) 충격을 가하고, "충격 금기(No shock advised)"라면 심폐소생술을 실시한다.

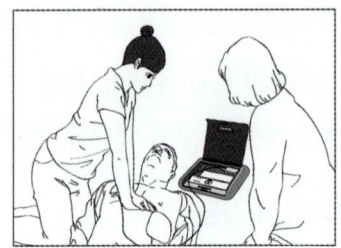

④ 5주기(2분간) 심폐소생술을 실시한다.

그림 5-7. 자동제세동기 사용법

가슴압박

압박점 찾기

환자의 가슴이 보이도록 환자의 의복을 벗긴 뒤 응급처치자의 손바닥을 '환자의 양측 젖꼭지를 연결한 선과 흉골이 만나는 지점(가슴 중앙)'에 위치한 다음 다른 한 손을 포개어 압박한다.

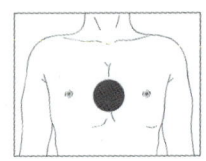

가슴압박 시행법

효과적인 가슴압박을 실시하기 위하여 환자를 단단한 바닥에 똑바로 눕힌 후, 환자의 옆에서 무릎을 꿇은 자세를 취한다. 응급처치자의 체중을 이용하여 강하고 빠르게 압박하여야 하며, 심정지 환자의 경우에는 분당 100~120회의 속도, 약 5~6㎝ 깊이로 시행한다. 가슴압박 후 환자의 가슴이 완전히 올라오도록 노력하여야 하며, 응급처치자의 손이 환자의 가슴에서 완전히 떨어지지 않도록 한다.

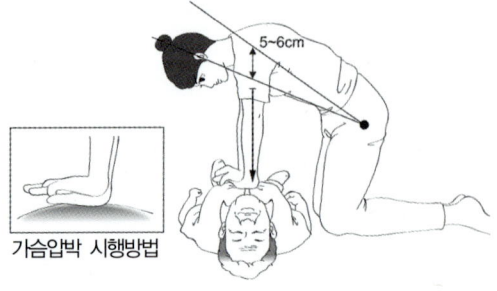

가슴압박 시행방법

출처: 응급처치법(대한적십자사, 2010)

3. 운동 전·중 자각증상 체크

운동에 참여하는 노인들은 현재의 건강 상태, 신체활동, 병력에 따른 검사를 진행해야 한다. 이러한 검사는 노인운동지도사가 참여자의 ① 건강과 장애 상태, ② 특정한 질병과 관련이 있는 증상이나 징후, ③ 특정한 질병에 걸릴 수 있는 위험인자를 파악하는 데 도움을 줄 것이다. 신체활동 수행 능력검사와 운동 중에 각 참여자의 안전을 최대한 보장하고, 효과적인 운동 처방을 작성하기 위해서는 체계적인 검사가 필요하다. 따라서 운동에 참여하고자 하는 노인에게는 운동 전 검사 및 운동 중 자각증상을 검사함으로써 안전하며 지속적인 운동을 가능하게 한다.

가. 운동 전 검사

운동 전 검사(Pre-exercise Screening)는 운동 전에 참여하는 노인들의 수행능력 검사 혹은 운동 전 질병 및 질환에 대한 다양한 정보를 얻을 수 있는 과정이다. 또한 검사를 통하여 운동 전 참여자가 어느 정도 준비되어 있는지를 파악할 수 있다.

1) 사전 동의서

수행능력 검사와 운동 프로그램의 목적, 절차, 위험, 효과와 자가 검사, 운동 참여에 대한 의사 동의란이 기재된 서면동의서의 형태이다. 사전 동의서는 참여하는 프로그램에 대한 정보를 제공하고 그 과정에 대한 참여자의 동의가 포함된다.

2) 신체활동 준비상태 질문지(PAR-Q: Physical Activity Readiness Questionnaire)

중간 혹은 낮은 강도의 운동 프로그램에 참여하기 위한 참가자의 준비 상태를 결정하는 검사도구로서 캐나다 운동생리학회(Canadian Society for Exercise Physiology)에서 개발하였으며, 안전한 운동 참여를 위한 의사의 조언이 필요한 참여자들을 파악하기 위해 최소한의 평가로 이루어졌다. 참여자들은 검사도구에 있는 하나 이상의 질문에 해당되는 경우 의사의 동의서가 필요하다. 따라서 운동 전 검사에 이 질문지를 포함하게 되면 운동 위험인자를 가지고 있는 노인 운동 참여자들을 파악하는 데 도움이 된다.

3) 의사 동의서

노인 운동 참여자가 운동 전에 부상이나 질병에 따른 위험인자를 가지고 있는 경우에는 이에 따른 다양한 증상과 징후를 보인다. 아래의 증상이나 징후 중 하나 이상이 나타나는 경우에는 운동 검사나 운동 참가 전에 의사의 동의서가 필요하다.

- 가슴 통증이나 불편
- 휴식 또는 가벼운 운동 중에 숨이 가빠짐

- 현기증이나 기절
- 발목이 부어오름
- 빠르거나 불규칙적인 심장박동
- 아랫다리의 통증
- 심장의 잡음
- 과도한 피로

4) 건강력과 활동 질문지

건강 및 활동에 대한 질문지의 내용은 노인 운동 참여자의 위험 요소를 파악하고 검사와 운동 중에 있어서 금기사항을 파악할 수 있다. 금기사항에서 잠재적인 위험요소는 검사나 운동 시 고려해야 하며, 절대적인 위험요소는 검사나 운동에 참여하지 않도록 참여자를 배제해야 한다. 질문지를 통해 수집된 참여자의 정보(나이, 심혈관질환 가족력, 흡연, 비만, 비활동적 생활방식 등)는 ACSM 심사 지침에 따라 노인 운동 참여자의 위험 수준을 다음과 같이 분류할 수 있다(표 5-15 참조).

표 5-15. ACSM 1차 위험 분류표

분류	항목
저위험군	증상이 없고 위험 요인이 하나를 넘지 않는 젊은 성인(남자 45세 미만, 여자 55세 미만)
중간 위험군	위험 요인이 둘 이상인 중년 이상의 성인(남자 45세 이상, 여자 55세 이상)이나 전 연령의 사람들
고위험군	심혈관계 질환이나 폐질환의 증상이나 징후가 하나 이상인 사람 또는 알려진 심혈관계 질환이나 폐질환, 대사성 질환이 있는 사람

출처: Adapted from American College of Sports Medicine, 2000, ACSM's Guidelines for exercise testing and prescription, 6th edition (Philadelphia, PA: Lippincott, Williams, and Wilkins), 26.

나. 운동 중 자각도

1) 카보넨(Karvonen) 공식 활용법

운동을 하면 혈압과 심박수가 비례하여 상승하는데, 이 중 심박수가 올라가는 정도에 따라 운동 강도를 결정하게 된다. 심박수가 적게 상승하면 비효율적인 운동 강도가 되고, 너무 상승하면 과도한 운동이 되므로 주의해야 한다. 따라서 자신의 체력과 컨디션에 맞는 적절한 운동 강도를 정해 목표 심박수를 계산하고, 이를 적용하면 좀 더 효율적인 운동을 할 수 있다.

목표 심박수: 일반적으로 가장 많이 쓰이는 카보넨 공식 활용

목표 심박수 = (최대 심박수 - 안정 시 심박수) × 운동 강도 + 안정 시 심박수

이 공식대로 목표 심박수를 구하기 위해서는 먼저 최대 심박수를 알아야 한다. 최대 심박수는 통상 220에서 자신의 나이를 뺀 숫자를 근사치로 본다. 안정 시 심박수는 편안한 상태에서 손목이나 목 주변 동맥의 맥박을 스스로 세어보면 알 수 있다. 1분간 계속 맥박을 세는 것이 힘들 때는 30초간 센 후 2를 곱하면 된다. 심박수를 구하기 어려울 때는 손목시계에서 자동으로 맥박수를 측정할 수 있는 장비도 있으므로 이를 활용하는 것도 방법이다.

2) 운동자각도(RPE: Rating of Perceived Exertion) 활용법

운동자각도란 운동 시 변화하는 느낌을 생리학적 반응에 맞추어 등급을 매긴 척도로서, 심리학자인 보그(Gunner Borg)에 의해 개발되었다. Borg 척도 혹은 RPE 척도로 알려져 있으며, 이 척도는 운동이 얼마나 힘든지 숫자로 표시함으로써 운동 강도를 파악하는 방법이다. 운동을 중단하는 데는 객관적인 관찰보다는 운동 참여자 스스로 느끼는 주관적인 판단이 더 큰 의미를 지닐 때도 있다. 운동 참여자 스스로 운동 지속 여부를 판단하는 데 사용되는 일반적인 척도가 운동자각도이다.

운동자각도(RPE 척도)는 일정한 운동 강도를 파악하는 데 신뢰성이 높고 실용적인 지표이며, 심박수를 기준으로 '전혀 힘들지 않다'의 6점에서부터 '최고로 힘들다'는 20점까지 있다. 운동효과를 위한 운동자각도는 12~16(약간 힘들다~힘들다)의 운동 강도로 시행하는 것이 바람직하다(표 5-16 참조).

표 5-16. Gunner Borg가 개발한 운동자각도

RPE 척도	심박수	호흡 상태	훈련 강도	운동 타입
6	40~69	의식하지 못한다	1	준비운동
7	40~69	아주 가볍다	1	준비운동
8	80	아주 가볍다	1	준비운동
9	80	아주 가볍다	1	준비운동
10	80~100	숨이 깊어지지만, 여전히 편안하게 대화를 할 수 있는 정도이다.	2	가벼운 근력운동
11	80~100	숨이 깊어지지만, 여전히 편안하게 대화를 할 수 있는 정도이다.	2	가벼운 근력운동
12	100~129	숨이 깊어지지만, 여전히 편안하게 대화를 할 수 있는 정도이다.	2	가벼운 근력운동
13	100~129	대화를 이어가기엔 숨쉬기가 다소 힘들어지는 것이 느껴진다.	3	유산소 운동
14	130~139	대화를 이어가기엔 숨쉬기가 다소 힘들어지는 것이 느껴진다.	3	유산소 운동
15	140~149	숨쉬기가 힘들어지기 시작한다.	4	무산소 운동
16	150~159	숨쉬기가 힘들어지기 시작한다.	4	무산소 운동
17	160~169	숨이 거칠어지고 불편하다. 이야기하기 어렵다.	5	최대산소섭취가 필요한 운동
18	170~179	숨이 거칠어지고 불편하다. 이야기하기 어렵다.	5	최대산소섭취가 필요한 운동
19	180~189	극도로 힘이 든다.	5	최대산소섭취가 필요한 운동
20	190 이상	최대치의 노력이 필요하다.	5	최대산소섭취가 필요한 운동

출처: 분당서울대학병원, 2013년

3) METs(metabolic equivalent) 활용법

운동을 하면 에너지소비량이 증가하는데, MET는 운동 시의 총 에너지소비량이 안정 시 에너지소비량의 몇 배에 해당하는지 나타내는 수치이다. MET는 운동 강도의 단위로 이용되며, 안정 상태의 MET는 1이다(표 5-17 참조).

MET를 이용한 칼로리 계산법: MET × 체중(kg) × 운동시간(분) / 60

출처: 서울아산병원, 2012

예) 체중이 60kg인 사람이 30분간 조깅을 하는 경우에는 MET가 6이므로 6×60×30/60=180 칼로리가 운동 중에 소모되었음을 의미한다.

표 5-17. 운동 종류에 따른 METs와 운동자각도

운동 종류	운동량 또는 강도	MET	운동자각도	운동 중 자각증상
걷기	30분/1,600m	2.5	20	더 이상 못하겠다
걷기	24분/1,600m	3	19	
춤추기	왈츠	3	18	매우 힘들다
걷기	15분/1,600m	4	17	
자전거 타기	6분/1,600m	4	16	힘들다
수중 운동	초급	4	15	
에어로빅	초급	5	14	약간 힘들다
걷기/조깅	14분/1,600m	6	13	
자전거 타기	5.5분/1,600m	6	12	보통이다
수영	자유스럽게	6	11	
무용	현대무용	6	10	가볍다
에어로빅	중급 이상	7	9	
달리기	12분/1,600m	8	8	가볍다
자전거 타기	4.5분/1,600m	8	7	
수영	45m/분	8		
달리기	10분/1,600m	10		
자전거 타기	4분/1,600m	10		
수영	70m/분	11		
달리기	8.5분/1,600m	12		
자전거 타기	3.5분/1,600m	12		
달리기	7분/1,600m	14		
달리기	6분/1,600m	16		
자전거 타기	3분/1,600m	16		

출처: 서울아산병원, 2012

참고문헌

I부. 노화와 노화의 특성

1장 노인 체육학

장경태 · 이경옥 · 임호남 · 진행미 · 서연태 · 이정숙 공역. 노인체육(2006). 도서출판 대한미디어.
DEA Health & Fitness Assosication, the leading international membership association in the health and fintess industry. www.IDEAfit.com

2장 노화와 관련된 이론

장경태 · 이경옥 · 임호남 · 진행미 · 서연태 · 이정숙 공역. 노인체육(2006), 도서출판 대한미디어.
최종환 · 양점홍 · 이청무 · 김선응 · 구광수 · 박태섭 · 강경환 · 김현주 공역. 신체활동과 노화(2006), 도서출판 대한미디어.
Atchley, R. C. (1989). A continuity theory of normal aging. The Gerontologist, 29(2), 183~190.
Baltes, M. M. & Baltes, P. B. (1990). Psychological perspectives on successful aging: The model of selective optimization with compensation. In M.M. Baltes & P. B. Baltes (Eds.), Successful aging: Perspectives from the behavioral sciences. Cambridge: Cambridge University Press.
Convey, H. C. (1981). A reconceptualization of continuity theory: Some preliminary thoughts. The Gerontologist, 21(6), 628~633.
Cumming, E. & Henry, W. E. (1961). Growing old: The Process of Disengagement, New York: Basic Books.
Erikson, E., Erikson, J. & Kivnick. (1986). Vital involvement in old age. New York: Norton.
Erikson, E., Erikson. (1963). Childhood and society, 2nd ed. New York: Norton.
Fisher, B. J. (1995). Successful aging, life satisfaction and generativity in later life. International Journal of Aging and Human Development, 41, 239~250.
Frolkis, V. V. (1968). Regulatory process in the mechanisms of aging. Experimental Gerontoloty, 3, 113~123.
Harman, D. (1956). Aging: A theory based on free radical and radiation chemistry. Journal of Gerontology, 11, 298~300.
Havighurst, F. J. (1968). Personality and patterns of aging. The Gerontologist, 8, 20~23.
Hayflick, L. (1961). The limited in vitro lifetime of human diploid cell strains. Experimental Cell Research, 37, 614~636.
Rowe, J. W. & Kahn, R. L. (1998). Successful aging. New York: Pantheon Books.
Warner, H., Butler, R. N., Sprott, R. L. & Schneider, E. L. (Eds.). (1987). Modern biological theories of aging. New York: Raven.

3장 노화에 따른 신체적 및 심리 · 사회적 변화

엄기매 · 김기원 · 김난수 · 김용권 · 배영숙 · 유재응 · 이상빈 · 이현주 공역. 노인재활(2005), 군자출판사.
장경태 · 이경옥 · 임호남 · 진행미 · 서연태 · 이정숙 공역. 노인체육(2006), 도서출판 대한미디어.

참고문헌

최종환·양점홍·이청무·김선응·구광수·박태섭·강경환·김현주 공역. 신체활동과 노화(2006). 도서출판 대한미디어.

Alexander, N. (1994). Postural control in older adults. Journal of the American Geriatrics Society, 42, 93~108.

Bandura, A. (1986). Social foundations of thought and action: A social cognitive theory. Englewood Cliffs, NJ: Prentice Hall.

Bandura, A. (1997). Health promotion from the perspective of social cognitive theory. Psychology and Health, 13, 623~649.

Billig, N. (1987). To be old and sad. New York: Lexington Books.

Burr, D. B. (1997). Muscle strength, bone mass, and age-related bone loss. Journal of Bone and Mineral Research, 12, 1547~1551.

Connelly, D. M. (2000). Resisted exercise training of institutionalized older adults for improved strength and functional mobility: A review. Topics in Geriatric Rehabilitation, 15, 6~28.

Daley, M. J. & Spinks, W. L. (2000). Exercise, mobility, and aging. Sports Medicine, 29, 1~12.

Drinkwater, B. (1994). Physical activity, fitness, and osteoporosis. In C. Bouchard, R.J. Shephard, & T. Stephens (Eds.), Physical activity, fitness, and health, Champaign, IL: Human Kinetics.

Eagan, M. S. & Sedlock, D. A. (2001). Kyphosis in active and sedentary postmenopausal women. Medicine and Science in Sports and Exercise, 33, 688~695.

Eskurza, I., Donato, A. J., Moreau, K. L., Seals, D. R. & Tanaka, H. (2002). Changes in maximal aerobic capacity with age in endurance-trained women: 7-yr follow up. Journal of applied physiology, 92, 2302~2308.

Etnier, J. L. & Berry, M. (1997). The influence of age and fitness on performance and learning. Journal of Aging and Physical Activity, 5, 175~189.

Etnier, J. L. & Berry, M. (2001). Fluid intelligence in an older COPD sample after short-or long-term exercise. Medicine and Science in Sports and Exercise, 33, 1620~1628.

Fatouras, K. G., Taxildaris, K., Tokmakidas, S. P. Kalapotharakos, V., Aggelousis, N. & Athanasopoulos, S. (2002). The effects of strength training, cardiovascular training and their combination on flexibility of inactive older adults. International Journal of Sports Medicine, 23, 112~119.

Fiatarone Singh, M. A. (2000). Exercise, nutrition and the older woman. Boca Raton, FL: CRC.

Foldvari, M., Clark, M., Laviolette, L. A., Bernstein, M. A., Kaliton, D. & Castaneda, C. (2000). Association of muscle power with functional status in community-dwelling elderly women. Journal of Gerontology, 55A, M192~M199.

Gergen, K. J. (1971). The concept of self, New York: Holt, Rinehart, & Winston.

Gonzales McNeal, M., Zareparsi, S., camicioli, R., Dame, A., Howieson, D., Quinn, J., et al. (2001). Predictors of healthy brain aging. Journal of Gerontology: Biological Sciences, 56A, B294~B301.

Harris, T., Lipsitz, L. A., Kleinman, J. C. & Cornoni-Huntley, J. (1991). Postural change in blood pressure associated with age and systolic blood pressure. Journal of Gerontology: Medical Sciences, 46, M159~M163.

Hepple, R. T. (2000). Skeletal muscle: Microcirculatory adaptation to metabolic demand. Medicine and Science in Sports and Exercise, 32, 117~123.

Ho, C. W., Beard, J. L., Farrell, A., Minson, C. T. & Kenny, W. L. (1997) Age, fitness, and regional blood flow during exercise in the heat. Journal of Applied Physiology, 82, 1126~1135.

Holloszy, J. O. (2001). Cellular adaptations to endurance exercise: Master athletes. International Journal of Sports Nutrition and Exercise Metabolism, 11, S186~S188.

Hughes, M. A., Duncan, P., Rose, D., Chandler, J. & Studenski, S. A. (1996). The relationship of postural sway to sensorimotor function, functional performance, and disability in the elderly. Archives of Physical Medicine and Rehabilitation, 77, 567~572.

Katzman, R. & Terry, R. (1991). Normal aging of the nervous system In R. Katzman & J. W. Rowe(Eds.), Principles of geriatric neurology(pp. 18~58). Philadelphia: Davis

Kivickas, L. S., Suh, D., Wilkins, J., Hughes, V. A., Robenoff, R. & Frontera, W. A. (2001). Age-and gender-related differences in maximum shortening velocity of skeletal muscle fibers. American Journal of physical Medicine and Rehabilitation, 80, 447~455.

Klag, M. J., Whelton, P. K. & Appel, L. J. (1990). Effect of age on the efficacy of blood pressure treatment strategies. Hypertension, 26, 700~705.

Kunzmann, U., Little, T. D. & Smith, J. (2000). Is age-related stability of subjective well-being a paradox? Cross-sectional and longitudinal evidence from the Berlin aging study. Psychology and Aging, 15, 511~526.

Lakatta, E. G. (1990). Heart and circulation. In E. L. Schneider & S. W. Rowe (Eds.), Handbook of the biology of aging, 181~216.

Landers, K. A., Hunter, G. R., Wetzstein, C. J., Bamman, M. M. & Wiensier, R. L. (2001). The interrelationship among muscle mass, strength, and the ability to perform physical tasks of daily living in younger and older women. Journal of Gerontology: Biological Sciences, 56A, B443~B448.

Marcus, R. (2001). Role of exercise in preventing and treating osteoporosis. Rheumatic Disease Clinics of North America, 27, 131~141.

McArdle, W. D., Katch, F. I. & Katch, V. L. (2001). Exercise physiology: Energy, nutrition and human performance. New York: Academic Press.

Morgenthal, A. P. (2001). The age-related challenges of posture and balance. In J. D. Bougie & A. P. Morgenthal(Eds.), The aging body: Conservative management of common neuromusculoskeletal conditions(pp. 45~68). New York: McGraw-Hill.

Moss F. E. & Halamandaris, V. J. (1977). Too old, too sick, too bad: Nursing homes in America. Germantown, MD: Aspen Systems.

Paterson, D. H., Cunningham, D. A., Koval, J. J. & St. Croix, C. M. (1999). Aerobic fitness in a population of independently living men and women aged 55~86 years. Medicine and Science in Sports and Exercise, 31, 1813~1820.

Pavot, W. & Diener, E. (1991). 「A manual for the satisfaction with life scale」 Urbana: University of Illinois.

Rossi, A., Ganassini, A., Tantucci, C. & Grassi, V. (1996). Aging and the respiratory system. Aging, 8, 143~161.

Shavelson, R. J., Hubner, J. J. & Stanton, J. C. (1976). Self-concept: Validation of construct interpretations. Review of Educational Research, 46, 407~441.

Short, K. R. & Nair, K. S. (2001). Muscle protein metabolism and the sarcopenia of aging. International Journal of Sports Nutrition and Exercise Metabolism, 11, S119~S127.

Silvestrone, J. M. (2001). Neurologic changes with age. In J. D. Bougie & A. P. Morgenthal (Eds.), The aging body: Conservative management of common neuromusculoskeletal conditions(pp. 17~34). New York:

McGraw-Hill.

Simmons, V. & Hansen, P. D. (1996). Effectiveness of water exercise on postural mobility in the well elderly: An experimental study on balance enhancement. Journal of Gerontology: Medical sciences, 51A(5), M233~M238.

Spina, R. J. (1999). Cardiovascular adaptation to endurance exercise training in older men and women. Exercise and Sport Sciences Reviews, 27, 317~332.

Stewart, A. L., King, A. C. (1991). Evaluating the efficacy of physical activity for influencing quality of life outcomes in older adults. Annals of Behavioral Medicine, 13, 111.

Stewart, A. L., King, A. C. & Haskell, W. L. (1993). Endurance exercise and health-related quality of life in 50~65-year-old adults. Gerontologist, 33, 782~789.

Thompson, L. V. (2002). Skeletal muscle adaptation with age, inactivity, and therapeutic exercise. Journal of Orthopaedic and Sports Physical Therapy, 32, 44~57.

Timiras, P. S. (1994). Physiological basis of aging and geriatrics. Boca Raton, FL; CRC Press.

Van Boxtel, M. P. J., Pass, F. G. W. C., Houx, P. J., Adam, J. J., Teeken, J. L. & Jolles, J. (1997). Aerobic capacity and cognitive performance in a cross-sectional aging study. Medicine and Science in Sports and Exercise, 29, 1357~1365.

Walker, J. (1991). Connective tissue plasticity: issues in histological and light microscopy studies of exercise and aging in articular cartilage. 14(5), 189~197.

Wiebe, C. G., Gledhill, N., Jamnik, V. K. & Ferguson, S. (1999). Exercise cardiac function in young through elderly endurance trained women. Medicine and Science in Sports and Exercise, 31, 684~691.

Wollacott, M. H., Shumway-Cook A. & Nasner, N. M. (1986). Aging and posture control: changes in sensory organization and muscular coordination. Int J Aging Hum Dev, 23, 97~114.

II부. 노인 운동의 효과

1장 운동의 개념과 역할

국민체육진흥공단(2012). 노인기 국민체력 인증기준 개발. 문화체육관광부 수탁과제 보고서.
국민체육진흥공단(2010). 스포츠 관련 용어의 재정립. 문화체육관광부 수탁과제 보고서.
국민체력 100 홈페이지 www.nfa.sports.re.kr(2015)
두산백과. www.doopedia.co.kr(2015)
체육학대사전(2000). 서울: 민중서관.
한경 경제용어사전. http://s.hankyung.com/dic/(2015)
한국보건사회연구원(2012). 건강보험 노인의료비의 효율적 관리방안. 보건사회연구원 기본과제 보고서.
ACSM's Guidelines for Exercise testing and Prescription(2006). 7th Edition. Lippincott Williams & Wilkins, American College of Sport Medicine (ACSM).
Caspersen, C. J. Powell K. E. & Christenson, G. M. (1985) Physical Activity, Exercise, and Physical Fitness: Definitions and Distinctions for Health-Related Research. Public Health Reports 100(2), 12~131.
National Cancer Institute. www.cancer.gov(2015)
Pate, R. R., Pratt, M., Blair, S. N., Haskell, W. L., Macera, C. A., Bouchard, C., Buchner, D., Ettinger, W., Heath, G. W. & King, A. C. (1995). Physical activity and public health: A recommendation from the Centre of Disease

Control and Prevention and the American College of Sports Medicine. Journal of the American Medical Association, 273, 402~408.

Powell K. E., Thompson, P. D., Casperson, C. J. & Kendrick, J. S. (1987). Physical activity and the incidence of coronary heart disease. Annual Review of Public Health, 8, 253~287.

Rikli, R. E. & Jones, C. J. (2005). Seinor fitness test manual. IL: Human Kinetics.

Taylor W. C. & Whitt-Glover M. C. (2007). Exercise design and implementation for specific populations. ACSM Fit Society Page, Spring 6.

The European Food Information Council. www.eufic.org(2015)

World Health Organization(WHO). www.who.int/dietphysicalactivity(2015)

Wikipedia, http://en.wikipedia.org(2015)

2장 운동의 효과

박윤진(2012). 웰빙(Well-being)문화 속의 노년기 건강관리. 한국웰리스학회지, 7(1), 45~57.

배상열·고대식·노지숙·이병훈·박형수·박종(2010). 한국 노인의 신체활동과 건강관련 삶의 질의 관계. 한국콘텐츠학회논문지, 10(10), 255~266.

서울대학교출판문화원(2005). 기억기능과 기억장애. 신경학.

송형석(2000). 건강의 목적에 대한 철학적 소고. 한국체육학회지, 39(1), 97~107.

신은심(2013). 노화 관련 뇌인지 변화와 운동의 긍정적 영향: 인지신경과학적 연구 개관. 인지과학, 24(1), 1~23.

유현정(2006). 웰빙 트렌드에 대한 소비자의식 및 웰빙 행동. 한국생활과학회지, 15(2), 261~274.

윤진환(2012). 노인의 근감소성 비만에 대한 저항성 운동전략. 대한비만학회지, 21(1), 5~10.

이규문·최종환(1999). 12주간의 규칙적인 운동이 여성노인들의 반응시간에 미치는 영향. 한국노년학, 19(3), 65~78.

이규문·최종환·류석윤(1998). 유산소성 운동이 여성 노인들의 체력과 반응시간에 미치는 영향. 충북대학교 평생체육연구소논문집, 10, 1~13.

진영수. 심장질환의 운동처방. 대한의사협회 대상별 운동처방. 808~821.

진영수(2007). 운동의 항노화작용. 대한의사협회지, 50(3), 240~251.

차준태·지용석(2004). 규칙인 운동이 노인의 심폐 기능과 우울증에 미치는 영향. 한국체육학 회지, 43(5), 331~340.

최공집. 건강운동 지도론(2012). 대경북스.

최철영·조현철(2012). 노인의 운동참여 정도가 Wellness에 미치는 영향. 한국웰리스학회지, 7(3), 13~21.

최필병(2011). 장기간의 복합운동이 골다공증 노인의 신체부위별 골밀도와 심혈관질환 위험요인에 미치는 영향. 한국노년학, 31, 355~269.

Abbott, R. D., White, L. R., Ross, G. W., Masaki, K. H., Curb, J. D. & Petrovitch, H. (2004). Walking and dementia in physically capable elderly men. JAMA, 292, 1447~1453. PubMed.

Abell, J. E., Hootman, J. M., Zack, M. M., Moriarty, D. & Helmick, C. G. (2005). Physical activity and health related quality of life among people with arthritis. J Epidemiol Community Health, 59(5), 380~385.

Adams, K. J., Swank, A. M., Berning, J. M., Sevene-Adams, P. G., Barnard, K. L., & Shimp-Bowerman, J. (2001). Progressive strength training in sedentary, older African American women. Med Sci Sports Exerc, 33(9), 1567~1576.

Aggarwal, A. & Ades, P. A. (2001). Interaction of herbal remedies with prescription cardiovasucular medications. Coronary Artery Disease, 12(7), 581~584.

AGS. American Geriatrics Society Panel on Exercise and Osteoarthritis. (2001) Exercise prescription for older adults

참고문헌

with osteoarthritis pain: consensus practice recommendations. A supplement to the AGS Clinical Practice Guidelines on the management of chronic pain in older adults. J Am Geriatr Soc. 49(6), 808~823.

AGS. American Geriatrics Society Panel on Persistent Pain in Older Persons(2002). The management of persistent pain in older persons. J Am Geriatr Soc. 50(6), 205~224.

Anstey, K. J. & Christensen, H. (2000). Education, activity, health, blood pressure, and apolipoprotein E as predictors of cognitive change in old age: A review. Gerontology, 46(3), 163~177.

Babock, M. A. & Paterson, D. H. & Cunningham, D. A. (1994). Effects of aerobic endurance training on gas exchange kinetics of older men. Medicine & Science in Sports & Exercise. 26, 447~445.

Blair, S. N., Kohl, H. W., Paffenbarger, R. S., Clark, D. G., Cooper, K. H. & Cibbons, L. W. (1989). Physical fitness and all-cause mortality: A prospective study of healthy men and women. Journal of the Amercian Medical Assosiation, 262, 2395~2401.

Blumenthal, J. A., Babyak, M. A., Moore, K. A., et al. (1999). Effects of exercise training on older patients with major depression. Arch Intern Med. 159(19), 2349~2356.

Braddom R. A. (1996). Principles of geriatric rehabilitation In: Felsenthal G, Stein BDPhysical medicine & Rehabilitation. PhiladephiaL WB Saunders, 12(42), 447~452.

Braith, R. W., Magyari, P. M., Pierce, G., Edwards, D. G., Hill, J. A., White, L. J. & Arande, J. W. Jr. (2005). Effect of resistance exercise on skeletal muscle myopahty in heart transplant recipients. American Journal of Cardiology, 95, 1192~1198.

Burbank, P. M. & Riebe, D. R. (December 2001). Promoting Exercise and Behavior Change in Older Adults: Interventions with the Transtheoretical Model. Springer Publishing Company; 1edition. 36~37.

Cheng, Y. J., Gregg, E. W., Rekeneire, N., Williams, D. E., Imperatore, G., Caspersen, C. J. & Kahn, H. S. (2007). Muscle-strengthening activity and its association with insulin sensitivity. Diabetes Care, 30, 2264~2270.

Chodzko-Zajko, W. J. & Gingel, R. L. (1987). Physiological fitness measures and sensory and motor performance in aging. Experimental Gerontology, 22, 317~328.

Clarkson-smith, L. & Hartley, A. A. (1989). Relationships between physical exercise and cognitive abilities in older adults. Pychology and Aging, 4, 183~189.

Cochen, N. D., Dunstan, D. W., Robinson, C., Vulikh, E., Zimmet, P. Z, & Shaw, J. E. (2008). Improved endothelial function following a 12-month resistance exercise training program in adults with type 2 diabetes. Di1betes Research and Clinical Practice, 79, 405~411.

Colberg, S. R., Sigal, R. J., Fernhall, B., Regensteiner, J. G., Blissmer, B. J., Rubin, R. R., Chasan-Taber, L., Albright, A. L. & Braun, B. (2010). Exercise and type 2diabetes: the American College of Sports Medicine and the American Diabetes Association: joint position statement. Daibetes care, 33, e147~e167.

Colcombe, S. J., Erickson, K. I., Scalf, P. E., et al. (2006). Aerobic exercise training increases brain volume in aging humans. J Gerontol A Biol Sci Med Sci. 61(11), 1166-1170.

Colcombe, S. J. & Kramer, A. F. (2003). Fitness effects on the cognitive function of older adults: a meta-analytic study. Psychol Sci. 14(2), 125-130.

Cumming, E. & Henry, W. H. (1996). Growing old: The process of disengagement. New York: Basic Books.

Diabetes Prevention Program Research Group, Knowler, W. C., Flowler, S. E., Hamman, R. F., Christophi, C. A., Hoffman, H. J., Brenneman, A. T., Brown-Friday, J. O., Goldberg, R., Venditti, E. & Nathan, D. M. (2009). 10-year follow-up of diabetes incidence and weight loss in the Diabetes Prevention Program Outcomes

Study. Lancet, 374, 1677~1686.

Doherty, R. O., Stein, D. & Foley, J. (1997). Insulin resistance. Diabetologis, 40, B10~B15.

Dustman, R. E., Emmerson, R. Y., Rhling, R. O., Shearer, D. E., Steinhaus, L. A., Joinson, S. C., Bonekat, H. W. & Shigeoka, J. W. (1990). Age and fitness effects on EEG, ERPs, visual senstivity, and cognition. Neurobiology of Aging, 11, 103~200.

Dykstra P. (2009). Older adult loneliness: Myths and realities. European Journal of Ageing, 6, 91~100.

Emmerson, R. Y., Dustman, R. E. & Shearer, D. E. (1989). P3 patency and symbol digit performance correlations in ageing. Experimental Aging Research, 15, 151~159.

Erickson, K. I., Voss, M., Prakash, R., Basak, C., Chaddock, L., Kim, J., Heo, S., Alves, H., White, S., Wojcicki, T., Mailey, E., Viera, V., Martin, S., Pence, B., Woods, J., McAuley, E. & Kramer, A. F. (2011). Exercise Training Increase Size of Hippocampus and Improves Memory. Proceedings of the National Academy of Sciences, 108, 3017~3022.

Everard, K. M., Lach, H. W., Fisher, E. B. & Baum, M. C. (2000). Relationship of activity and social support to the functional health of older adults. Journal of gerontology: social sciences, 55, 208~212.

Fabiani, M., Low, K. A., Wee, E., Sable, J. J. & Gratton, G. (2006). Reduced Suppression or Labile Memory? Mechanisms of Inefficient Filtering of Irrelevant Information in Older Adults. Journal of Cognitive Neuroscience, 18, 637~650.

Fabre, C., Chamari, K., Mucci, P., Masse-Biron, J. & Prefaut, C. (2002). Improvement of cognitive function by mental and/or individualized aerobic training in healthy elderly subjects. Int J Sports Med. 23(6), 415~421.

Fiatarone, M. A., O'Neill, E. F., Ryan, D. N., Clenents, K. M., Salares, G. R., Melson, M. E., Roberts. S. B., Kehayias. J. J., Lipstiz, L. A. & Evans, J. W. (1994). Eexercise training and nutritional supplementation for physical frailty in very elderly peole. The New England Journal of Medicine, 330, 1769~1775.

Fleck, M. P. A., Chachamovisch, E. & Trentini, C. M. (2003). Projeto WHOQOL-OLD: Método e resultados de grupos focais no Brasil. Revista de Saúde Pública, 37, 793~799.

FIFARS(2000). Federal Interagency Forum on Aging Related Statistics. Older Americans: Key indicators of well-being. Hyattsville, MD: Author.

Fox, K. R. (1999). The influence of physical activity on mental well-being. Public Health and Nutrition, 2(3A), 411~418.

Frontera, W. R., Meredith, C. N., O'Relly, K. P. & Evans, W. J. (1990). Strength training and determinants of VO$_2$max in older man. Journal of Applied Physiology. 68, 329~333.

Frontera, W. R., Meredith, C. N., O'Reilly, K. P., Knuttgen, H. G. & Evans, W. J. (1988). Strength conditioning in older men: skeletal muscle hypertrophy and improved function. Journal of Applied Physiology, 4, 1038~1044.

Gibson, D., Karpovich, P. V. & Gollnick, P. D. (1961). Effect of training upon reflex and reaction time. Washington, DC: Office of the Surgeon Genreal.

Glen, E. D., Michael, G. P., Douglas, W. T., Alan, D. H., Robert, H. E. & Peter W. (2003). Exercise training without weight loss, increases insulin sensitivity and postheparin plasma lipase activity in previously sedentary adults. Diabetes Care, 557~562.

Gross, G. G. & Zeigler, H. P. (1969). Readings in physiological psychology: learning and memory. New York: Harper & Row.

참고문헌

Healy, G. N., Dunstan, D. W., Salmon, J., Cerin, E, Shaw, J. E., Zimmet, P. Z, & Owen N. (2007). Objectively measured lighti ntensity physical activity is independently associated with 20h plasma glucose. Diabetes cart, 30, 1384~1932.

Hiroyuki, N., Tadashi, N., Tohru, F., Kazuaki, K., Minoru, M., Katsuto, T., Masahiko, T., Hitoshi, N., Ken, K., Hiroshi, K., Kikuko, H., Shizuya, Y. & Yuji, M. (2001). Visceral fat is a major contributor for multiple risk factor clustering in Japanese men with impaired glucose tolerance. Diabetes Care, 24(12), 2124~2133.

Hogstel, M. (1995). Arthritis and exercise. Primary Care, 20, 895~910.

Ibanez, J., Izquierdo, M., Arguelles, I., Forga, L., Larrion, J. L., Garcia-Unciti, M., Idoate, F. & Gorostiaga, E. M. (2005). Twice weekly progressive resistance training decreases abdominal fat and improves insulin sensitivity in older men with type 2diabetes. Diabetes Care, 28, 662~667.

Kohl, H. (2001). Physical activity and cariovascular disease: Evidence for a dose -response. Medicine and Science in Sports and Exercise. 33, 472~783.

Kryger, A. I. & Anderson, J. L.(2007). Resistance training in the oldest old: consequences for muscle strength, fiber types, fiber size and MHC isoforms. Scandinavian Journal of Medicine & Science in Sports, 17, 422~430.

Laaksonen, D. E., Lakka, J. M., Salonen, J. T., Niskanen, L. K., Rauramma, R. & Lakka, T. A. (2002). Low levels of leisure-time physical activity and cardioresporatory fitness predict development of the metabolic syndrom. Diabetes Care, 25, 1612~1618.

Lantz, M. (2002). Depression in the elderly: Recognition and treatment. Clinical Geriatrics, 10, 18~24.

Larson, E. B., Wang, L., Bowen. J. D., McCormick, W. C., Teri, L., Cran, P. & Kukull, W. (2006). Exercise is associated with reduced risk for incident dementia among persons 65 years of age and older Ann Intern Med. 144, 73~81.

Laurin, D., Verreault, R., Lindsay, J., MacPherson, K. & Rockwood, K. (2001). Physical activity and risk of cognitive impairment and dementia in elderly persons.Arch Neurol. 58(3), 498~504.

McAuley, E., Elavsky. S., Molt, R. W., Konopack, J. F., Hu, L, & Marquez, D. X. (2005). Physical Activity, Self-Efficacy, and Self-Esteem: Longitudinal Relationships in older adults. Journal of Gerontology: Psychological sciences, 60, 268~275.

McAuley, E., Mihalko. S. M. & Bane, S. M. (1997). Exercise and Self-Efficacy in Middle-Aged Adults: Multidimensional Relationships and Physical Fitness and Self-Efficacy Influences. Journal of Behavioral Medicine, 20(1), 67~83.

Mihalko, S. L. & McAuley, E. (1996). Strength training effects on subjective well-being and physical function in the elderly. Journal of Aging and Physical Activity, 4, 56~68.

Mun, Y. H. (2006). The effects of an exercise program on the physical, physiological and emotional status of the age. Journal o Korean Academy of Community Health Nursing, 7(4), 451~460.

Netz, Y., Wu, M. J., Becker, B. J. & Tenenbaum, W. (2005). Physical activity and psychological well-being in advanced age: a meta-analysis of intervention studies. Psychol Aging. 20(2), 272-84.

Ogawa, T., Spina, R. J. & Hyed, W. H., et al. (1992). Effects of aging sex and physical training on cardiovascular responses to exercise. Circulation. 86(2), 494~503.

Pan, J. R., Li, G. W., Hu, Y. H., Wamg, J. X., Yang, W. Y., An, Z. X., Hu, Z. X., Lin, j., Xiao, J. Z., Cao, H. B., Liu, P. Z., Jiang, X. G., Jiang, Y. Y., Wang, J. P., Zheng, H., Zhang, H. Bennett, P. H. & Howard, B. V. (1997).

Effect of diet and exercise in preventing NIDDM in people with impaired glucose tolerance. The Da Qing IGT and Diabetes Study. Dibetes Car, 20(4), 537~544.

Pang, M. Y., Eng, J. J. & Miller, W. C. (2007). Determinants of satisfaction with community reintegration in older adults with chronic stroke: role of balance self efficacy. Physical Therapy, 87(3), 282~291.

Pasqualina, P. C., Walter, J. P., Rolf, E. I., Hannes, B. S. & Franziska, K. (1998). The effects of resistance training on well-being and memory in elderly volunteers. Age and Ageing. 27, 469~475.

Pate, R. R., Pratt, M., Blair, S. N., Haskell, W. L., Macera, C. A., Bouchard, C. et al. (1995). Physical activity and public health. A recommendation from the Centers for Disease Control and Prevention and the American College of Sports Medicine. JAMA, 273, 402~407.

Penninx, B. W., Rejeski, W. J., Pandya, J., Miller, M. E., DiBari, M., Applegate, W. B., et al. (2002). Exercise and depressive symptoms: A comparison of aerobic and resistance exercise effects on emotional and physical function in older persons with high and low depressive symptomatology. Journal of Gerontology B: Psychological Sciences and Social Sciences. 57, 124~132.

Peresghin, G., Trice, T. B., Patersen, K. F., et al. (1996). Increased glucose transport-phosphorylation and muscle glycogen synthesis after exercise training in insulin-resistant subjects. New England Journal of Medicine, 335, 1357~1362.

Physical Activity Guidelines for Americans. (2008). U. S. Department of Health and Human Services. http://www.health.gov/paguidelines/guidelines.

Pollock, J. L., Graves, J. E. & Leggett, S. (1989). Injuries and adherence to aerobic and strength training exercise programs for the elderly. Presented at the Annual meetin of American College of Sports Medicine, 5, Baltimore.

Rankin, J. (1993). Eidt, exercise, and osteoporosis. Certified News (American College of Sports Medicine), 3, 1~4.

Rejeski, W. J. & Mihalko, S. L. (2001). Physical activity and quality of life in older adults. J Gerontol A Biol Sci Med Sci. 2, 23-35.

Rolland, Y., Rival, L., Pillard, F., Lafont, C., Rivere, D., Albarede, J. & Vellas, B. (2000). Journal of Nutrition and Health in Aging, 4(2), 109~113.

Roth, S. M., Marte, G. F., Lvey, F. M., Lemmer, J. T., Tracyy, B. L., Metter, E. J, et al. (2001). Skeletal muscle satellite cell characteristics in young and older men and women after heavy resistance strength training. The Journals of Gerontology Series A: Biological Sciences and Medical Sciences, 56, B240~247.

Rowe, J. W. & Khan, R. L. (1997). Successful Aging. The Gerontologist, 37(4), 433~440.

Rowe, J. W. & Kahn, R. L. (1998). Successful aging. New York: Pantheon Books.

Scott, V., Peck, S. & Kendall, P. (2004). Prevention of Falls and Injuries Among the Elderly: A special report from the Office of the Provincial Health Officer. Victoria, B. C.: Ministry of Health Planning.

Seals, D. R., Gjagberg, J. M., Hureley, B. F., Ehsani, A. A. & Holloszy, J. O. (1984). Endurance training in older men and women I:Cardiovasucular responses to exercise. Journal of Applied Physiology. 57, 1024~1029.

Senz, C., Gautier, J. F. & Hanaire, H. (2010). Physical exercise for the prevention and treatment of type 2 diabetes. Diabetes & Metabolism, 36, 346~351.

Shobha, S., Liam R. O. & Allen, D. (2003) Creating health communities, healthy homes, healthy people: Initiating a research agenda on the built environment and public health. American Journal of Public Health, 93, 1446.

Sigal, R. J., Kenny, G. P. & Wasserman, D. H. (2004). Castaneda-Sceppa C: Physical activity /exercise and type 2 diabetes. Diabetes Care, 27, 2518~2539.

Spirduso, W. W. (1995). Physical dimensions of Aging. Champaign-Urbana, IL: Human Kinetics Publishers.

Spirduso, W. W. & Farrar, R. P. (1981). Effect of aerobic training on reactive capacity: An animal model. Journal of Gerontology, 36, 654~662.

Stead, M., Wimbush, E., Eadie, D. & Teer, P. (1997). A qualitative study of older people's perceptions of aging and exercise: The implications for health promotion. The health education journal, 56, 3~16.

Tabbarah, M., Crimmins, E. M. & Seeman, T. E. (2002). The relationship between cognitive and physical performance: MacArthur Studies of Successful Aging. J Gerontol A Biol Sci Med Sci. 57(4), 228-235.

Testa, M. A. & Simonson, D. C. (1996). Assessment of quality of life outcomes. N Engl J Med. 334(13), 835~840.

Tjonna, A. K., Lee, S. J., Rognmo, O., Stolem T. O., Bye, A., Haram, P. M., Loennechen, J. P., Al-Share, Q. Y., Skogvoll, E., Slordahl, S. A., Kemi, O. J., Najjar, S. M. & Wisloff, U. (2008). Aerobic interval training versus continuous moderate exercise as a treatment for the metabolic syndrome: pilot study. Circulation, 118, 346~354.

Warren, B. J., Nieman, D. C., Dostonr, R. G., Adlkins, C. H., O'Donnell, K. A., Haddock, B. L., Butterworht, D. E. (1993). Cardiorespiratory response to exercise training in septuagenarian women. International Journal of Sports Medicine. 14(2), 60~65.

Weuve, J., Kang J. H., Manson, J. E., Breteler, M. M., Ware, J. H. & Grodstein, F. (2004). Physical activity, including walking, and cognitive function in older women. JAMA, 292, 1454~1461.

Wilmore, J. H. & Costill, D. L. (2008). Physiology of sport and exercise. Champaign, IL: Human Kinetics.

Yaffe, K., Barnes, D., Nevitt, M., Lui, L. Y., & Covinsky, K. (2000). A prospective study of physical activity and cognitive decline in elderly women: women who walk. Archives of International Medicine, 161(14), 1703~1708.

Zambonim, M., Mazzali, G., Fantin, F., Rossi, A. & Difrancesco, V. (2008). Sarcopenic obesity: a new category of obesity in the elderly. Nutrition, Metabolism and Cardiovascular Disease. 18, 388~395.

Ⅲ부. 노인 운동 프로그램의 설계

1장 운동 프로그램의 요소

변재종(2008). 노인의 맞춤운동. 대한임상건강증진학회 춘계학술대회.

양윤준(2005). 노인건강프로그램: 낙상예방운동. 대한임상건강증진학회 추계학술대회. S353~S365.

이명천・김찬회・김재호・차광석・조정호・김원중・이대택・김원식・박상규・강익원・이주형・이승범 옮김. 운동생리학(2006), 라이프사이언스.

이양균. 노인들의 운동. 대한의사협회. 857~868.

장경태・이정숙 옮김. 건강한 삶을 위한 운동처방 기초(2003), 도서출판 대한미디어.

주기찬 옮김. 운동처방: 최신 ACSM 지침에 따른 사례연구 중심(2004), 도서출판 대한미디어.

ACSM's guidelines for exercise testing and prescription (6th de). American College of Sports Medicine.

Baechle, T. R & Earle, R. W. (2000). Essentials of strength training and conditioning, 2nd ed(Champaign IL: Human Kinetics, 414.

Bassem E. & Kim, E. (2010). Physical activity guidelines for older adults. American Family Phusician, 81(1),

55~59.

Borg, G. (1982). Psychophysical bases of perceived exertion. Medicine & Science in Sports & Exercise. 14(4): 377~381.

Down, R. J. & Haennel, R. G. (1997). Percent heart rate reserve is not equivalent to percent mazimal oxygen uptake(abstract). Canadian Journal of Applied Physiology. 22(Suppl.), 13P.

Fatouros, I. G., Taxildaris, K., Tokmakidis, S. P., Kalapotharakos, V., Agglousis, N., Athanasopoulos, S., Zerris, I., & Katrabasas, I. (2002). The effects of strength training, cardiovascular training and their combination on flexibility of inactive older adults. International Journal of Sorts Medicine, 23, 112~119.

Franklin, B. A. (2000). ACSM's Guidelines for Exercise Testing and Prescription 6th ed. 137~164. Philadelphia: Lippincott Williams & Wilkins.

Global Recommendations on Physical Activity for Health. (2010). World Health Organization.

Haskell, W. L., Lee, I. M., Otae, R. R., Powell, K. E., Blair, S. N., Franklin, B. A., Macera, C. A., Heath, G. W., Thompson, P. D., Bauman, A. (2007). American College of Sports Medicine: American Heart Association. Physical activity and public health: updated recommendation for adults from the American College of Sports Medicine and the American Association. Circulation, 116, 1081~1093.

Hutton, R. S. (1992). Neuromuscular basis of stretching exercises. In Strength and Power in sport, P. V. Komi, ed. Oxford: Blackwell Scientific.

Hyatt, R. H. (1996). Strength training for the aging adult. In J. Clark (Ed.), Exercise programming for older adults, 27~36, New York: Haworth Press.

Karvonen, M., Kentala, K. & Muslala. O. (1957). The effects of training heart rate: a longitudinal study. Biology and Medicine. 35, 307~315.

McGill, S. M. (2001). Low back stability: from formal description to issues for performance and rehabilitation. Exercise and Sport Sciences Review, 29(1), 26~31.

National Institute of Health and Nutrition. Exercise and Physical Activity REference for Health Promotion 2006 (EPAR 2006: physical activity, exercise, and physicl fitness. Tokyou: Ministry of Health, Labour and welfare of Japan; 2006.

Nelson, M. E, Rejeski, W. J., Blair, S. N., Duncan, P. W. Judge, J. O., King, A. C., Macera, C. A., Castaneda-Sceppa, C. (2007). Physical activity and public health in older sdults: Recommendation from the American College of Sports Medicine and the American Heart Association. Medicine & Science in Sports & Exercise, 8, 1435~1445.

O' Donocan, G., Blzevich, A. J., Boreham, G., Cooper, A. R., Crank, H., Eelund, U., Fox, K. R., Gately, P., Giles-Corti, B., Gill, J. M., Hamer, M., McDermott, I., Murhpy, M., Mutrie, N., Reilly, J. J., Saxton, J. M. & Stamatakis, E. (2010). The Physical Activity for Health: a consensus statement from the Britishi Association of Sport and Exercise Sciences. Journal of Sports Sciences, 28, 573~591.

Physical Activity Guidelines for Americans (2008). U. S. Department of Health and Human Services. http://www.health.gov/paguidelines/guidelines.

Riki, R. E. & Edwards, D. J. (1991). Effects of a three-year exercise program on motor function and cognitive speed in older women. Research Quarterly for Exercise & Sport62(1), 61~67.

Swain, D. P. & Leutholtz, B. C. (1997). Heart rate reserve is equivalent to %VO2Reserve, not to %VO_2max. Medicine & Science in Sports & Exercise, 29, 410~414.

Swain, D. P., Leutholtz, B. C., King, M. E., Hass, L. A. & Branch, J. D. (1998). Realionship of % heart rate reserve and %VO₂Reserve in treadmill exercise. Medicine & Science in SPorts & Exercise. 30, 318~321.

2장 지속적 운동 참여를 위한 동기 유발 방법

김성옥 · 김병준 · 김경원 · 한명우 · 송우엽. 노인체육(2004). 도서출판 대한미디어.

Bandura, A. (1977). Social learning theory. Englewood Cliffs, NJ: Prentice-Hall.

Bandura, A. (1986). Social foundations of thought and action: A social cognitive theory. Englewood Cliffs, New Jersey: Prentice-Hall.

Bandura, A. (1992). Self-Efficacy Mechanisms in Physiological Activation and Health Promoting Behavior. In Adaption, Learning, and Affect. New York: Raven Press.

Bandura, A. (1994). Self-efficacy. In V. S. Ramachaudran(Ed.), Encyclopedia of human Behavior, 4, 71~81. New York: Academic Press.

Bandura, A. (1999). A social cognitive theory of personality. Handbook of personality (2nd ed.) New York: Guilford Publications.

Behavioral Risk Factor Surveillance System Survey Data. (2008). retrieved January 30, 2015 from http://www.cdc.gov/nccdphp/dnpa/physical/stats/index.htm.

Booth, M., Owen, N., Bauman, A., Clavisi, O. & Leslie, E. (2000). Social-Cognitive and Perceived Environment Influences Associated with Physical Activity in Older Australians. Preventive Medicine. 31, 15~22.

Boston University School of Public Health. Behavior change model. (2015). Retrived from http://sphweb.bumc.bu.edu/otlt/MPH-Modules/SB/SB721-Models/SB721-Models2.html

Center for Disease Control and Prevention. (1996). Physical Activity and Health Energize Your Life. Retrieved October 24, 2014, from http://www.cdc.gov/nccdphp/dnpa/physical/terms.

Center for Disease Control and Prevention. (2006). Trends in strength training: United States 1998-2004. MMWR Morb Mortal Wkly Rep, 55, 769~772.

Cervone, D. & Pervin, L. A. (2008). Personality Theory and research. (10th ed.).

Crombie, I., Irvine, L., Willams, B., McGinnis, A., Slane, P., Alder, E. & McMurdo, M. (2004). Why Older People Do Not Participate in Leisure Time Physical Activity: A Survey of Activity Levels, Beliefs and Deterrents. Age and Ageing, 33(3), 287~92.

Ferrini, R., Edelsteria, S. & Barrett-Connor E. (1994). The Association Between Health Beliefs and Health Behavior Change in Older Adults. Prevention Medicine, 23(1). Retrieved from http://www.pubmed.com.

Gillett, P., Johnson, M., Juretich, M., Richardson, N., Slagle, L. & Farikoff, K. (1993). The nurse as exercise leader. Geriatric Nursing, 14(3), 133~137.

Glanz, K., Marcus Lewis, F. & Rimer, B. K. (2002). Theory At a Glance: A Guide for Health Promotion Practice. National Institute of Health.

Grembowski, D., Patrick, D., Diehr, P., Durham, M., Beresford, S., Kay, E. & Hecht, J. (1993). Self-efficacy and health behavior among older adults. Journal of Health and Social Behavior, 34, 89~104.

Grizzell, J. (2007). Behavior Change theories and Models. retrieved January 30, 2015, from http://www.csupomona.edu

Hochbaum, G. M. (1958). Public participation in medical screening programs: a sociopsychological study. Washington, DC: U. S. Public Health Service. Publication No. (PHS) 572.

Jancey, J., Clarke, A., Howat, P., Maycock, B. & Lee, A. (2009). Perceptions of Physical Activity by Older Adults: A Qualitative Study. Health Education Journal, 68(3), 196~206.

Jill A. B. & Kerri. W. (2011). Motivating older adults to exercise: what works? Age and Ageing. 40, 148~149.

Kelly, R., Zyzanski, S. & Alemagno, S. (1991). Prediction of Motivation and Behavior Change Following Health Promotions: Role of Health Beliefs, Social Support, and Self-Efficacy. Social Science Medicine, 32(3). Retrieved from http://www.pubmed.com.

Khattab, M., Abolfotouh, M. A., Alakija, W., alHumaidi, M. A. & al-Wahat, S. (1999). Risk Factors of Coronary Heart Disease: Attitude and Behavior Family Practice In Saudi Arabia. Journal of Eastern Mediterranean Health, 5(1). Retrieved from http://www.pubmed.com

Lee. C. S. (2011). Self-efficacy and physical activity of older adults. (Unpublished doctoral Dissertation). Ball State University, IN, USA.

Loeb, S. (2004). Older Men's Health: Motivation, Self-Ratings and Behaviors. Nursing Research, 53(3).

Marcus, B. H. & Owen, N. (1992). Motivational readiness, self-efficacy, and decision making for exercise. Journal of Applied Social Psychology. 22, 3-16.

Martin, L., Haskard-Zolnierel, K. & Dimatteo, R. (2010). Health Behavior and Treatment Adherence: Evidence Based Guidelines for Improving Healthcare. New York, New York: Oxford.

McAuley, E., Mihalko, S. M. & Bane, S. M. (1997). Exercise and Self-Efficacy in Middle-Aged Adults: Multidimensional Relationships and Physical Fitness and Self-Efficacy Influences. Journal of Behavioral Medicine, 20(1), 67~83.

Pfister-Minogue, K. (1993). Enhancing patient compliance: A guide for nurses. Geriatric Nurse, 14, 124~132.

Prochaska, J. O., DiClemente, C. C. & Norcross, J. C. (1992). In search of how people change: applications to addictive behaviors. American Psychologist. 47, 1102~1114.

Resnick, B., Palmer, M., Jenkins, L. & Spellbing, A. (2000). Path Analysis of Efficacy Expectations and Exercise Behaviors in Older Adults. Journal of Advanced Nursing, 31(6), 1309-1315.

Richmond, D., McCracken, H. & Broad, J. (1996). Older Adults and Healthy Lifestyle Issues: Results of a Community Study. New Zealand Journal of Medicine, 109(1019). Retrieved from http://www.pubmed.com.

Shephard, R. J. (1994). Determinants of exercise in people aged 65 years and older. In R. K. Dishman (Ed.), Advances in exercise adherence (pp. 343-360). Champaign, IL: Human Kinetics.

Silgay, C., Muir, J., Coulter, A., Thorogood, M. & Roe, I. (1993). Cardiovascular Risk and Attitudes to Lifestyle: What Do Patients Think? British Medical Journal, 306(1657).

Skinner, B. F. (1953). Science and human behavior. New York: Free Press.

Spirduso, W. (1995). Physical dimensions of aging. Champaign, IL: Human Kinetics.

Stoedefalke, K. G. (1985). Motivating and sustaining the older adult in an exercise program. Topics in Geriatric Rehabilitation. 1, 78~83.

3장 노인 운동 프로그램의 설계와 요소

김양례 · 구해모 · 조성식 · 정수호 · 윤찬중(2003). 노인의 체육활동 실태 분석 및 활성화 방안. 국민체육진흥공단, 체육과학연구원.

김완수 외(2013). 건강증진을 위한 신체활동 지침서. 대한미디어.

Aoyagi Y., Park H., Park S., Shephard R. J., Habitual physical activity and health-related quality of life in older

참고문헌

adults: interactions between the amount and intensity of activity (the Nakanojo Study). Qual Life Res. 2010 Apr; 19(3): 333~8. PubMed PMID: 20084463.

Aoyagi Y., Park H., Watanabe E., Park S., Shephard R. J., Habitual physical activity and physical fitness in older Japanese adults: the Nakanojo Study. Gerontology. 2009; 55(5): 523~31. PubMed PMID: 19776608.

Aoyagi Y., Shephard R. J., Steps per day: the road to senior health? Sports Med. 2009; 39(6): 423~38. PubMed PMID: 19453204.

Aoyagi Y., Togo F., Matsuki S., Kumazaki Y., Inoue S., Takamiya T., Naka M., Shephard R. J., Walking velocity measured over 5 m as a basis of exercise prescription for the elderly: preliminary data from the Nakanojo Study. Eur J Appl Physiol. 2004 Oct; 93(1~2): 217~23. PubMed PMID: 15316791.

Bouchard C. Physical activity and health: introduction to dose-response symposium. Medicine Science in Sports and Exercise 33: S347~350, 2001.

Fatouros I. G., Jamurtas A. Z., Villiotou V., et al. Oxidative stress responses in older men during endurance training and detraining. Med Sci Sports Exerc. 2004, 36(12): 2065~2072.

Jankord R., Jemiolo B. Influence of physical activity on serum IL-6 and IL-10 levels in healthy older men. Med Sci Sports Exerc. 2004, 36(6): 960~964.

Kesaniemi Y. K., Danforth E. Jr., Jensen M. D., Kopelman P. G., Lefebvre P., Reeder B. A., Dose-response issues concerning physical activity and health: an evidence-based symposium. MEDICINE & SCIENCE IN SPORTS & EXERCISE, pp. S351~S358, 2001.

Nelson M. E., Rejeski W. J., Blair S. N., Duncan P. W., Judge J. O., King A. C., Macera C. A., Castaneda-Sceppa C. 14. American College of Sports Medicine; American Heart Association. Physical activity and public health in older adults: recommendation from the American College of Sports Medicine and the American Heart Association. Circulation. 2007, 116(9): 1094~1105.

Pansarasa O., Bertorelli L., Vecchiet J., Felzani G., Marzatico F., Age-dependent changes of antioxidant activities and markers of free radical damage in human skeletal muscle. Free Radic Biol Med. 1999, 27(5~6): 617~22.

Park H., Park S., Shephard R. J., Aoyagi Y. Yearlong physical activity and sarcopenia in older adults: the Nakanojo Study. Eur J Appl Physiol. 2010 Jul; 109(5): 953~61. PubMed PMID: 20336310.

Park H., Togo F., Watanabe E., Yasunaga A., Park S., Shephard R. J., Aoyagi Y. Relationship of bone health to yearlong physical activity in older Japanese adults: cross-sectional data from the Nakanojo Study. Osteoporos Int. 2007 Mar;18(3): 285~93. PubMed PMID: 17061150.

Physical Activity and Health Guidelines (Riva & Cooper, 2013, HUMAN KINETICS, 2010)

Shephard R. J., Steps per day: the road to senior health? Sports Med. 2009; 39(6): 423~38. PubMed PMID: 19453204.

Togo F., Watanabe E., Park H., Shephard R. J., Aoyagi Y. Meteorology and the physical activity of the elderly: the Nakanojo Study. Int J Biometeorol. 2005 Nov; 50(2): 83~9. PubMed PMID: 16044348.

Traustadóttir T., Davies S. S., Su Y., Choi L., Brown-Borg H. M., Roberts L. J. 2nd, Harman S. M. Oxidative stress in older adults: effects of physical fitness. Age. 2011 Jun 14. [Epub ahead of print]

Yasunaga A., Togo F., Watanabe E., Park H., Park S., Shephard R. J., Aoyagi Y. Sex, age, season, and habitual physical activity of older Japanese: the Nakanojo study. J Aging Phys Act. 2008 Jan; 16(1): 3~13. PubMed PMID: 18212390.

Yasunaga A., Togo F., Watanabe E., Park H., Shephard R. J., Aoyagi Y. Yearlong physical activity and health-related quality of life in older Japanese adults: the Nakanojo Study. J Aging Phys Act. 2006 Jul; 14(3): 288~301. PubMed PMID: 17090806.

Yoshiuchi K., Nakahara R., Kumano H., Kuboki T., Togo F., Watanabe E., Yasunaga A., Park H., Shephard R. J., Aoyagi Y. Yearlong physical activity and depressive symptoms in older Japanese adults: cross-sectional data from the Nakanojo study. Am J Geriatr Psychiatry. 2006 Jul; 14(7): 621~4. PubMed PMID: 16816016.

Ⅳ부. 노인 질환별 운동 프로그램 설계

건강보험심사평가원.
국민건강보험공단(2014).
국민보건통계(2014).
국민생활체육참여실태보고서(2013).
대한고혈압학회(2014).
대한당뇨병학회(2014).
대한심장학회(2014).
대한의사협회.
문화체육관광부(2014).
보건복지부(2014).
식품의약품안전처..
伊東改変. 日本體育科學센터資料(1987).
이재구 등 공역(2011). 운동처방과 퍼스널 트레이닝. 대한나래 출판사.
일본 건강운동지도사양성강습회(1995).
일본비만학회(2014).
齊藤宗晴(1993). 心臟病과 運動負荷試驗. 中外醫學社.
竹內孝仁(2007). 認知症 Care, 年友企劃.
中村治雄. 高脂血症의 運動療法(1989), 齒醫學出版.
池上春男(1994). 스포츠醫學 I. 朝創書店.
荒川規距男(2000). 日本臨床. 58券.
ACSM(2014). ACSM's Guidelines for exercise testing and prescription. LWW.
American Heart Association(2014).
Bird, T. D. (2008). Genetic aspects of Alzheimer disease. Genet Med 10(4): 231~239.
Booth F. A. (2012). Lack of exercise is a major cause of chronic diseases. Compr Physiol 2(2): 1143~1211.
Burns J. M. et al. (2008). Cardiorespiratory fitness and brain atrophy in early Alzheimer's disease. Neurology 71(3): 210~216.
Cohen, B. J. (2009). Memmler's The Human Body in Health and Disease (11th). Lippincott williams & wilkins.
Edward L. Fox, 스포츠 생리학(1979).
Gordon, N. F. (1993), Diabetes: Your complete exercise guide. Human Kinetics.
Hagberg J. M., Park J. J. & Brown M. D. (2000). The role of exercise training in the treatment of hypertension:

an update. Sports Med 30(3): 193~206, 2000.

Lichtenstein A. H, Appel L. J, Brands M, et al. (2006). Diet and lifestyle recommendation revision. Circulation 114: 82~96,2006.

Moe I. T., Hoven H., et al. (2005). Endothelial function in highly endurance-trained and sedentary, healthy young women. Vasc Med 10, 97~102.

Rachner T. D., Khosla S. & Hofbauer L. C. (2011). New horizons in osteoporosis. Lancet 377(9773): 1276~1287.

Scott K. Powers & Edward T. Howley(2013). 파워 운동생리학.

Shephard R. J. (2001). Absolute versus relative intensity of physical activity in dose-response context. Med Sci Sports Exerc 33:S400~418.

Swift D. L., Earnest C. P., Katzmarzyk P. T., Rankinen T., Blair S. N., Church T. S. (2007). The effect of different doses of aerobic exercise training on exercise blood pressure in overweight and obese postmenopausal women. Menopause 19(5): 503~509.

Teixeira-Salmela L. F., Santiago L., Lima R. C. et al. (2005). Functional performance and quality of life related to training and detraining community-dwelling elderly. Disabil Rehabil 27: 1007~1012.

Tsai J. C., Yang H. Y., Wang W. H. et al. (2004). The beneficial effect of regular endurance exercise training on blood pressure and quality of life in patients with hypertension. Clin Exp Hypertens 26:255~265.

Tsopanakis C., Kotsarellis D. & Tsopanakis A. D. (1986). Lipoprotein and lipid profiles of elite athletes in Olympic sports. Int J Sports Med 7(6): 316~321.

Williams P. T., Wood P. D., Haskell W. L., Vranizan K. (1982). The effects of running mileage and duration on plasma lipoprotein levels. JAMA 247 (19): 2674~2679.

Wood P. D. & Haskell W. L. (1979). The effect of exercise on plasma high density lipoproteins. Lipids 14(4): 417~427.

V부. 지도자의 효과적인 지도

1장 의사소통기술

조경환·박용규·노용균. 한국인 생존곡선 압축에 대한 연구 1986~1995(1997). 노인병, 1(1), 39~42.

조해경. 성공적 노화에 관한 연구(2002). 연세대학교 대학원 박사학위논문.

ACSM. ACSM Position Stand: Exercise and Physical Activity for Older Adults(2000). Medicine and science in sports and exercise, 30(6), 992~1008.

Albert, S. M. Public health and aging: An introduction to maximizing function and well-being: Springer Publishing Company(2004).

Bandura, A. Self-efficacy: Toward a unifying theory of behavioral change(1978). Advances in Behaviour Research and Therapy, 1(4), 139~161.

Berkman, L. F. & Breslow, L. Health and ways of living: The Alameda County study: Oxford University Press New York(1983).

Brady, F. THE CONTEXTUAL INTERFERENCE EFFECT AND SPORT SKILLS 1(2008). Perceptual and motor skills, 106(2), 461~472.

Cotton, R. T., Ekeroth, C. J. & Yancy, H. Exercise for older adults: ACE's guide for fitness professionals: American

Council on Exercise San Diego, California(1998).

Ferrucci, L., Guralnik, J. M., Pahor, M., Corti, M. C. & Havlik, R. J. Hospital diagnoses, Medicare charges, and nursing home admissions in the year when older persons become severely disabled(1997). JAMA, 277(9), 728~734.

Fries, J. F. Aging, natural death, and the compression of morbidity(2002). Bulletin of the World Health Organization, 80(3), 245~250.

Haskell, W. L., Lee, I. M., Pate, R. R., Powell, K. E., Blair, S. N., Franklin, B. A., et al. Physical activity and public health: updated recommendation for adults from the American College of Sports Medicine and the American Heart Association(2007). Med Sci Sports Exerc, 39(8), 1423~1434.

McAuley, E. Self-efficacy and the maintenance of exercise participation in older adults(1993). Journal of behavioral medicine, 16(1), 103~113.

Nagi, S. Z. (1976). An epidemiology of disability among adults in the United States. The Milbank Memorial Fund Quarterly. Health and Society, 439~467.

Nelson, M. E., Rejeski, W., Blair, S. N., Duncan, P. W., Judge, J. O., King, A. C., et al. (2007). Physical activity and public health in older adults: recommendation from the American College of Sports Medicine and the American Heart Association. Medicine & Science in Sports & Exercise, 39(8), 1435.

Pope, A. M. & Tarlov, A. R. (1991). Disability in America: Toward a national agenda for prevention: National Academies Press.

Rowe, J. W. & Kahn, R. L. (1997). Successful aging. The gerontologist, 37(4), 433.

Schulz, R. & Heckhausen, J. (1996). A life span model of successful aging. American psychologist, 51(7), 702.

Shephard, R. J. (1993). Exercise and aging: extending independence in older adults. Geriatrics, 48(5), 61~64.

Spirduso, W. W., Francis, K. L. & MacRae, P. G. (2005). Physical dimensions of aging (2nd ed.). Champaign, Ill; Leeds: Human Kinetics.

Stewart, A. L. and A. C. king. (1991). Evaluating the efficacy of physical activity for influencing quality of life oiutcomes in older adults. Ann. Behav. Med., 13, 108~116.

Verbrugge, L. M. & Jette, A. M. (1994). The disablement process. Soc Sci Med, 38(1), 1~14.

Wold, G. (1993). Basic geriatric nursing: Mosby.

World Health Organization. (1998). The World Health Report 1998: Life in the 21st century a vision for all The world health report 1998: life in the 21st century A vision for all; The world health report 1998: life in the 21st century A vision for all: World Health Organization.

Wulf, G., Raupach, M. & Pfeiffer, F. (2005). Self-controlled observational practice enhances learning. Research Quarterly for Exercise and Sport, 76(1), 107~111.

Young, A. (1986). Exercise physiology in geriatric practice. Acta Medica Scandinavica, 220(S711), 227~232.

2장 노인 운동 시 위험관리

김태완 저. 스포츠상해와 응급처치(2011). 대경북스.

대한적십자사 저. 응급처치법 First Aid(2011). 대한적십자사.

(사)대한응급구조사협회 저. 응급처치와 심폐소생술(2012). 도서출판 한미의학.

장경태 · 이경옥 · 임호남 · 진행미 · 서연태 · 이정숙 공역. 노인체육(2008). 도서출판 대한미디어.

American College of Sports Medicine. (2000). ACSM's Guidelines for exercise testing and prescription (6th ed.).

참고문헌

Philadelphia Lippincott Williams & Wilkins.

Eickhoff-Shemek, J. M. & Deja, K. (2002). Are health/fitness facilities complying with ACSM standards? ACSM's Health and Fitness Journal, 6, 16-21.

Eickhoff-Shemek, J. M. (2001). Do standards of practice reflect legal duties. ACSM's Health and Fitness Journal, 5, 23-25.

Martini, E. B. & Botenhagen, K. A. (2003). Exercise for the frail elders, Champaign, IL: Human Kinetics.

Tharrett, S. J. & Peterson, J. A. (Eds.). (1997). ACSM's health/fitness facility standards and guidelines(2nd ed.). Champaign, IL: Human Kinetics.

찾아보기

[ㄱ]
개인의 의도 ·· 106
건강관련 체력 ··· 49
건강수명 ···································· 12, 13, 62, 64
고유수용성 신경근 촉진법 ····························· 95
과훈련 현상 ·· 84
관절구축 ··· 38
국민생활체육참여실태보고서 ····················· 137
근감소 현상 ·· 68
근감소증(sarcopenia) ·································· 37
기능적 연령 ·· 11
기초대사량 ······························ 64, 145, 151, 152
기초운동능력 ·· 163

[ㄴ]
넘어짐 ············ 14~17, 20, 22, 23, 39, 40, 41, 198
노인성 질병 ·· 12, 17
노인 체육학 ·· 13, 16, 18

[ㄷ]
대사성 질환 ·················· 15, 64, 138, 176, 187, 234
등속성 운동 ·· 94
등장성 운동 ·· 94
등척성 운동 ·· 94

[ㄹ]
리바운드 현상 ·· 178

[ㅁ]
맥락간섭효과 ·· 214
목표의 구체화 ·· 116
미주신경반사 ·· 132

[ㅂ]
범이론적 모형 ····························· 97, 101, 103
베이비부머 ··· 28
보강피드백 ·· 211, 213

분당 환기량 ·· 70
비가역적 질환 ·· 195

[ㅅ]
사망의 압축 이론 ··· 205
사회적 모델 ··· 105
상호 결정론 ································ 97, 103, 104
생체전기저항법 ·· 140
성공적 노화 ············· 12, 62, 202, 203, 204, 207
세계보건기구 ······· 18, 67, 72, 122, 124, 160, 203
수중운동 ······················· 21, 65, 151, 182, 190,
193, 220, 224
식이요법 ··················· 141, 150, 155, 160, 176,
179, 189, 196
신경전달물질 ······························ 39, 63, 72, 196
신체적 작업능력 ·· 93
신체질량지수 ··· 56
신체활동 준비상태 질문지 ························· 233
심폐소생술 ························ 23, 225, 229, 230, 231
심혈관계 ················· 19~22, 33~37, 64~70, 138,
151, 161, 184, 187, 204, 219
심혈관계 합병증 ·· 160

[ㅇ]
여성 호르몬 ·· 191
여유 심박수 ·· 87, 88
염증인자 ·· 120
요요현상 ·· 152
운동 처방 ·· 157
운동과학 ·· 20
운동내성력 ·· 185
운동처방 ········ 164, 171~178, 183, 192, 197, 198
유산소 능력 ·· 33
의료검진 ·· 146
인슐린 저항성 ···································· 70, 71, 174
인지기능 ········· 18, 39, 67, 76~80, 194, 206, 218
일상생활 활동 ······························ 16, 46, 64, 197

255

[ㅈ]

자가면역성 질환 ·· 188
자동제세동기 ······················· 226, 230~232
자아 발달 ··· 30
전정계 ··· 39, 41
젖산역치 ··· 142, 165
좌식생활 ················· 16, 50, 80, 82, 97, 99, 206
좌업생활 ························· 65, 119, 121, 128, 130
좌업생활방식 ··· 47
지질대사 ····························· 141~146, 153, 177
징후와 증상 ··· 22

[ㅊ]

체질량지수 ·· 139
초고령사회 ·· 10
최대하무게 ·· 91

[ㅋ]

카보넨 공식 ·· 172

[ㅌ]

칼슘 길항제 ··· 166, 170

타인의 권고 ··· 109

[ㅎ]

한국형 노인체력검사 ······················ 50, 55
합병증 ····················· 139, 141, 150, 157, 159,
163, 174, 176, 192, 206
허혈성 심장질환 ······································· 167
환기역치 ··· 183
활성산소 ··· 29
황반변성 ··· 210

[A~Z]

CPR ·· 222
S-M-A-R-T ·· 114, 115

저자소개

I 부. 노화와 노인

이경옥(1장)
이화여자대학교 건강과학대학 체육과학부 교수
한국 노인체육학회 회장
한국운동역학회 편집위원장
한국여성체육학회 부회장

임상원(2, 3장)
이화여자대학교 건강과학대학 체육과학부 초빙교수
생활습관병예방운동센터 센터장

II 부. 노인 운동의 효과

김효정(1장)
한국체육대학교 노인체육복지학과 교수
한국체육대학교 노화연구센터장

이창수(2장)
영남대학교 생활과학대학 체육학과 강사
대구한의대학교 실버스포츠산업학과 강사
한국노화예방연구원 책임연구원

전지현(2장)
국민대학교 체육대학 스포츠건강재활전공 post-doc
이화여자대학교 건강과학대학 강사
국민대학교 체육대학 강사

III 부. 노인 운동 프로그램의 설계

전지현(1장)
국민대학교 체육대학 스포츠건강재활전공 post-doc
이화여자대학교 건강과학대학 강사
국민대학교 체육대학 강사

이창수(2장)
영남대학교 생활과학대학 체육학과 강사
대구한의대학교 실버스포츠산업학과 강사
한국노화예방연구원 책임연구원

박현태(3장)
동아대학교 건강과학대학 건강관리학과 교수
국립장수의료연구센터 (일본) 외래연구원
도쿄도립 노인종합연구소 협력연구원
일체대 종합연구소 객원 연구원
일본 낙상예방학회 이사

Ⅳ부. 노인 질환별 운동 프로그램 설계

이재구
삼육대학교 보건복지대학 생활체육학과 교수
한국체육정책학회 부회장
NCSF KOREA 협회장

Ⅴ부. 지도자의 효과적인 지도

홍승연(1장)
강남대학교 실버산업학부 부교수
강남대학교 일반대학원 교학부장

강승애(2장)
남서울대학교 스포츠건강관리학과 교수
한국노인체육학회 이사
대한장애인체육회 여성스포츠위원
천안시장애인체육회 생활체육위원